U0579046

权威·前沿·原创

皮书系列为
"十二五""十三五"国家重点图书出版规划项目

BLUE BOOK

智 库 成 果 出 版 与 传 播 平 台

法治蓝皮书
BLUE BOOK OF RULE OF LAW

前海法治发展报告 *No.4*（**2021**）

REPORT ON RULE OF LAW IN QIANHAI No.4 (2021)

中国社会科学院法学研究所
主　编 / 田　禾　　吕艳滨
副主编 / 栗燕杰　　刘雁鹏

社会科学文献出版社
SOCIAL SCIENCES ACADEMIC PRESS (CHINA)

图书在版编目（CIP）数据

前海法治发展报告 . No. 4，2021/田禾，吕艳滨主
编 . -- 北京：社会科学文献出版社，2021. 12
（法治蓝皮书）
ISBN 978 - 7 - 5201 - 9387 - 0

Ⅰ. ①前… Ⅱ. ①田… ②吕… Ⅲ. ①自由贸易区 -
社会主义法制 - 研究报告 - 深圳 - 2021 Ⅳ. ①D927. 653

中国版本图书馆 CIP 数据核字（2021）第 232456 号

法治蓝皮书
前海法治发展报告 No. 4（2021）

主　　编 / 田　禾　吕艳滨
副 主 编 / 栗燕杰　刘雁鹏

出 版 人 / 王利民
组稿编辑 / 曹长香
责任编辑 / 郑凤云　单远举
责任印制 / 王京美

出　　版 / 社会科学文献出版社（010）59367162
　　　　　　地址：北京市北三环中路甲 29 号院华龙大厦　邮编：100029
　　　　　　网址：www. ssap. com. cn
发　　行 / 市场营销中心（010）59367081　59367083
印　　装 / 天津千鹤文化传播有限公司

规　　格 / 开　本：787mm × 1092mm　1/16
　　　　　　印　张：21.25　字　数：315 千字
版　　次 / 2021 年 12 月第 1 版　2021 年 12 月第 1 次印刷
书　　号 / ISBN 978 - 7 - 5201 - 9387 - 0
定　　价 / 139.00 元

主要编撰者简介

主 编

田 禾　中国社会科学院国家法治指数研究中心主任、法学研究所研究员，中国社会科学院大学法学院特聘教授。

主要研究领域：刑法学、司法制度、实证法学。

吕艳滨　中国社会科学院法学研究所法治国情调研室主任，研究员，中国社会科学院大学法学院宪法与行政法教研室主任、教授。

主要研究领域：行政法、信息法、实证法学。

副主编

栗燕杰　中国社会科学院法学研究所副研究员。

主要研究领域：行政法、信息法。

刘雁鹏　中国社会科学院法学研究所助理研究员。

主要研究领域：法理学、立法学。

摘　要

前海秉持中国特色社会主义法治建设示范区的使命，已成为国内发展速度最快、质量最高、效益最好的区域之一，也是全国法治建设成果最好的自贸片区之一。《前海法治发展报告 No.4（2021）》对前海法治建设经验、成果进行了全方位、多角度、多层次的提炼和总结。本书对前海的法治政府、司法建设、知识产权保护、法治社会建设等领域进行了分析与展现，对未来前海法治发展进行了展望。蓝皮书继续发布了前海法治建设的总报告和评估报告，总报告以定性方法全面总结过去一年前海法治发展的经验和成就，评估报告则以客观数据和客观材料为依据，对前海法治建设情况进行问诊把脉。

关键词： 自贸区　法治建设　前海

目 录

Ⅰ 总报告

Ⅱ 评估报告

Ⅲ 法治政府

Ⅳ　司法建设

Ⅴ　知识产权保护

Ⅵ　法治社会建设

皮书数据库阅读**使用指南**

总 报 告
General Report

B.1

法治前海的发展与展望（2021）

中国社会科学院法学研究所法治指数创新工程项目组*

摘　要：　前海秉持中国特色社会主义法治建设示范区的使命，已成为
国内发展速度最快、质量最高、效益最好的区域之一，也是
全国制度创新数量最多、复制推广最好的自贸片区之一。前
海注重发挥好法治的引领和保障作用，特别是通过党建抓总
统筹、出台法规政策引领创新、公权力服务高效便民、执法
监管有力有效、知识产权保护体系化、法律服务国际化等方
面的全方位推进，取得显著成效。今后，前海应兼顾问题导
向与目标导向，进一步完善试点改革授权制度并加强前沿立
法，提升法治实施的针对性与有效性，形成更多可复制可推

　＊　项目组负责人：田禾，中国社会科学院国家法治指数研究中心主任、法学研究所研究员；吕
艳滨，中国社会科学院法学研究所法治国情调研室主任、研究员。项目组成员（按姓氏笔画
排序）：王小梅、王祎茗、车文博、冯迎迎、刘雁鹏、米晓敏、胡昌明、洪梅、栗燕杰等。
执笔人：栗燕杰，中国社会科学院法学研究所副研究员；刘雁鹏，中国社会科学院法学研究
所助理研究员；田禾、吕艳滨。

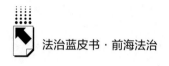

广的法治创新成果。

关键词：　法治前海　深港国际法务区　多元化纠纷解决　知识产权保护

一　基本情况

2019 年，中共中央、国务院发布《关于支持深圳建设中国特色社会主义先行示范区的意见》要求："高标准高质量建设自由贸易试验区，加快构建与国际接轨的开放型经济新体制。"文件提出要"进一步深化前海深港现代服务业合作区改革开放，以制度创新为核心，不断提升对港澳开放水平。"中共中央办公厅、国务院办公厅印发的《深圳建设中国特色社会主义先行示范区综合改革试点实施方案（2020～2025 年）》指出："充分发挥中国（广东）自由贸易试验区深圳前海蛇口片区全面深化改革和扩大开放试验田作用，形成更多可复制可推广的制度创新成果。"创新是自由贸易试验区创制和改革的灵魂。前海秉持"依托香港、服务内地、面向世界"的使命，在法治支撑、引领和保障下，已成为国内发展速度最快、质量最高、效益最好的区域之一，也成为全国制度创新数量最多、复制推广最好的自贸片区之一。截至 2021 年 7 月，前海已累计推出 645 项制度创新成果，在全国复制推广 58 项，全省复制推广 82 项，全市复制推广 165 项，按工作日算，前海平均 3 天推出一项制度创新，充分展现前海全面深化改革开放试验田的功能。上述制度创新成效与法治的引领和保障功能具有密切关联。

二　前海的做法与经验

2021 年 9 月，中共中央、国务院公布了《全面深化前海深港现代服务业合作区改革开放方案》，前海合作区新增会展新城及海洋新城片区、机场及周边片区、宝安中心区及大铲湾片区、蛇口及大小南山片区四个区域，面积扩展到 120.56 平方千米。合作片区扩容必将进一步推动前海全面深化改革开放，在粤港澳大湾区建设中更好地发挥示范引领作用。

（一）党建新模式引领牵头抓总统筹各方

前海探索形成拓展融合型基层党建新模式，党建已成为前海开发建设的强大动力、社会治理共建共治共享的枢纽力量。2018 年前海合作区党工委正式挂牌成立后，发展形成前海管理局机关党委、驻区单位党组织、局属公司和合资公司党组织、非公有制经济组织和社会组织党组织四大类型。截至2021 年 5 月 31 日，前海共有基层党组织 137 个（党委 13 个、党支部 124个），党员 1957 名；其中"两新"党组织 55 个，党员 977 名。2018 年，深圳市委批准设立前海党工委、纪工委，推动前海党的领导由"管自身"向"管全域"转型，形成了"纵到底、横到边"的区域化党建格局。随后，前海先后发布《前海党的建设三年规划（2019～2021）》《关于加强自贸片区党的建设的指导意见》《推进党支部建设三年行动计划（2020～2022）》《前海"两新"组织"两个覆盖"提质行动方案》，搭建起了前海整体布局框架。为构建全能型党建阵地，前海启用党群服务中心，以便开展各类党群活动、开展公益便民活动和企业赋能活动。加强党建引领，使得前海改革创新有了强有力的领导核心，社会治理有了高效的组织基础，民主法治有了根本保障。在改革创新方面，党建牵头保证前海各项改革举措与党中央最新精神保持一致；在社会治理方面，党建统筹为应对突发事件，尤其是疫情防控方面提供了坚强后盾；在民主法治方面，党建引领帮助前海各项法治创新能够符合中国特色社会主义法治精神。

（二）积极推动法规政策出台引领创新

2020 年 8 月，深圳市人大常委会审议通过《深圳经济特区前海深港现代服务业合作区条例》修订案，同时还通过了《深圳经济特区前海蛇口自由贸易试验片区条例》《深圳国际仲裁院条例》。前海管理局作为法定机构的自主权进一步充实，可根据确定的限额或标准，自主决定机构设置、人员

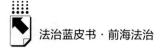

聘用和内部薪酬制度，可以自行依法组织政府采购，可以依法设立企业，负责前海合作区土地一级开发以及基础设施和公共服务设施建设、运营等。修订后的《深圳经济特区前海深港现代服务业合作区条例》允许民商事合同当事人一方为在前海合作区注册的港澳台资及外商投资企业协议选择合同适用的法律。

在打造基础性立法格局基础上，前海立足金融、现代物流、信息服务、科技服务等领域的特色政策创新，累计出台现代服务业综合试点、外商投资管理、金融业扶持、境外高端人才扶持等方面的产业扶持政策和规范指引50 余项。前海还出台系列政策，协助企业群众平稳度过疫情"寒冬"。《前海防控疫情支持企业共渡难关若干措施》规定的扶持资金达 1.1 亿元，惠及企业数千家，单个企业最高可获扶持资金超 500 万元。由此，"基础立法 + 产业性规定 + 配套性制度规则"的规则体系初步形成。

2020 年，《深圳市前海深港现代服务业合作区管理局重大行政决策程序规定》出台。2021 年 3 月，《前海管理局 2021 年度重大行政决策事项目录》向社会公布，拟出台"深圳市前海深港现代服务业合作区管理局产业发展资金管理工作规程""深圳市前海深港现代服务业合作区管理局公平竞争审查实施细则""深圳市前海深港现代服务业合作区管理局合同管理办法"三项内部制度。

（三）公权力服务高效便民

前海围绕打造公平公开、便利高效、持续优化的法治化营商环境，在政务服务、便利企业方面取得显著成效。

政务服务方面，企业证照等事项办理进一步便利化。2020 年度，前海着力开展"照后减证"，全年取消审批事项 11 项，审批改备案事项 5 项，落实告知承诺及容缺受理事项 24 项，优化准营管理 98 项。

前海对小型低风险社会投资工程实行"清单制 + 告知承诺制"，办事材料进一步简化，办理时限进一步压缩。截至 2020 年底，前海对外发布 184 项依申请事项和 38 项公共服务事项，所有事项均可实现网上申办，其中

138 项许可事项办理时限总体压缩比例达 82.9%，即办事项占比达 34.8%。企业开办"一窗通"升级到 3.0 版，商事登记、税务发票、刻制印章、社保公积金开户、银行预约开户均整合到同一平台，一次填报即可，当天办结完成。2021 年 3 月，前海税务局设立港澳涉税专业人士政务服务中心，作为服务保障港澳涉税专业人士在深圳执业的窗口，通过定期开展税务知识培训辅导、业务交流等方式，为多方合作提供孵化支持；打破建设领域深港合作的隐形壁垒，面向港企港人开放建设市场。对香港企业投资或控股开发的项目试行"建筑师负责制"，允许符合条件的海外及香港建筑师团队全过程参与。

实现企业用电便利化。前海实施用电报装"一网通办"，低压接电申请材料缩减为 2 项，1 天内完成用电申请受理签约，外线施工时限压缩到 5 天，接入用户配电房零收费，电表安装及通电的时间周期为 2 天；实现水电气红线外管线连接工程"零成本"，高压接电成本也不断降低。

提升税务服务能力，前海实施清单式分类管理。在汇算清缴期即对企业进行分类管理，通过前海区块链 + 税务服务管理服务云平台，已实现收件、受理和评审的网上办理，认定效率也由此大幅提高，企业成本显著降低。据测算，仅现代物流企业认定的时间周期可减少 45 个工作日，费用节省 220 万元以上。

构建以三维地籍技术为核心的土地立体化管理模式。前海制定《前海深港合作区三维产权体数据标准》《深圳市前海深港现代服务业合作区立体复合用地供应管理若干规定》，研发了三维地籍管理信息系统，全三维立体划定一批建设用地使用权，探索"土地立体一级开发模式"，试点空间不动产权证①。从二维土地供应转向三维空间供应，有利于提升城市空间资源的利用效能和精细化管理水平。该经验作为广东自由贸易试验区第五批改革创新经验在珠三角九市复制推广之后，作为自由贸易试验区第六批改革试点经

---

① 该创新已纳入《深圳经济特区前海深港现代服务业合作区条例》第 24 条第 2 款："管理局应当推进差别化土地供应，探索城市地下空间竖向开发、分层赋权等土地管理改革创新，探索试点空间不动产权证，提高土地精细化、集约化管理水平。"

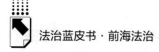

验复制在全国范围内得到推广①。

2021年以来，前海法院先后发布了《外资企业劳动用工风险防范指引》《外资企业知识产权风险防范指引》《外资企业矿井投融资风险防范指引》《外资企业设立、变更及解散法律风险防范指引》《外资企业合同管理中的风险防范指引》《外资企业诉讼与仲裁风险防范指引》等多个指引，并提供相应外文版本，线上线下同步推广。

司法服务更加便民利企。前海法院积极回应企业、群众的多元司法服务需求，全面建设智慧精准、开放互动的现代化诉讼服务体系，打造法治示范区"服务一站式＋解纷多元化"新模式。前海法院全面对接最高人民法院诉讼服务指导中心信息平台，促进信息资源自动化汇聚和智能化管理，实现诉讼服务的网上集约办理和可视化管理。强化线上司法服务，提供网上立案、在线面签授权、线上送达等司法服务。前海法院还在诉讼服务中心开设"涉外涉港澳台诉讼服务专窗"，提供多种语言服务，为境外当事人提供跨境纠纷的诉讼辅导、立案、调解等个性化司法服务。在调解过程中，当事人还可选择外籍调解员主持。前海检察院在前海深港基金小镇综合服务中心设立检察服务窗口，在中国（深圳）知识产权保护中心设立12309检察服务站。

全面推动社会信用体系建设。出台《前海蛇口自贸片区社会信用管理服务办法》，围绕政府监管、市场服务、产业发展三个领域，全面提升片区社会信用体系建设水平。一是制度规则先行。推出《前海蛇口自贸片区告知承诺信用监管方案》，对自愿作出告知承诺的企业，以及虚假承诺或违反承诺的失信企业通过信用平台公开公示。根据风险状况加强事中事后监管，依法查处虚假承诺、违规经营等行为并记入信用记录，形成信用监管闭环。二是打造平台有力支撑。前海公共信用平台打造一批创新特色突出的创新成果应用，平台已归集来自深圳市70多个政府部门以及市场机

---

① 参见《国务院关于做好自由贸易试验区第六批改革试点经验复制推广工作的通知》（国函〔2020〕96号）。

构，涉及自贸片区 16 万家企业的超过 1300 万条信用数据。累计向深圳市
发展改革委、市场监管、公安、法院、检察院、廉政监督局、海关、检验
检疫等 10 余个政府部门以及前海管理局内部开通监管账号 149 个，其跨
部门协同监管平台广受好评。三是功能发挥多样。开发信易租、信易贷、
信易托、信用＋税收、信用＋司法、产品资金领域信用监管、联合奖惩等
多种功能类型。比如，在信用＋税收方面，通过税务数据与信用数据互认
互换，根据前海企业信用评价与纳税信用评级，对评价结果均为 A 的
"双 A" 企业，提供免排队绿色通道、银企融资撮合、发票审批申请 "秒
批" 及 "按需供应发票" 等税务服务，信用优质企业的办税便利度显著
提升。

助力企业防范法律风险。组建前海律师志愿团，组织驻区法律服务机构
编制发布《自贸区疫情防控情势下企业法律风险防范指引》，细分为 18 个
法律风险防范指引，涉及 316 个法律风险点，涉及金融、物流、信息技术、
房地产、对外投资和贸易等多个行业，形成防疫情势下企业法律风险防范的
强大合力，为防控疫情和经济社会稳定发展提供有力的法治保障。2021 年 3
月 5 日，深圳首场 "八五" 普法活动在前海举行，组建一支素质高、能力
强、号召力强的普法志愿者宣传队伍，针对企业学法需求进行针对性的普法
宣传。

（四）执法监管有力有效

兜住安全底线，优化监管风险。在产业扶持资金监管方面，前海以信用
为主线索构建全链条监管机制。在事前信用核查方面，仅 2020 年全年就对
办公用房租金减免、商业租金减免、防疫物资采购等 11 个事项共 1789 家企
业进行了信用核查，查出 17 家企业存在异常情况。

宣传服务先行，预防缓解执法矛盾。前海蛇口自贸片区综合行政执法局
坚持宣传教育在先、事前警示在先、发现问题督促整改在先的工作模式，对
于简单法律问题，通过电话、口头、微信工作群方式回复，召开小型工作会
议等方式予以指导；针对较为复杂问题，梳理后与上级部门、有关单位共同

研讨，以下发指导意见或召开座谈会等方式予以指引，统一执法提醒告知书模板并推广应用，争取企业和市民的理解配合。前海蛇口自贸片区综合行政执法局围绕企业和市民关心的重点领域和突出问题，就乱摆卖、超门店经营、非法营运、违规占地、非法开挖、超限超载等开展多次专项执法行动。由此，执法阻力大幅下降，执法效能显著上升。前海蛇口自贸片区综合行政执法局每季度收集汇总典型案例，落实以案释法制度，发挥其指引、规范、预防和教育功能。

探索外商投资股权投资试点工作①。2020 年 5 月 14 日，中国人民银行等四部门联合发布的《关于金融支持粤港澳大湾区建设的意见》第 15 条明确提出："开展私募股权投资基金跨境投资试点；允许港澳机构投资者通过合格境外有限合伙人（QFLP）参与投资粤港澳大湾区内地私募股权投资基金和创业投资企业（基金）；有序推进合格境内有限合伙人（QDLP）和合格境内投资企业（QDIE）试点，支持内地私募股权投资基金境外投资；对上述 QFLP、QDLP/QDIE 试点实施宏观审慎管理，由内地监督管理机构建立健全联合评审制度，加强事中事后监管。根据收支形势适时逆周期调节，防范跨境资金流动风险。"修订后的《深圳市外商投资股权投资企业试点办法》规定，对于拟注册在前海合作区、蛇口自贸片区的外商投资股权投资试点企业，由前海地方金融监管局协调推进相关试点工作。

探索第三方巡查机制，效能大幅提升。前海引入第三方安全巡查平台，开展第三方安全质量巡查，协调督办建设项目文明施工、扬尘治理、排水管理、噪音扰民、劳资纠纷等。第三方巡查平台设立后，单项目巡查频率达到 4.19 次/月，达到深圳全市平均水平的 4 倍，显著缓解了政府监管人手不足、巡查频次低等问题，为提升建设工程质量安全事中事后监管提供有力支撑。

---

① 所谓外商投资股权投资企业，即 QFLP（Qualified Foreign Limited Partnership），是指由外国企业或个人参与投资设立的，以非公开方式向境外投资者募集资金，投资于国内非公开交易的企业股权的企业。

（五）司法建设与改革稳步推进

党的十九大报告提出，深化司法体制综合配套改革，全面落实司法责任制，努力让人民群众在每一个司法案件中感受到公平正义。前海全面深化司法体制综合配套改革，其主要做法如下。

进一步完善梯次化类型化审判程序。前海法院出台专门文件，探索跨境案件在线审理，探索扩大普通程序案件独任审理的适用范围，明确案件标识、审判组织转换程序等，充分尊重当事人的程序选择权，并进一步严格落实司法责任制。深圳知识产权法庭进一步完善"速裁+快审+精审"三梯次审判工作格局，简单案件由速裁团队模块化审理，外观设计和部分实用新型专利案件由快审团队集约化审理，重大疑难复杂案件由精审团队精细化审理。由此，审判程序简化而当事人权益不减，法官权力扩大而司法监督更严。

实施调解案件云管理。前海法院依托深圳融平台对调解案件实行云管理，为在册特邀调解员开通融平台账户，港澳地区调解员无须到场，不仅可远程进行案件管理，还可根据不同国家地区通信习惯，应用各类社交软件开展线上调解。

创新推出诚信企业司法激励机制。前海法院出台《关于在执行工作中进一步保障前海蛇口自贸片区诚信建设的指引》，完善诚信企业司法激励机制。前海管理局公共信用中心与前海法院共享诚信企业清单，从失信违规、经营情况、荣誉成果、关联风险、舆情信息等五个维度，对17个二级指标共117个评分子项进行分析，运用机器学习模型评定信用A类企业。对于被认定为信用A类且无不良司法记录的企业，在执行过程中将会采取更灵活、温和的措施，可慎用司法拘留、司法罚款等强制措施，可适当设置宽限期，暂缓失信信息公开，可出具自动履行生效法律文书证明等。该机制实行以来，截至2021年6月，前海法院共办理涉诚信企业案件422件，涉及诚信企业40家，涉案标的额10.89亿元。

前海检察院制定《行政公益诉讼适用函提醒机制指引》，明确检察机关在公益诉讼诉前程序中，适用函告提醒、磋商约谈的定位、条件、内容及后果，更好地与检察建议相衔接。前海检察院与南沙、横琴等地检察机关共同研究制定《关于加强广东自贸片区检察机关海洋生态资源保护公益诉讼协作的工作意见》，建立起定期会商、线索移送、联合取证、学习交流、联合宣传等制度机制。

前海检察院组织开展"我为群众办实事"实践活动，分别组织优秀检察官到深港青年梦工厂开展法律服务，如街道井盖、无障碍设施专项监督，以及下基层大接访等。还与辖区港湾学校设置共建机制，开展检察官进校园、进课堂等活动，做好防范中小学生校园欺凌、校园安全监控设备专项监督工作，督促学校及时消除安全隐患，筑牢校园安全防线。针对自贸区工程建设场所多，安全、噪音、扬尘等问题较为突出的情况，加强建设工程安全文明施工监督。对于不符合法律法规和相关标准，存在环境保护及安全隐患的，启动环境保护行政公益诉讼诉前程序，向建设施工单位及其主管部门反馈发现的施工问题，督促各方完成整改。前海检察院参与梦工场"i创业"线上服务平台，为创业团队、创业人员提供涉疫情相关法律问题的咨询和刑事风险防控等法律服务。

（六）构筑知识产权保护高地

知识产权保护是建设深圳先行示范区和粤港澳大湾区的重要组成部分，对于塑造法治化营商环境具有重要意义。前海秉持保护知识产权就是保护科技创新、就是保护制度创新的理念，充分发挥知识产权支撑创新驱动的引擎作用，加强知识产权保护标杆城市建设，着力打造知识产权保护高地，打通知识产权创造、运用、保护、管理、服务全链条，形成严保护、快保护、大保护的知识产权保护生态。

《粤港澳大湾区发展规划纲要》在"优化提升深圳前海深港现代服务业合作区功能"部分提出，要"实行严格的知识产权保护，强化知识产权行政保护，更好发挥知识产权法庭作用"。《深圳经济特区知识产权保护条例》第7条规定，前海可以在创新知识产权保护工作机制和纠纷处理、涉外维权、综合执法等方面先行先试，提供便捷高效服务，建设知识产权保护工作示范区。前海已经有了"两中心一基地"三块国家级知识产权保护牌子①。前海知识产权保护的生态系统逐步健全。《关于建设前海知识产权保护工作示范区的行动方案（2021～2025）》出台，从完善制度体系、司法保护体系、行政保护体系，加强仲裁保护、公证保护、社会共治、海外保护等方面，进行知识产权保护的系统布局。

2018年12月，中国（深圳）知识产权保护中心正式落户前海，成为深圳首家国家级知识产权保护中心。知识产权保护中心围绕新能源和互联网产业开展专利快速确权，开展全领域知识产权快速维权，打造知识产权全门类服务专业大厅，打通知识产权创造、运用、保护、管理、服务全链条，已成为深圳全市服务最全面、业务最权威的知识产权综合服务平台。

2019年11月，深圳市市场监管局依托知识产权保护中心建立深圳市知识产权保护"一站式"协同保护平台，企业只需"跑一次"，就可获取知识产权保护相关的纠纷调解、司法确认、鉴定评估、存证固证、仲裁、公证、法律指导等各类服务，知识产权授权、确权和维权的效率大幅提升。

前海法院、深圳知识产权法庭完善知识产权案件专业化审理机制。前海法院探索"专业法官＋港籍专家陪审员＋知识产权专家＋专业技术调查官"案件审理机制，并积极应用诉前禁令措施，及时、快捷、有效制止知识产权侵权行为，知识产权纠纷处置周期长、维权效果慢等问题得到初步化解。深圳知识产权法庭招录多名具有理工类专业背景的法官助理作为技术调查官，形成专家辅助人、鉴定机构、技术调查官、专家陪审员、配合协调技术咨询服务、知识产权专家库等组成的司法审判技术咨询途径和技术事实查明机制。2020年3月，深圳知识产权法庭出台《关于疫情防控期间切实加强高

---

① 两中心：中国（深圳）知识产权保护中心、国家海外知识产权纠纷应对指导中心深圳分中心。一基地：国家版权创新发展基地。

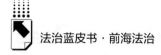

新技术企业知识产权保护的若干意见》。

2020年4月，国家海外知识产权纠纷应对指导中心深圳分中心在知识产权保护中心基础上挂牌成立，开展海外专利分析预警、引导海外专利布局、监测海外纠纷案件、开展海外纠纷案件指导等，建立完善海外维权工作体系，以提升企业的海外维权意识，为"走出去"战略保驾护航。

前海公证处着力推进"知识产权公证服务中心"建设，密切公证机构与重点知识产权企业的联系，探索区块链等技术在公证电子存证方面的应用等。

（七）纠纷化解专业化国际化

前海依托最高人民法院第一巡回法庭和深圳国际仲裁院，构建司法终审和仲裁终局的"双终局"架构，促进商事纠纷化解的多元化、国际化和制度化、专业化，为粤港澳大湾区发展、"一带一路"经贸商事活动提供稳固的法治保障，将前海打造为国际商事争议化解的首选地。

修订后的《深圳经济特区前海深港现代服务业合作区条例》第60条第1款明确规定："支持人民法院、仲裁机构加强国际合作，共同构建调解、仲裁、诉讼有机衔接的纠纷解决平台，完善国际化的多元化纠纷解决机制。"

修订后的《深圳经济特区前海深港现代服务业合作区条例》第59条明确规定："支持设立深圳国际商事审判专门组织，探索国际商事审判案例指导制度，加快形成与前海合作区发展相适应的专业化审判体制机制。"前海深化"港籍调解"和"港籍陪审"、域外仲裁等制度，前海法院选择32名港籍陪审员、78名港籍调解员参与涉港案件办理。2020年全年，前海法院共受理涉外涉港澳台商事案件9144件。

机构建设方面，依托最高人民法院第一巡回法庭大楼、前海国际仲裁大厦、专业审判大厦、前海国际律师大厦及其他创新型法治机构，形成法治机构聚集的生态圈。

深圳国际仲裁院聘请境外仲裁员 385 名，覆盖 77 个国家和地区，有 148 位香港专业人士担任仲裁员参与前海国际商事仲裁①。其仲裁员结构国际化程度在国内最高，且香港法律专业人士可以以理事、仲裁员、调解员、代理人、专家证人五种身份参与前海国际仲裁。深圳国际仲裁院新探索"境外调解＋深圳仲裁"争议解决模式、跨境仲裁调解联盟等多种业务模式，并开创中国仲裁裁决按照联合国《承认与执行外国仲裁裁决公约》在境外获得承认和执行的先例，其裁决已在海外普遍获得执行。

前海"坚持把非诉讼纠纷解决机制挺在前面"，注重调动和提升行业组织、企事业机构等在纠纷化解和诉源治理中的作用，成立多元化纠纷解决中心六大分中心②。各分中心指派法官挂点指导。法院将纠纷分为不同类别分别委派给分中心开展调解，发挥各分中心在跨境调解和特定类型案件调解中的专业优势。前海法院在册的 164 名特邀调解员分别划分到六个分中心，实现调解员的分类管理。

前海法院高度重视跨境商事纠纷的前端化解，推进案件的专业化类型化调解，形成纠纷化解合力。2021 年 8 月，深圳市贸促委与前海法院共建的国际贸易案件多元化纠纷解决分中心正式启动，主要负责前海法院委派的国际货物运输合同纠纷、买卖合同等类型纠纷的调解。这将发挥贸促系统的国际资源优势，提升国际贸易纠纷化解的专业化能力。

前海公证处作为国内首家设在自贸片区内的公证处，探索合作制改革，探索初审和双重审查等制度机制创新。前海公证处实施"365 天不打烊"公证服务模式，为有需要的群众提供线上咨询、办证等服务，提供远程视频公

---

① 数据参见《深圳市前海管理局关于 2020 年度依法行政及法治政府工作的报告》，http：//qh. sz. gov. cn/sygnan/qhzx/tzgg/content/post_ 8362150. html，最后访问日期：2021 年 8 月 18 日。

② 六大分中心分别为：深圳市贸促委调解中心承办的国际贸易案件多元化纠纷解决分中心，蓝海法律查明和商事调解中心承办的大湾区案件多元化纠纷解决分中心，深圳市前海国际商事调解中心承办的国际投资案件多元化纠纷解决分中心，深圳市小微企业发展促进会承办的民营小微企业案件多元化纠纷解决分中心，深圳市商业保理协会承办的新兴金融案件多元化纠纷解决分中心，以及深圳市前海公证处承办的自贸区案件多元化纠纷解决分中心。

证，为大型医疗器械企业免费办理与疫情相关公证。2021年6月，前海公证处推出"免跑腿"无犯罪记录公证线上服务，登录"前海公证云平台"小程序，通过手机端即可在线办理该项公证事务，通过指定收件地址收取公证文书。前海公证处与前海"一带一路"法律服务联合会建立联系，充分利用全球华语律师资源提供远程公证服务。比如，对于涉及重大财产处分且非近亲属之间的委托，以及复杂、非常规事项委托，前海公证处征求当事人意愿后，安排当事人到附近海外华语律师事务所，在华语律师协助下办理海外远程视频公证，当事人在承办公证员和华语律师共同见证签署相关法律文书，这有效满足了海外企业、华人的公证需求，节约了文书跨境传递的时间和成本。

（八）高标准建设深港国际法务区

国际法律服务中心建设是法治前海的重要发力点。高标准建设前海深港国际法务区，打造一站式、全链条高端法律服务高地。

深港国际法务区建设已稳步开局。前海深港国际法务区是推动国际法律服务中心和国际商事争议解决中心建设的空间平台和功能载体。在空间布局上，前海首先着力建设了深港国际法务区的集聚区，深圳国际仲裁院、深圳知识产权法庭、华商林李黎联营律师事务所、"一带一路"法律服务组织等20余家机构已经入驻前海国际仲裁大厦。接下来，前海还将积极规划建设前海国际律师大厦、专业服务业小镇、法治博物馆及前海石公园·法治园等深港国际法务区建设所需的承载空间。

前海已经聚集32家律师事务所。全国共有11家粤港澳合伙型联营律师事务所，已有7家落户前海。已有六大类70余家机构确定入驻法务区，另有11家正在加速落地，覆盖司法、仲裁、调解、律师、公证、司法鉴定、法律研究、法律培训全链条的法律服务机构。

前海推出"一带一路"法律公共服务平台，系面向境内外开放的法律信息咨询服务平台，已有法律法规、相关案例、法律文献、专家名录、法律咨询、诉调对接等板块，涉及东南亚、中亚、西亚、中东欧等30多个国家和地区，已有"一带一路"沿线国家、地区的上千名律师入驻，为"一带一路"企业上市活动提供专业法律意见。

（九）深度探索法治信息化智慧化

在政务服务领域，"秒报秒批一体化"模式迈向成熟。申请人在填表格和上传材料的过程中，可以通过刷脸或其他合规方式授权读取个人或企业电子证照或相关后台数据，由系统调取数据自动填充表单信息、自动推送电子材料，从而实现办事信息少填或不填、申请材料少交或不交，实现"秒报"；在受理审批环节实行"秒批"，推进部门业务系统交互，与基础库、主题库等可信数据源对接，通过信息共享，自动比对、核验申请信息，实现基于标准化规则的系统自动填充、自动审批，由此打通了数据壁垒，申请材料提交最少化，审批活动的自由裁量最小化。

在司法审判执行方面，前海法院全面实施"在线司法"新模式，出台《关于加强和规范电子诉讼工作的实施细则》，详细规定了在线立案、调解、证据交换、庭审和电子送达等，推进各类诉讼事项全面线上办理，线上与线下无缝对接、融合。以现代科技为驱动，探索移动微法院、粤公正小程序、广东法院诉讼服务网等平台的深度应用，诉讼服务更加及时精准，审判执行的智能化水平不断提升。

针对金融案件证据不易保存、分散复杂等问题，前海法院联合企业开发"至信（金融）云审"系统，与"深圳移动微法院"深度对接，实现平台数据及功能的互联互通。利用区块链技术，将包括电子合同、履行情况、催收情况等在内的交易数据，实时存储于区块链上，交易数据通过区块链校验后提交法院，确保数据的完整性和真实性，实现实时存证、在线举证和在线质证。当事人通过"深圳移动微法院"即可办理金融案件"链上"的全部事务，银行与法院的数据协同效率大幅提升。"至信（金融）云审"系统还完善了线上调解平台，引入行业调解、律师调解、专家调解等多种调解形式，可在线签订调解协议并完成司法确认。通过"至信（金融）云审"系统，区块链技术与审判流程深度融合，不仅优化了司法审判程序，实现纠纷化解的要素化办理，当事人及其代理人的时间精力投入大幅减少；更进一步，链上审判实践还推动了金融交易的合同条款不断优化，规范了相关金融及衍生交易活动，有利于金融业创新发展与规范发展有机统一。

在多元纠纷化解方面，深圳国际仲裁院将已有的网上立案平台、视频开庭平台、证据交换储存平台进行升级，实现了网上立案、网上证据交换、网上调解、网上开庭，并上线"SCIA 微仲裁"小程序，依托微信小程序，搭载腾讯云存储、人脸识别、音视频同步等技术，实现当事人立案、调解、仲裁全流程"手机端"跟踪办理，实现一站式、全流程在线非接触式仲裁。

（十）推广复制与理论研究同步发力

制度与法治的改革创新，通过复制推广才能发扬光大。前海除传统的经验总结和向中央、上级上报之外，还探索跨区域协同促进推广复制。2020年8月，海南省海口江东新区与前海签署合作备忘录，深化制度协同创新，建立良性互动的制度创新伙伴关系，探索政府深度合作、项目合作发展、产业融合发展、人才交流促进、要素高效流动的区域协同发展新模式，以及新型行政审批与监管服务协作新机制。黑龙江省哈尔滨市香坊区与前海达成长期战略合作意向，开创"自贸区跨区域发展协同区"先河，使得香坊区享受到自贸区政策。此类制度创新伙伴、协同区等新机制，将推动前海法治创新流入其他自贸片区更便捷，为制度推广复制开辟了一条新路径。

前海不仅在法治实践方面勇于探索，在法治研究方面同样当仁不让，开拓创新，打造高端法律智库。在基地、平台建设方面，先后成立"中国港澳台和外国法律查明研究中心"、最高人民法院"港澳台和外国法律查明研究基地"和"港澳台和外国法律查明基地"、最高人民检察院"法治前海研究基地"等法治研究机构。法治前海研究基地的建设不断完善，被最高人民检察院颁授检察基础理论研究基地牌匾，基地的理事会议、理事长会议、工作协调会议等议事规则逐步建立完善，将按照最高人民检察院主要领导"边建、边研、边产出、边转化成果"的要求，加大调研力度，为社会主义法治示范区建设贡献检察智慧。前海知识产权检察研究院于2019年8月揭牌成立，作为最高人民检察院在前海设立的专门研究机构，采取最高人民检察院、广东省人民检察院、深圳市人民检察院和前海蛇口自贸区检察院四级共建模式。发挥前海知识产权保护高地的特色优势，推动知识产权司法鉴定技术及法庭科学研究，为检察机关办理知识产权案件提供技术保障，开展前沿性知识产权问题研究。

三　法治前海的未来展望

前海肩负着为全面深化改革和扩大开放探索新途径、积累新经验的使命，法治是改革创新的最好保障。《全面深化前海深港现代服务业合作区改革开放方案》提出，到 2025 年，建立健全更高层次的开放型经济新体制，初步形成具有全球竞争力的营商环境，高端要素集聚、辐射作用突出的现代服务业蓬勃发展，多轮驱动的创新体系成效突出，对粤港澳大湾区发展的引擎作用日益彰显。到 2035 年，高水平对外开放体制机制更加完善，营商环境达到世界一流水平，建立健全与港澳产业协同联动、市场互联互通、创新驱动支撑的发展模式，建成全球资源配置能力强、创新策源能力强、协同发展带动能力强的高质量发展引擎，改革创新经验得到大力推广。为此，既要突出问题导向，破解制约法治推进的难点瓶颈问题，也要坚持目标导向，以人民为中心，打造中国特色社会主义法治示范区。

加强顶层设计与规则制定，推进前沿立法。充分运用特区立法权，推动前海与香港进行全方位法律规则衔接，打造内地与港澳规则衔接、机制对接先行区。积极争取与全国人大常委会、省市人大常委会建立立法沟通协调常态化机制，研究制定前海投资者保护条例、外资企业权益保护条例和民营企业权益保护条例，通过立法赋予前海更大更充分的改革开放自主权。构建与港澳台及国际规则衔接机制，探索推进社会主义法治、英美法、大陆法融合对接，经验共享、优势互补，进行三地规则衔接与机制对接的先行示范。在司法综合配套改革、扩大涉外商事案件受案范围、仲裁国际化发展、法律服务扩大开放等方面继续创新探索。总之，通过立法的引领与保障，构建公正透明、体系完备的法治环境。

法治助力实施更高水平的开放。《全面深化前海深港现代服务业合作区改革开放方案》提出，要"建设高水平对外开放门户枢纽"，"到 2035 年，高水平对外开放体制机制更加完善"。这需要在更高质量的商品要素流动开放基础上，通过法治建设深化更高标准的制度型开放，推进制度现代化、治理现代化与法治现代化。涉外法律服务对于海外投资保障更具重要意义。涉及调整法律的，按程序提请全国人大常委会作出授权或决定之后，调整相关法律在前海的适用；涉及调整行政法规的，按照法定程序提请国务院作出授权或决定。

多管齐下，提升法治实施的规范性与有效性。前海已将航空航天等先进制造业和数字经济等新兴产业作为发展的重要方向，应当将相关产业扶持政策、人才政策、税收政策、金融政策，以及相关的政务服务、司法保障、普法引导作为法治实施的关键所在。探索开展、完善公平竞争审查、健康审查、儿童优先审查和第三方评估等机制，各领域法律制度的规范建设和法律实施形成合力，成为产业建设典范和自贸片区法治标杆。

引进重量级国际机构，打造国际法务高地。《全面深化前海深港现代服务业合作区改革开放方案》以专门板块要求，"提升法律事务对外开放水平"，在前海合作区内建设国际法律服务中心和国际商事争议解决中心，探索不同法系、跨境法律规则衔接。探索完善前海合作区内适用香港法律和选择香港作为仲裁地解决民商事案件的机制。在此基础上，推动最高人民法院、司法部等出台支持前海深化法律事务对外开放的实施细则和配套措施，省、市同步出台落实举措。与此同时，对标对表中央和上级要求，系统谋划建设前海深港国际法务区，打造国际商事争议解决中心、国际法律服务中心和知识产权保护高地，构建集公共法律服务、法治理论研究创新、法治论坛交流合作、涉外法务等全链条服务功能于一体的专业化、国际化法治创新集聚区。积极引进世界银行争端解决中心、国际商会仲裁院、新加坡调解中心、国际知名律所等具有国际影响力的法律机构，进一步在前海集聚国际化高端法律服务机构。推动一批标志性的涉外法律服务重大项目，推动最高人民法院第一巡回法庭、第一国际商事法庭建设，推动深圳商事法院尽快落地，成立中外合伙联营律所，推动国际投资仲裁中心设立等。

加强法治宣传，助推企业合规合法发展。通过法治宣传引导提升治理效能，减少执法阻力，是各地将普法与治理相结合行之有效的重要举措。合规合法作为各类主体自觉履行职责义务的管理方式，已成为健康可持续发展的重要支撑。前海应考虑将法治宣传与合规引导相结合，应用好短视频普法、直播普法、动画普法等形式，线下宣讲与线上传播，做好专业资源与普法的有效对接，不断增强普法的专业性与传播力，推进合规前海体系建设。

依托法治支撑制度创新，着力可复制推广。创新是前海的使命，创新的最终目的是推广到其他自贸片区乃至全国。前海作为深港现代服务业合作区，在政府职能转变、法治化营商环境、司法体制改革与国际化多元纠纷化解方面，均进行了广泛而深入的创新探索。今后，一方面要再接再厉继续创新，另一方面要更加重视创新成果的多种形式复制推广。

通过策划举办更多重大活动，不断增强影响力美誉度。推动定期举办深港法律事务高峰论坛，推动举办"一带一路"国际商事仲裁论坛等国际化高层次法律交流，开展法治领域主场外交，将前海打造为国际法治文化交流窗口。

评 估 报 告
Assessment Report

B.2
前海法治指数评估报告（2020）

中国社会科学院法学研究所法治指数创新工程项目组 *

摘　要：　中国社会科学院国家法治指数研究中心、法学研究所法治指数创新工程项目组从规则制定、法治政府、司法建设、法治社会、保障监督五个方面对深圳前海法治示范区法治建设情况进行了第四次系统评估。评估显示，前海法治建设稳步推进，规则体系、政务公开、司法建设等方面走在全国前列；但权责清单的准确性、检务公开建设、法治社会建设等方面仍有提升空间。未来，前海法治建设示范区应当继续深入推进改革创新，补齐短板，高标准建设深港国际法务区，打造

---

* 项目组负责人：田禾，中国社会科学院国家法治指数研究中心主任，法学研究所研究员；吕艳滨，中国社会科学院法学研究所研究员、法治国情调研室主任。项目组成员（按姓氏笔画排序）：王小梅、王祎茗、王赫、车文博、牛婉云、田禾、冯迎迎、吕艳滨、刘雁鹏、齐仪、米晓敏、李士钰、余楚乔、张月、张睿君、苑鹏飞、胡昌明、胡景涛、哈云天、洪梅、洪甜甜、袁紫涵、栗燕杰、陶奋鹏、梁洁、梁钰斐、彭执一、雷继华。执笔人：刘雁鹏，中国社会科学院法学研究所助理研究员；王祎茗，中国社会科学院法学研究所助理研究员；栗燕杰，中国社会科学院法学研究所副研究员；田禾；吕艳滨。

依托香港、服务内地、面向世界的一流国际法律服务高地。

关键词：　法治评估　法治示范区　法治营商环境

2019 年 8 月，《中共中央、国务院关于支持深圳建设中国特色社会主义先行示范区的意见》提出："全面提升法治建设水平，用法治规范政府和市场边界，营造稳定公平透明、可预期的国际一流法治化营商环境。"2020 年 10 月，中共中央办公厅、国务院办公厅印发的《深圳建设中国特色社会主义先行示范区综合改革试点实施方案（2020～2025 年)》提出，"坚持市场化、法治化、国际化""打造市场化法治化国际化营商环境""推进改革与法治双轮驱动""强化法治保障"。作为改革开放"尖兵中的尖兵"，前海蛇口自贸片区（以下简称"前海"）在法治建设方面大胆积极探索、先行先试，为深圳市、广东省法治建设发挥了模范和表率作用，为其他自贸区贡献了诸多值得借鉴的经验，为全国范围的法治改革提供了可参考的方案。

为客观评估前海在法治建设中的进展和成效，营造稳定公平透明、可预期的营商环境，自 2018 年以来，中国社会科学院国家法治指数研究中心、法学研究所法治指数创新工程项目组持续开展前海法治指数第三方评估，本次为第四年度评估。

一　评估指标体系

项目组依照党中央、国务院对法治发展的最新要求，遵循中央对前海改革发展的最新部署，参考新出台或新修改的法律法规，吸收国内外自贸区评估的有益经验，动态调整了评估指标体系。

在指标数量上，2021 年评估指标体系包括 5 个一级指标，22 个二级指标，81 个三级指标，241 个四级指标（见表 1）。在指标内容上，指标体系保留了评价法治建设水平的基本内容，同时根据中央对深圳以及前海的最新

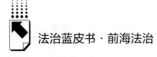

要求,增加了知识产权保护以及深港国际法务区等考察指标。在指标难度上,2021年指标体系评估标准更为严格。例如,本次评估项目组就部分与前海相关的规范性文件提交了意见,观察前海是否会就意见进行及时反馈。再如,执法方面增加了知识产权执法的考察。

表1　前海法治指数评估指标体系

一级指标	二级指标	三级指标
规则制定	推进立法	立法规划
		立法计划
		立法参与
		文本公开
		立法评估
	规范性文件	三统一
		科学性
		民主性
		合法性
		监督规范
		清理机制
		透明度
	重大决策	规范性
		科学性
		民主性
法治政府	简政放权	权力下放
		事项精简
		权力承接
		购买服务
	优化服务	网上办事
		流程优化
		政民互动
	执法监管	规范化
		双随机一公开
		有效性
	清单制	权力清单
		责任清单
		负面清单

续表

一级指标	二级指标	三级指标
法治政府	公开透明	主动公开
		依申请公开
	改革创新	金融
		税收
		海关
		物流
	容错举报	容错机制
		投诉举报
司法建设	审判执行	司法改革推行
		执行能力提升
		知识产权保护
		阳光法院
		智慧法院
	检察权运行	检察改革推进
		检察监督
		互联网＋检察
		阳光检务
	矛盾化解	调解
		仲裁
		合作机制
法治社会	社会治安	工作年报
		交通统计
		治安统计
		警情通报
	社会信用	信用记录
		信用记录
		守法诚信褒奖
		违法失信惩戒
	信访法治	渠道畅通性
		处置规范度
		信访秩序
	普法宣传	制度建设
		普法实践
		实施效果

一级指标	二级指标	三级指标
法治社会	法律服务	法律查明
		深港国际法务区建设
		司法鉴定
		公证
保障监督	党的领导	党委组织
		党务公开
		基层党建
	队伍建设	法律顾问制度
		国际化法律服务队伍
		律师队伍建设
	廉政建设	廉政体制机制
		廉政规范体系
		信息化建设
		规范履职保护
		廉情预警评估
		总结报告
	基础研究	理论储备
		课题研究
		经费支持
		应用推广

本次评估增加了对前海深港国际法务区的考察，评估涉及部门增加了深圳市前海国际商事调解中心、深圳知识产权法庭、深圳金融法庭、中国（深圳）知识产权保护中心等（见表2）。

表2　评估涉及部门

评估内容	涉及部门
规则制定	深圳人大常委会
	前海管理局等
法治政府	深圳市政府
	南山区政府
	前海管理局
	深圳前海蛇口自贸片区综合行政执法局

续表

评估内容	涉及部门
司法建设	前海合作区人民法院
	深圳知识产权法庭
	深圳金融法庭
	前海蛇口自贸区人民检察院
	深圳国际仲裁院
	深圳市蓝海法律查明和商事调解中心
	深圳市前海国际商事调解中心等
法治社会	南山区信访局
	深圳市司法局
	中国港澳台和外国法律查明研究中心
	中国(深圳)知识产权保护中心
	深圳市前海公证处
	深圳市信用促进会
保障监督	前海廉政监督局
	深圳市律师协会
	深圳市司法局
	前海管理局等

二　总体评估结果

基于评估指标、依据各个渠道获取的评估数据，项目组核算了 2020 年度及 2021 年上半年前海法治指数评估结果（见表 3、图 1）。评估显示，前海法治评估总体得分为 85.23 分，相比上年的 83.57 分有所进步。

表 3　前海法治指数评估结果

一级指标及权重	得分(分)
规则制定(权重 25%)	81.6
法治政府(权重 25%)	90.5
司法建设(权重 15%)	83.6
法治社会(权重 20%)	78.85
保障监督(权重 15%)	91.6
总分(满分 100 分)	85.23

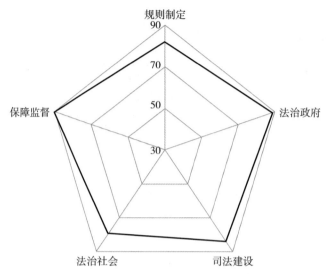

图1 前海法治指数评估各一级指标评估得分雷达图

前海作为中国首个国家级法治示范区，在各个领域和各个方面都开展了卓有成效的尝试和努力，很多方面走在了法治改革的前沿。在规则制定方面，前海自贸片区不断完善规则体系，推动科学立规、民主立规与依法立规相结合；在法治政府建设方面，前海自贸片区通过简政放权、信息化建设等诸多手段，不断提高行政效能，以高效优质的服务优化营商环境；在司法建设方面，前海合作区人民法院、前海自贸片区检察院以及深圳国际仲裁院为自贸区发展提供坚实的法治保障；在法治社会方面，前海管理局创新普法形式，充分利用法律服务资源，推动诚信体系建设，推动社会和谐有序；在保障监督方面，前海自贸片区不断完善相关体制机制，加强队伍建设，为法治建设保驾护航。

作为国家唯一批复的中国特色社会主义法治建设示范区，重视法治保障是前海有别于国内其他功能开发区和自贸区的突出特点，也是前海的核心竞争优势和主要驱动力。评估发现，前海在规则体系、政务公开、司法公开等方面在国内众多自贸区中处于领先地位。

（一）规则体系建设位居前列

自贸区或自贸片区需要大量制定符合自身特色的规范，确保自贸区方案落地，规范自贸区经贸发展，保障自贸区改革于法有据。如果在自贸区建设过程中，仅仅遵循中央给定的自贸区方案，自身没有细化各项规范性文件，则大部分重大改革内容缺少制度指引。自贸区发展要么会处于无法无序状态，要么会处于故步自封状态。规则体系评价除了考察自贸区及自贸片区条例制定情况，还考察规范性文件制定过程中是否遵循科学性、民主性以及合法性，规范性文件实施以及规范性文件清理情况。目前，前海形成了以"三条例两办法"为基础性立法的格局，同时在规范性文件制定过程中充分征求公众意见，并对意见进行及时反馈，规范性文件实施过程中的修改或废止都及时有效。可以说，在规则体系建设方面，前海自贸片区在中国所有自贸片区中处于领先地位（见表4）。

表4　自贸（片）区规则体系评估结果

单位：分

排名	评估对象	规范性文件制定	规范性文件实施	规范性文件清理	总分
1	中国(广东)自由贸易试验区深圳前海蛇口片区	100	100.0	60	88.00
2	中国(湖北)自由贸易试验区武汉片区	100	94.4	60	85.76
3	中国(广东)自由贸易试验区广州南沙新区片区	50	100.0	100	85.00
4	中国(广东)自由贸易试验区珠海横琴新区片区	70	100.0	60	79.00
5	中国(江苏)自由贸易试验区南京片区	100	71.2	60	76.48
6	中国(上海)自由贸易试验区	50	68.8	100	72.52
7	中国(福建)自由贸易试验区厦门片区	50	57.6	100	68.04
8	中国(福建)自由贸易试验区平潭片区	45	68.8	60	59.02
9	中国(福建)自由贸易试验区福州片区	0	63.2	100	55.28
10	海南自由贸易港	50	88.8	0	50.52
11	中国(四川)自由贸易试验区成都天府新区片区	50	51.6	40	47.64
12	中国(陕西)自由贸易试验区杨凌示范区片区	30	62.8	40	46.12

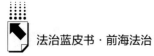

续表

排名	评估对象	规范性文件制定	规范性文件实施	规范性文件清理	总分
13	中国(陕西)自由贸易试验区西安国际港务区片区	90	29.2	0	38.68
14	中国(河北)自由贸易试验区雄安片区	20	71.2	0	34.48
15	中国(辽宁)自由贸易试验区沈阳片区	0	86.0	0	34.40
16	中国(山东)自由贸易试验区烟台片区	20	65.6	0	32.24
17	中国(山东)自由贸易试验区济南片区	20	63.6	0	31.44
18	中国(广西)自由贸易试验区钦州港片区	50	40.4	0	31.16
19	中国(天津)自由贸易试验区滨海新区中心商务片区	0	76.8	0	30.72
20	中国(辽宁)自由贸易试验区大连片区	0	74.4	0	29.76
21	中国(四川)自由贸易试验区川南临港片区	10	63.2	0	28.28
22	中国(重庆)自由贸易试验区两江片区	10	63.2	0	28.28
23	中国(陕西)自由贸易试验区中心片区	30	46.0	0	27.40
24	中国(天津)自由贸易试验区天津机场片区	0	68.4	0	27.36
25	中国(广西)自由贸易试验区崇左片区	20	52.0	0	26.80
26	中国(广西)自由贸易试验区南宁片区	50	29.2	0	26.68
27	中国(黑龙江)自由贸易试验区黑河片区	0	62.8	0	25.12
28	中国(黑龙江)自由贸易试验区绥芬河片区	0	62.8	0	25.12
29	中国(湖北)自由贸易试验区宜昌片区	0	60.0	0	24.00
30	中国(四川)自由贸易试验区成都青白江铁路港片区	10	51.6	0	23.64
31	中国(河南)自由贸易试验区郑州片区	0	57.2	0	22.88
32	中国(天津)自由贸易试验区天津港片区	0	52.0	0	20.80
33	中国(河南)自由贸易试验区洛阳片区	0	46.0	0	18.40

续表

排名	评估对象	规范性文件制定	规范性文件实施	规范性文件清理	总分
34	中国(河南)自由贸易试验区开封片区	0	46.0	0	18.40
35	中国(云南)自由贸易试验区昆明片区	0	34.8	0	13.92
36	中国(湖北)自由贸易试验区襄阳片区	0	29.2	0	11.68
37	中国(辽宁)自由贸易试验区营口片区	0	28.0	0	11.20

（二）政务公开名列前茅

项目组选择了决策公开、管理公开、结果公开、平台建设四个一级指标，同时选择重大决策、政策解读、负面清单、机构信息、统计数据、互动平台等二级指标对中国自贸（片）区进行评估。评估结果显示，前海在所有自贸片区中位列第二（见表5）。前海政务公开有以下亮点值得关注。首先，连续五年公开重大行政决策目录。规范行政决策行为特别是重大行政决策行为，是规范行政权力的重点，也是法治政府建设的重点。公开重大行政决策目录是引导广大群众广泛有序参与行政决策的前提，是集思广益和凝聚共识的基础，能够有效增强重大行政决策的民主性、科学性和可行性，对促进经济高质量发展和维护社会稳定具有重要的积极作用。前海管理局能够连续五年持续公开重大行政决策目录，并通过线上线下等多种方式邀请社会各界参与到重大行政决策的制定、实施与完善过程中。其次，认真办理社会各界留言。针对来自社会各界的留言，前海能够做到每条留言必回复，每条留言必办理。2020年前海管理局共收到留言134条，100%办结，每条留言平均办理时间是4天，公开答复留言36条。最后，详细公开购买服务情况。政府购买服务是降低政府开支、提高行政收益、推进社会建设的有效方式，是优化政府职能、强化服务型政府的重要途径，是促进公共服务均等化、达到社会和谐与持续发展的重要路径。前海在推动政务公开的同时，详细公开了购买服务的全过程，从招投标到项目验收再到项目抽查，都一一予以公开。

表5 自贸（片）区政务公开评估结果

单位：分

排名	评估对象	决策公开	管理公开	结果公开	平台建设	总分
1	中国(湖北)自由贸易试验区武汉片区	94.00	74.55	81.93	78.00	81.37
2	中国(广东)自由贸易试验区深圳前海蛇口片区	96.75	64.70	80.03	100.00	80.00
3	中国(福建)自由贸易试验区平潭片区	91.00	78.30	74.88	60.00	77.81
4	中国(广东)自由贸易试验区珠海横琴新区片区	92.50	45.05	84.43	88.00	72.62
5	中国(福建)自由贸易试验区厦门片区	88.25	84.55	41.60	100.00	71.80
6	中国(江苏)自由贸易试验区南京片区	88.83	76.90	51.90	76.00	70.44
7	中国(上海)自由贸易试验区保税区片区	46.50	74.75	69.58	100.00	69.81
8	中国(上海)自由贸易试验区临港片区	74.00	62.20	62.88	100.00	68.58
9	中国(辽宁)自由贸易试验区大连片区	78.25	56.50	68.48	78.00	67.19
10	中国(辽宁)自由贸易试验区营口片区	79.75	67.40	56.25	78.00	67.03
11	中国(天津)自由贸易试验区滨海新区中心商务片区	90.05	47.40	60.78	90.00	64.87
12	中国(天津)自由贸易试验区天津港片区	87.00	44.10	66.20	88.00	64.81
13	中国(广东)自由贸易试验区广州南沙新区片区	15.60	74.60	71.85	100.00	64.38
14	中国(陕西)自由贸易试验区西安国际港务区片区	69.75	57.40	76.13	36.00	64.28
15	中国(云南)自由贸易试验区昆明片区	81.00	50.90	55.88	78.00	61.37
16	海南自由贸易港	91.25	38.40	20.40	96.00	60.80
17	中国(天津)自由贸易试验区天津机场片区	59.75	50.60	62.58	82.00	59.76
18	中国(广西)自由贸易试验区南宁片区	61.30	71.85	37.65	90.00	59.59
19	中国(上海)自由贸易试验区张江高科技片区	62.50	48.30	60.03	70.00	57.41
20	中国(河南)自由贸易试验区郑州片区	75.80	68.70	14.70	90.00	53.35
21	中国(河南)自由贸易试验区洛阳片区	79.25	46.80	37.95	60.00	51.51
22	中国(上海)自由贸易试验区陆家嘴金融片区	16.40	49.70	61.53	88.00	51.01
23	中国(上海)自由贸易试验区世博片区	22.40	46.20	58.43	60.00	47.10
24	中国(四川)自由贸易试验区成都天府新区片区	81.00	59.70	6.00	74.00	46.60
25	中国(上海)自由贸易试验区金桥开发片区	17.20	49.00	55.03	58.00	45.65
26	中国(福建)自由贸易试验区福州片区	67.75	33.70	42.30	50.00	45.15

续表

排名	评估对象	决策公开	管理公开	结果公开	平台建设	总分
27	中国(四川)自由贸易试验区川南临港片区	79.25	50.20	11.50	66.00	44.05
28	中国(辽宁)自由贸易试验区沈阳片区	51.50	59.00	16.35	72.00	43.87
29	中国(陕西)自由贸易试验区杨凌示范区片区	68.50	55.80	11.50	60.00	43.26
30	中国(河北)自由贸易试验区正定片区	50.85	51.30	22.00	66.00	42.43
31	中国(广西)自由贸易试验区钦州港片区	40.00	58.95	17.40	76.00	42.32
32	中国(陕西)自由贸易试验区中心片区	32.80	61.70	19.98	70.00	42.15
33	中国(广西)自由贸易试验区崇左片区	38.60	41.10	31.53	78.00	40.94
34	中国(河南)自由贸易试验区开封片区	75.75	42.40	9.90	66.00	40.06
35	中国(河北)自由贸易试验区大兴机场片区	69.00	53.50	0.00	66.00	39.13
36	中国(浙江)自由贸易试验区金义片区	54.02	52.90	9.83	61.00	38.86
37	中国(湖北)自由贸易试验区宜昌片区	20.10	73.20	6.00	61.00	37.84
38	中国(山东)自由贸易试验区青岛片区	83.00	37.50	0.90	78.00	37.84
39	中国(河北)自由贸易试验区曹妃甸片区	62.35	48.40	0.00	66.00	36.01
40	中国(黑龙江)自由贸易试验区黑河片区	61.15	45.20	3.00	60.00	35.10
41	中国(云南)自由贸易试验区红河片区	67.75	22.50	11.00	78.00	33.08
42	中国(重庆)自由贸易试验区两江片区	44.15	31.70	23.05	36.00	31.59
43	中国(湖北)自由贸易试验区襄阳片区	67.00	15.30	6.90	56.00	26.77
44	中国(山东)自由贸易试验区烟台片区	46.10	10.50	3.00	100.00	23.95
45	中国(云南)自由贸易试验区德宏片区	31.60	26.60	1.00	78.00	23.78
46	中国(山东)自由贸易试验区济南片区	57.30	19.80	3.30	36.00	23.15
47	中国(河北)自由贸易试验区雄安片区	36.38	30.85	0.00	36.00	21.67
48	中国(四川)自由贸易试验区成都青白江铁路港片区	42.30	2.00	0.00	60.00	15.16
49	中国(黑龙江)自由贸易试验区绥芬河片区	8.00	0.00	0.00	45.00	6.10

（三）重视司法活动的公开透明

司法公开是实现司法公正的必要手段，是保障司法公信的前提基础，是提升司法权威的内在要件。司法不仅要实现公平正义，而且还要以社会公众能够看得见的方式实现。项目组依托中国社会科学院国家法治指数研究中心司法透明度项目成果，基于审务公开、审判信息公开、执行信息公开、司法数据公开、司法改革信息公开五方面的内容对 2020 年 5 家自贸（片）区法院，以及 12 家专门性法院的司法透明度进行了评估。深圳前海合作区人民法院在 5 家自贸区法院中排名第二，在全国 12 家专门性法院中排名第 3（见表 6）。

表 6　司法公开评估结果

单位：分

2020 年排名	法院	总分	审务公开	审判信息公开	执行信息公开	司法数据公开	司法改革信息公开
1	广东自由贸易试验区南沙片区人民法院	89.41	90.05	85.5	90	90	95
2	广州互联网法院	66.81	97.50	50.2	90	50	45
3	深圳前海合作区人民法院	64.26	56.80	87.0	74	35	45
4	北京互联网法院	53.15	45.77	56.5	64	50	45
5	珠海横琴新区法院	51.72	83.16	82.8	10	50	5
6	广州知识产权法院	45.16	68.91	57.1	0	50	45
7	杭州互联网法院	39.41	55.05	68.0	10	0	40
8	上海金融法院	38.26	80.06	50.0	10	35	0
9	上海知识产权法院	38.17	56.67	47.8	10	50	0
10	重庆自由贸易试验区人民法院	36.25	51.25	55.0	10	50	0
11	北京知识产权法院	35.47	54.86	45.0	10	60	0
12	四川自由贸易试验区法院	31.09	59.03	50.1	10	15	0

三　各板块评估结果

（一）规则制定

1. 评估发现的亮点

一是改革成果制度化。为巩固既有的改革成果，同时保障凡属重大改革均于法有据，2020 年深圳市人大常委会修改完成《深圳经济特区前海蛇口自由贸易试验片区条例》和《深圳经济特区前海深港现代服务业合作区条例》，这两个条例于 2020 年 10 月 1 日起实施，赋予前海更多先行先试的权力。依据条例的规定，投资准入门槛将进一步降低，逐步探索取消所有港澳企业的准入限制条件，促进与港澳服务贸易全面自由化。《深圳经济特区前海蛇口自由贸易试验片区条例》创新提出"非违规不干预"管理模式，逐步放宽甚至取消境外投资在物流、科技、医疗等特殊领域的自治要求、经营范围以及股权比例等准入限制。

二是及时开展立法预评估。立法预评估是提高立法质量的有效途径，是增强立法科学性的重要手段。为进一步优化前海营商环境和投资环境，吸引更多优质企业落户前海，并依法平等保护各类投资主体的合法权益，前海管理局积极开展"深圳经济特区前海深港现代服务业合作区投资者保护条例"（以下简称"前海合作区投资者保护条例"）研究制定工作，健全投资者权益保护机制。为充分听取社会各界对制定"前海合作区投资者保护条例"的意见和建议，前海管理局形成了"前海合作区投资者保护条例"立法前评估调查问卷。

三是规范性文件公开有序。自贸区政策与一般地区不同，将自贸区政策集中、清晰、明确公开就显得至关重要。政策文件的分布区分了中央文件、广东省文件、广东自贸区文件以及前海自贸片区文件，且每一个公开的文件均同步公开了文号，方便公众查询和浏览。规范性文件清晰合理，一方面体现了规则当先的意识，整理好规范性文件，才能更好地梳理前海法治发展的规则体系；另一方面，规范性文件整理过程也是法规清理的过程，为构建完善、和谐、统一的自贸片区规范体系奠定基础。

四是注重提升政策解读效果。前海每一个公开的政策文件都会提供政策解读的链接，降低了公众查阅政策解读的时间成本。制作政策解读的目的是通过公众喜闻乐见的形式和语言，让每一个公民都能够知晓政策文件的关键信息。例如，《深圳市前海深港现代服务业合作区立体复合用地管理若干规定（试行）》的政策解读，分别就公众关心的立体空间一体开发的资金来源、审批、空间供给方式等具体问题进行了详细解读。

六是征求意见及时反馈。前海管理局征求意见及时反馈有利于激发公众参与征求意见，有助于推动规则体系科学化、民主化发展。前海管理局能够及时反馈每一条意见建议，并将部分意见反馈情况公开，以激励公众参与到前海规则创制和重大政策制定活动中。

2. 评估发现的问题

一是部分规范性文件公开有延迟。《港澳服务提供者在前海深港现代服务业合作区独资举办非学历职业技能培训机构实施办法》自 2019 年 12 月 31 日起实施，有效期至 2021 年 5 月 1 日。而该办法的公开日期为 2020 年 1 月 6 日。在该办法生效后 6 天内公众尚且不知道全文内容，无论是有意在前海独资办学的培训机构，还是普通公众，都会面临有法不知、有规不明状况。

二是立法技术有待提高。根据全国人民代表大会常务委员会法制工作委员会关于印送《立法技术规范（试行）（一）》的函，"法律一般需要明示立法目的，表述为：'为了……，制定本法'，用'为了'，不用'为'"。前海出台的《深圳前海深港现代服务业合作区优秀金融创新案例评选办法》《港澳服务提供者在前海深港现代服务业合作区独资举办非学历职业技能培训机构实施办法》规定，前面表述是"为……"，在立法表述上与《立法技术规范（试行）》规定不一致，今后要引起重视。

三是政策解读跟进不及时。《深圳前海深港现代服务业合作区优秀金融创新案例评选办法（试行）》生效日期为 2020 年 8 月 1 日。政策解读发布日期为 2020 年 8 月 13 日。政策解读应该在政策发布之日起 3 日发布，政策解读跟进不及时容易导致政策的传播广度和深度打折扣。

（二）法治政府

1. 评估发现的亮点

一是首创港人港企联络员直通车，优化税收营商环境。为进一步推动两地产业聚集，促进深港合作交流，依据粤港澳大湾区建设和社会主义先行示范区要求，优化税收营商环境，前海首创了港人港企直通车制度。该制度以《深圳经济特区前海深港现代服务业合作区条例》《深圳经济特区前海蛇口自由贸易试验片区条例》为指引，以区块链管理服务云平台为支撑，以提升港企投资的积极性及便利性为目标，构建税务机关与纳税人之间的新型税务服务与管理关系，试点施行港人港企直通车服务机制，搭建以局领导为首席联络员、科领导和具体工作人员一体的沟通协调服务团队，实现港人港企涉税诉求秒响应、秒办理。以简约办税、集约征管为目标，以无感纳服为标准，积极为粤港澳大湾区探索建设世界一流营商环境，推动港人港企扎根前海，融合香港，走向世界。目前，港人港企联络员直通车首批服务对象先面向重点税源企业中的港人港企总结经验，分批次向全前海的港人港企铺开。线下通过设置港企直通车窗口，开通港企办税绿色通道；线上依托区块链管理服务云平台，探索港企涉税事项智能化办理以及"非接触"远程办理。

二是前海金融改革创新持续发力。全国首创境外人士收入数字化线上核验平台。近年来，前海积极营造良好的国际人才就业与居住环境，针对香港等境外人士的配套金融服务也更高效便捷。围绕境外人士的薪酬购汇流程耗时长、手续烦琐、需客户多方开具纸质材料等痛点，前海中行与微众银行共同建设了"基于区块链的境外人士收入数字化核验产品"这一公共服务平台，依托前海政务数据支持，在用户授权、保障个人隐私与数据安全的前提下，实现对在前海就业的境外人士薪酬信息真实性的线上验证，有效提升购汇及汇出业务效率、银行风控水平和客户体验。前海自由贸易账户支持企业开展跨境业务创新，自由贸易账户体系（FTA）是国家依托自贸试验区探索资本项目可兑换、扩大金融市场开放和防范金融风险的一项重要制度安排，是与开放型经济体系建设相适应的重大金融措施。伴随着浦发银行与工商银行2家试点银行的自由贸易账户业务陆续落地，前海在践行金融改革创新政策上又迈出了坚实的一步，在探索更高水平对外开放、促进贸易投资便利化方面谱写了新的篇章。在全国首创基于人工智能技术（AI）和卫星数据的疫情背景下宏观经济监测平台，新冠肺炎疫情已演变成全球性的重大突发公共卫生事件，对宏观经济产生了巨大影响。微众银行首创了基于人工智能技术和卫星数据的疫情背景下宏观经济监测平台，从全国层面、区域层面和行业层面进行有效的数据挖掘、分析、预测，解决了卡脖子的数据获取和分析难题，首创的疫情背景下中国经济恢复指数（CERI）、卫星生产制造指数（SMI）等获得了国内外的一致好评，直接服务微众银行内部多个业务条线，为进一步精准的信贷扶持策略制定提供数据支持，并为监管机构制定疫情时期的复工复产政策提供参考。

三是物流商贸小镇推动深港交流合作。前海物流商贸小镇通过打造完善的功能布局，吸引包括港资企业、香港行业协会、香港居民个体工商户等经前海批准的重点商贸物流企业入驻小镇。通过供应链管理、商贸、文化教育、住房等配套措施，进一步凝聚港人港企，加强深港商贸交流合作。

四是构建高效的服务型政府。推进"证照分离"改革后，前海聚焦后置审批事项改革大力开展"照后减证"，取消审批事项 11 项，审批改备案事项 5 项，落实告知承诺及容缺受理事项 24 项，优化准营管理 98 项。截至 2021 年 7 月底，前海管理局围绕事项标准化开展政务服务优化工作，压时限、减材料、少跑动，切实提升政务服务获得感，审批时限压缩比达 71%，即办件占比 28.86%，零跑动占比 99.23%，承诺时限压缩 81.23%。

五是财税政策吸引高端紧缺人才。《国务院关于支持深圳前海深港现代服务业合作区开发开放有关政策的批复》（国函〔2012〕58 号）规定，"对在前海工作、符合前海规划产业发展需要的境外高端人才和紧缺人才，取得的暂由深圳市人民政府按内地与境外个人所得税负差额给予的补贴，免征个人所得税"。前海实施特殊财税优惠政策，核心内容是参考对标香港"标准税率 15%"标准，经认定的境外高端人才和紧缺人才按其在前海缴纳的个人所得税已纳税额超过应纳税所得额的 15% 部分给予财政补贴。自 2013 年以来，累计认定八批次共 1611 人次前海境外高端人才和紧缺人才，发放个税财政补贴 7.4 亿元，其中 2020 年申报人数猛增至 508 人，港籍人才占总认定人数的 50% 以上，政策吸引力稳步跃升。2019 年 3 月，财政部、国家税务总局发文将此项特殊财税政策复制推广至大湾区珠三角九市。

2. 评估发现的问题

一是信息公开申请流程有待改进。首先，深圳市前海管理局信息公开申请表要求"申请人必须提供身份证复印件"，这与《政府信息公开条例》有"身份证明"（如身份证、军官证、户籍证明等均可）的条件相比，更为严苛，外国人、无国籍人将无法获取政府信息。其次，指南（http：//qh. sz. gov. cn/sygnan/xxgk/xxgkzn/）要求，"申请人向本机关申请获取与自身相关的注册登记、税费缴纳、社会保障等方面政府信息时，应当出示有效身份证件或证明文件，当面向本机关提交书面申请"。要求必须当面申请，既无法律依据，也与当下网上办理的大趋势不符。最后，在信息公开申请中有"监察机关"的表述，修改后的《政府信息公开条例》已取消"监察机关"相关表述，应据此调整。

二是政府信息公开年报质量仍有提高空间。首先，政府信息公开年报部分统计数据需要解释说明。2020 年度前海深港现代服务业合作区管理局政府网站年度报表展现了网站一年的发布信息、回复信息等情况。2020 年，前海深港现代服务业合作区管理局发布信息总数为 6639 条，数量远超概况类信息更新量（10）、政务动态类信息更新量（955）以及信息公开目录信息更新量（890）之和。其次，部分信息不明。2018 年的政府信息公开年报中，与政府信息公开有关的诉讼案件有两件，正在诉讼过程中，2019 年的诉讼量为 0。如果这两件案件和解结案应当解释说明，否则很容易引起不必要的误解，认为刊登的信息存在错误。最后，政府信息公开年报高度重复。深圳市前海管理局 2019 年度政府信息公开工作报告指出其存在的问题是："个别工作人员政府信息公开意识较薄弱，认识有待进一步提高；结合互联网和手机应用的普及推广，信息公开形式有待拓展。下一步，我局将继续按照国家及省、市关于政府信息公开工作的各项要求，不断完善相关制度，围绕群众和企业需求，强化责任、主动作为，积极推动、敢于担当，进一步加强规范信息公开工作，提高政府信息公开工作水平。"深圳市前海管理局 2020 年度政府信息公开工作报告指出其存在的问题是："个别部门的工作人员对政府信息内容审核不严谨，有待进一步提高；结合互联网和手机应用的普及推广，信息公开及处理方式等形式有待进一步完善与拓展。下一步，我局将继续按照国家及省、市关于政府信息公开工作的各项要求，不断完善相关制度，围绕群众和企业需求，强化责任、主动作为，积极推动、敢于担当，进一步加强规范信息公开工作，提高政府信息公开工作水平。"二者高度重复，发现存在的问题经过一年没有改进，而未来展望显示一年后没有任何进展。

三是部分项目申报通知延迟。项目申报公开透明是营商环境建设的内容之一，如果项目申报未能准时公开，会影响到申报者及时了解相关信息。深圳市前海管理局关于开展《深圳市前海深港现代服务业合作区高端航运服务业专项扶持资金实施细则》项目申报工作的通知，项目申报开放时间是19日，此类信息公开时间是21日，中间有2~3日社会公众不了解可以申报此类项目，而部分人可以通过内部渠道知晓相关信息，造成不公平竞争，不利于维护公平的营商环境。

四是"双随机一公开"有遗漏。"双随机一公开"为"放管服"改革的战略部署提供重要抓手，为提高监管效能提供有效支撑。深圳前海蛇口自贸片区综合行政执法局仅仅公开了2020年下半年"双随机一公开"的检查结果，而2020年上半年、2021年上半年"双随机一公开"的检查结果没有公开。

五是依法行政与法治政府年度工作报告统计未到年终。中共中央办公厅 国务院办公厅印发的《法治政府建设与责任落实督察工作规定》第24条规定："每年4月1日之前，地方各级政府和县级以上政府部门的法治政府建设年度报告，除涉及党和国家秘密的，应当通过报刊、网站等新闻媒体向社会公开，接受人民群众监督。"2020年12月21日，前海管理局发布了2020年度依法行政与法治政府工作报告。尽管前海管理局发布法治政府年度工作报告没有超期，但距离2020年结束仍有9天，很多与法治相关的工作尚未统计，此时发布年度报告可能会遗漏重大法治事件或数据。

六是"一件事一次办"数量过少。在广东政务服务网中，"一件事一次办"（场景式主题服务）前海管理局能够实现办证申请主题1个，便民服务主题 1 个。而其他区能够实现的场景式主题服务远远超过前海。例如，坪山区能够实现 196 个场景式主题服务，福田区能够实现 176 个场景式主题服务，罗湖区能够实现 278 个场景式主题服务。

七是权责清单法律依据不准确。权责清单需要依据法律修改情况随时更新，评估前海权责清单不难发现，前海管理局在权责清单法律依据上更新不及时，很多法律法规已经发生了变化，权责清单的制度依据依然没有及时体现。例如，前海管理局关于"台湾地区投资者在内地投资设立合资、合作经营的演出场所经营单位审批"的法律依据是 2016 年国务院颁布的《营业性演出管理条例》第 11 条。而 2020 年修改的《营业性演出管理条例》第 11 条内容发生了重大变化，此时应当根据条例修改情况更新制度依据。再如，前海管理局关于"商品房预售许可"制度依据是《城市房地产管理法》（2009 年修正），该法已经于 2019 年进行了修正。

（三）司法建设

1. 评估发现的亮点

一是推出"互联网＋"让诉讼服务及时精准。前海法院作为深圳法院现代化诉讼服务体系改革试点单位，积极落实"两个一站式"建设要求，探索深圳移动微法院、粤公正小程序、广东诉讼服务网等电子诉讼平台深度应用，全面实施网上立案、在线诉讼辅导、在线调解、在线司法确认、在线文书送达等诉讼程序，实现了更加及时精准的诉讼服务。前海运用"大数据＋区块链"让审判工作提质增效。前海法院将信息采集、在线查阅、在线审判、文书制作、案件执行等环节全部纳入线上办理，依托"大数据＋区块链"技术，保障法院电子卷宗随案同步生成，实现简约化、无纸化审判，同时确保相关证据完整、真实。利用 5G 技术打破庭审空间局限。前海法院将数字化法庭作为审判工作现代化建设的重要抓手，依托前海法治大厦提供的 5G 环境支撑，已建成 25 个数字化法庭，配备智能庭审、语音识别和庭审直播模块，实现庭审全程录音录像，庭审语音文字即时转换和庭审网上直播。互联网、大数据、区块链、5G 等技术在智慧法院建设中的运用，全面升级了诉讼服务、审判、庭审等工作的智能化水平，推动审判工作提质增效，进一步完善了前海法院现代化审判体系。2020年2月至7月，前海法院网上立案7678件，在线调解3258件，在线庭审845件，在线文书送达1344次，有效提升了人民群众的司法获得感。与前海公证处等机构深化合作共建"海燕司法辅助事务平台""E网送达平台"，开通司法辅助专窗，2020年共完成集约送达10699件，协助财产保全案件1579件。健全电子送达平台，采用电子邮件、微信送达、手机App消息推送等多途径实现了电子送达诉讼文书全覆盖，2020年共完成电子送达诉讼文书材料4322次，实现司法辅助工作的全面提速。

二是致力于切实解决执行难。2020年，前海法院共受理各类执行案件6984件，办结6437件，结收比92.2%。深入推进执行繁简分流工作，精细化设置执行团队。加大对失信被执行人的惩戒力度，与金融及相关监管机构建立联合信用惩戒体系，使失信被执行人"一处失信、寸步难行"。2020年共发布失信被执行人5625人次，限制高消费5811人次。

三是发布司法白皮书。发布司法白皮书有利于总结司法改革创新最新进展，有助于加强司法工作宣传，便于其他自贸区法院学习借鉴。近年来，前海发布《深圳前海合作区人民法院涉外涉港澳台商事审判白皮书》《深圳前海合作区人民法院自贸区知识产权司法保护状况白皮书（2016～2020）》《深圳前海合作区人民法院服务和保障自贸区发展白皮书》。

四是推动网上审判。2020年，前海法院网上立案16983件，占立案总数的90.22%，网上立案率进一步提升，办理12368及诉讼服务热线事项29886人次，满足当事人"足不出户"办理诉讼业务的需求。全面推广无纸化立案，简化立案流程，提升立案效能，2020年实现无纸化立案1027件。2020年2月至12月，依托邮件、微信、电话等多种渠道开展在线调解8029件；依托"深圳移动微法院"推行"在线审判"模式，开展线上庭审1142件，及时有效保障当事人合法权益。2020年，形成电子数据材料312637份，全流程网络办理案件13003件，区块链存证送达4181次，大幅提升审判执行质效。

五是探索开展网上仲裁。深圳国际仲裁院升级三大线上仲裁平台：网上立案平台、视频开庭平台、证据交换存储平台。在疫情期间实现了"网上立案""网上证据交换""网上调解""网上开庭"的"信息化、一站式、全流程"非接触式仲裁，2021年上半年，网上立案申请数量达3967次，网上开庭、证据核对、身份认证、疑难案件研讨等视频连线数百次。采取远程线上服务案件数量与上年同期相比增长100%以上。疫情防控进入常态化以来，深圳国际仲裁院持续拓展线上仲裁服务，率先上线"SCIA微仲裁"小程序"微立案"功能。以轻量化、免安装的微信小程序为平台，搭载腾讯云存储、人脸识别、音视频同步等技术，开发"SCIA微仲裁"小程序，将仲裁服务与移动互联网信息技术相结合，逐步实现当事人立案、调解、仲裁全流程"手机端"跟踪办理，打造移动互联网时代高端、智能、便利的远程仲裁服务系统，引领远程时代仲裁服务新风尚。

六是建立诚信企业司法激励机制。前海管理局建立信息共享机制，与前海法院及时共享诚信企业清单，前海管理局公共信用中心从失信违规、经营情况、荣誉成果、关联风险、舆情信息等五个维度，通过对17个二级指标共117个评分子项的分析，运用机器学习模型评定出信用A类企业，其需具有诚实守信、遵纪守法、严格履行承诺、经营状态稳定等特征。完善诚信企业司法激励机制，对被前海管理局认定为信用A类且无不良司法记录的企业，在执行过程中将被采取更灵活、温和的措施，包括坚持比例原则，灵活查封财产；慎用拘留、罚款等强制措施；适当设置宽限期，暂缓失信信息公开；为诚信企业出具自动履行生效法律文书证明；依法用好执行和解和破产重整等方式盘活企业资产等。诚信企业司法激励机制是贯彻善意文明执行理念的一项有力措施，有利于鼓励企业积极主动履行法律义务，形成诚信健康的营商环境；实现了企业诚信激励的分类管理，形成了诚信促进的司法机制；帮助诚信企业在疫情状况下恢复生产、经营，进一步优化前海营商环境。该机制实行以来，前海法院共办理涉诚信企业案件153件，涉及诚信企业89家，涉案标的额4亿元，已办结案件65件。

七是完善法治跨境协作，健全国际法律服务和纠纷解决机制。《深圳建设中国特色社会主义先行示范区综合改革试点实施方案（2020～2025年）》指出："支持完善法治领域跨境协作机制，健全国际法律服务和纠纷解决机制。"前海在推动法治跨境协作、健全国际法律服务和纠纷解决机制方面有以下亮点。首先，前海法院依托信息技术开展"在线调解"。在线调解能够化解地域跨度大、时间长、经济成本消耗高的国际商事纠纷。截至2020年5月，前海法院安排线上调解案件共2070件，极大提升了调解的便捷度。其次，前海法院聘任外籍和港澳台调解员77名，并与广州南沙、珠海横琴自贸片区法院共享外籍和港澳台调解员名册。截至2021年5月，香港地区调解员成功调解商事纠纷617件，外籍调解员成功调解商事纠纷共35件。再次，成立国际商事纠纷化解专门机构。与香港和解中心、粤港澳调解联盟、澳门世界贸易中心仲裁中心、深圳国际仲裁院等47家域内外仲裁、调解机构合作建立"一带一路"国际商事诉调对接中心，构建多元化国际商事纠纷解决平台，推动形成大湾区纠纷解决合力，提升大湾区社会治理水平。截至2021年5月，中心共受理案件11878件，成功调解4217件。最后，深入推进跨域立案诉讼服务改革。2020年跨域立案33件，其中管辖立案17件、协作立案16件。探索远程视频授权委托见证服务，2020年远程在线确认当事人身份与授权行为107人次，为港澳台地区和外国当事人办理委托律师代理案件手续，及时有效保障了域外当事人的合法权益。

八是检察工作稳步推进。首先，2020年以来，前海蛇口自贸片区人民检察院共办理民事监督案件15件，其中裁判结果监督4件、执行行为监督1件、审判人员违法行为监督1件、审判程序违法行为监督2件。发出再审检察建议1份，发出审判程序违法行为监督检察建议1份。强化法律文书释法说理，引导群众依法解决纠纷、理性表达诉求，实现案结事了人和。其次，履行公益诉讼检察职能。完成"全面禁止非法交易、食用野生动物""校园防疫设施及食品安全""禁止向未成年人销售烟草"等公益诉讼专项检察工作，针对排查中发现的问题，共立案14件，共发出"公益诉讼告知函"9份，检察建议1份。探索公益诉讼告知函制度，完善行政公益诉讼诉前程序，以最小的司法投入获得了最佳社会效果。

2. 评估发现的问题

一是检察机关门户网站依然缺失。检务公开是提高司法公信的有效途径，是提升司法权威的重要手段。《关于进一步深化人民检察院"检务公开"的意见》要求："建立门户网站，推动电子检务建设，促进全国检察机关上下互动，横向联合。"《中共中央关于加强新时代检察机关法律监督工作的意见》指出："定期分析公布法律监督工作有关情况，深化检务公开，提升司法公信力，以司法公正引领社会公正。"截至本次评估结束，深圳前海蛇口自贸片区人民检察院依然没有门户网站，仍然没有一个平台可以全面展现检察院工作情况。尽管前海蛇口自贸片区检察院开通了微信公众号宣传工作情况，但微信公众号信息碎片化严重，不利于信息回溯和查找，更不利于公众全面了解检察工作。

二是司法公开有待加强。司法数据、司法改革等大部分内容都没有更新，都没有具体的内容。法院公开的规范性文件公开内容不全，《深圳前海合作区人民法院关于为中国（广东）自由贸易试验区深圳前海蛇口片区与前海深港现代服务业合作区建设提供司法保障的意见（试行）》没有在前海合作区网站公开。此文件不属于涉密文件，在网络其他平台如北大法宝可以查询到。前海合作区人民法院没有认真梳理自身应该公开的文件，以至于遗漏重要文件。

三是庭审直播有瑕疵。依托前海法治大厦提供的 5G 环境支撑，建成 25 个数字化法庭，配备智能庭审、语音识别和庭审直播模块，100% 实现庭审全程录音录像，100% 实现公开案件庭审网上直播。但项目组通过门户网站发现，部分庭审直播录像无法运行，始终是同一帧画面，部分庭审直播没有任何声音，不符合《最高人民法院关于人民法院直播录播庭审活动的规定》。

四是执行信息缺失。在前海合作区人民法院门户网站中，前海执行的信息是指向深圳中院，然而深圳中院对于执行信息更新不及时，很多内容缺失，导致前海执行信息公开受到较大影响。

（四）法治社会

1. 评估发现的亮点

一是依法防控疫情。防控疫情不仅仅是简单的检测、发现、隔离、治疗，还涉及受疫情影响的企业帮扶、复工复产、风险防控等问题。为科学、合理、合法应对疫情，帮助涉疫情企业走出困境，前海出台《前海防控疫情支持企业共渡难关若干措施》20条，涉及扶持资金1.1亿元，惠及企业数千家，单个企业最高可获扶持资金超500万元。出台《关于应对新冠肺炎疫情 支持前海湾保税港区发展的若干措施》，合计发放扶持资金1753万元，惠及外贸物流企业145家，其中有96家企业同时享受了2项或2项以上扶持政策，有港资成分的31家，占比21.4%，其中有30家港资持股比例达50%以上，21家为100%港资，外资企业有5家，占比3.4%。前海制定《关于支持企业复工复产 为自贸区与合作区经济社会发展营造一流的法治化营商环境的实施意见》，其包含四个部分共23条具体措施，精准保障自贸区经济社会发展。前海组建前海律师志愿团，打造疫情背景下纠纷化解的"法治疫苗"。针对疫情期间和结束后可能出现的纠纷提前做好分析研判，组织驻区法律服务机构编制发布《自贸区疫情防控情势下企业法律风险防范指引》，共细分为18个法律风险防范指引，涉及316个法律风险点，涉及金融、物流、信息技术、房地产、对外投资和贸易等多个行业，形成防疫情势下企业法律风险防范的强大合力，为防控疫情和经济社会稳定发展提供有力的法治保障。前海不仅实现并持续保持零输入、零感染、零传播、零病例等"四个零"，而且在稳经济、稳增长方面取得了突出成绩。截至2020年9月，前海注册企业增加值1983.6亿元，增长9.2%；税收贡献447.8亿元，增长4.6%；固定资产投资384亿元，增长6.8%；实际使用外资34.7亿美元，增长6.4%，占深圳市的67.2%、全省的24.9%、全国的4.2%；进出口总额868.1亿元，增长61.5%，在全国14个保税港区中持续位列第一，为全省全市做好"六稳"工作、落实"六保"任务贡献了前海力量。

二是创新公证服务模式。为应对突如其来的疫情，前海率先开展"365天不打烊"公证服务模式，在官网及微信公众号公开所有公证员微信，为有需要的市民提供线上咨询、办证服务。同时，前海公证处为大型医疗器械企业免费办理与疫情相关公证。办结186宗远程视频公证，除十余宗是解决国内疫情初期湖北武汉群众公证需求外，其他绝大部分为海外华人公证需求。远程视频公证切实解决了群众实际困难，社会对远程视频公证服务评价积极正面，社会效果良好。在国内疫情得到有效控制、海外疫情肆虐的情况下，大批在海外的中国公民、企业急需回国处理国内事务却无法成行，驻外使领馆也因疫情难以满足海外华人的公证需求。2020年3月，司法部党组印发《中共司法部党组关于加强公证行业党的领导 优化公证法律服务的意见》（司党〔2020〕1号），指导公证机构探索海外远程视频公证服务。前海公证处基于自有云平台系统，以解决群众现实问题、满足实际需求为出发点，积极探索远程视频公证。2020年7月8日，出具了深圳市首份海外远程视频电子公证书，大大减少以往文书在途寄送时间，快捷地帮助一位在海外工作的深圳市民办理相关购房手续。截至2020年7月，累计办结海外远程视频公证238件。

三是加快推进社会信用体系建设。在社会信用体系建设方面，前海通过多种手段和渠道，利用税收减免、租金折扣、信用贷款等多种方式让信用在前海更有价值。首先，前海推动信用 + 税收服务。与前海税务局合作，开展税务数据与信用数据互认互换，从而实现对企业的信用评价结果共享。着力推动信用服务综合改革，根据前海企业信用评价与纳税信用评级，对评价结果均为A的"双A"企业，提供免排队绿色通道、银企融资撮合、发票审批申请"秒批"及"按需供应发票"等税务服务。加大税收支持力度、缩短涉税审批事项办结时间、降低税务检查频率，提升信用优质企业办税便利度。自信用税收工作运行以来，已为"双A"企业优先办理涉税业务1285笔，平均办税时间缩短75%，风险管理成效提升30%以上。前海税务局共收到2675户次企业的发票文书申请，对"双A"企业实现了快速审批，共节约企业等待时间13375小时。其次，为让守信创业企业享受更优惠的租金折扣、更长的租赁期限、更便捷的租赁办理手续，前海基于信用评价与信息共享打造"信易租"产品。主要通过租金月付、随租随还等形式，为初创企业降低启动成本。现有合作客户544个，订单金额超过2500万元，授信金额近4000万元。通过"信易租"，前海初创企业首年用于办公设备的成本大幅下降85%，累计可减免金额超过2500万元。最后，前海初步打造了以信用为核心的监管和服务体系。前海公共信用平台归集70多个部门覆盖前海16万家企业的超过2000万条数据，并开发"前海企业信用评价体系"，为监管部门提供舆情监测、风险预警、协同监管和联合奖惩的综合信用信息服务。

四是为适应境外法提供服务保障。前海通过律师事务所、法律查明机构和政府部门三方联动为当事人适用境外法提供服务保障。首先，联动香港积极推动法律服务业在前海发展。前海成立全国第一家粤港联营律师事务所，目前全国有11家联营律师事务所，6家在前海，为港人港企提供便捷的法律服务。其次，联动最高人民法院在前海设立的中国港澳台和外国法律查明研究中心、最高人民法院港澳台和外国法律查明研究基地、最高人民法院港澳台和外国法律查明基地，积极构建域外法治查明机制，制订《域外法律查明办法》和《适用域外法裁判指引》，完善法律查明与适用机制，填补国内域外法律查明机制的空白。截至2020年，共适用域外法审理案件102件，其中，适用香港法审理85件。最后，前海管理局联动专业法律服务机构倾力打造全国第一个法律大数据库——"一带一路"法治地图项目，梳理64个国家和地区的法律环境情况，收录960部超1000万字的法律资源，并完成10个重点国家和地区法律查明指南的编译和出版工作，实现"一带一路"法治地图平台线上运行。为立法、司法、政府等部门查明境外法律提供法律资源支撑。

2. 评估发现的问题

一是"一带一路"地图运行不稳定。为服务"一带一路"建设，响应中国企业"走出去"对公共法律服务的需求，优化海外投资配套，2016年前海开始建设"一带一路"法治地图，计划以三年为期，建设成全国首个有关"一带一路"的大型中文法律数据库，全力打造"一带一路"国际化公共法律服务平台，但评估发现，"一带一路"法治地图运行不稳定，部分时间段无法正常打开访问，无法正常为企业、组织以及个人提供"一带一路"法治咨询和服务。

二是普法责任清单未列明。普法责任清单的设立有利于明确部门普法责任，划定普法重点，落实普法任务。前海管理局 2020 年以及 2021 年上半年均未能公开普法责任清单，社会公众无法从平台得知前海管理局年度普法重点，企业、组织、个人更难以依据普法责任清单作出合理安排来配合前海管理局。此外，深圳前海蛇口自贸片区综合行政执法局，对外仅公开了 2020 年普法责任清单，截至 2021 年 8 月 15 日尚未公开 2021 年度普法责任清单。

三是前海信用平台效果受限。2020 年前海信用平台仅仅公开了一条处罚信息，与实际情况严重不符。此外，对于社会信用评价至关重要的失信被执行人信息没有纳入信用前海平台。信用体系建设过程中，各个部门之间的信息尚未打通。

四是部分企业年报公布不及时。根据《企业信息公示暂行条例》第 8 条规定，企业应当于每年 1 月 1 日至 6 月 30 日，通过企业信用信息公示系统向工商行政管理部门报送上一年度年度报告，并向社会公示。评估发现，部分前海企业未能在法定期限内公开发布年报。例如，截至 2021 年 8 月 15 日，前海期货有限公司仍未公布企业年报。

（五）法治保障

1. 评估发现的亮点

一是深化"拓展融合型"党建新模式。2020 年，又制定出台《推进党支部建设三年行动计划（2020~2022）》《前海"两新"组织"两个覆盖"提质行动方案》，党建整体布局得以不断完善。与此同时，前海还在全国率先成立党建工作咨询委员会，聘请党建领域知名专家学者作为"智囊团"，并推动广东省委党校在前海设立教育基地、深圳市委党校在前海设置教学点，推动党建理论研究常态化、长效化。前海率先构建全能型党建阵地，投入启用前海党群服务中心。近一年来，该中心通过"时代先锋"引领、时代声音传播、民间使团培育、红网客厅建设等主题实践，开展"信仰对话""党建领航月"和前海青马工程、青春学堂等各类党群活动 524 场，为广大党员群众开展公益便民活动 169 场，提供企业赋能活动 127 场；接待各级各类参观团体 780 批次，共计 2.3 万多人次。

二是党建过程中贯穿制度创新。制度创新是前海的核心使命。在探索前海基层党建新路径过程中，前海将"以制度创新为核心"理念贯穿党建全过程全领域，瞄准党建工作重点、难点问题，将党建创新作为自贸试验区制度创新的"八大板块"之一加以推进。在组织覆盖上，一方面开设了"前海之窗"党建网站、建设"前海之家"活动中心、上线人民云党建学习平台及"前海先锋"微信公众号等新载体，大力推进区域性、产业链、行业化、兴趣类组织建设，推进党的工作向自贸区党建等新领域、新业态延展。另一方面，把党建与产业发展、政务服务、地区治理、文化建设、法制建设等紧密结合起来，属地共建、党群融合，涌现出"党建 + 业务"典型范例 20 余个，达到党务和业务"双促进"效果。

三是法律顾问投入持续增加。前海管理局保障服务专项常年法律顾问，保障起草有关管理规程及专题扶持政策措施，对政策措施进行合法性预审核，提供公平竞争审查意见等；参与会议、磋商、谈判，审核或准备需要的各类法律文件，协助拟定及审查重大资产管理（含移交、接收等）合同、经济项目以及重要的法律文书；为项目过程中需论证的相关事项提供口头或书面法律咨询，依法提供法律依据、法律建议或限时出具法律意见书等。不仅将雇用法律顾问的信息在网上公开，而且每年还要对法律顾问履职情况进行检查公示。2017～2020 年，法律顾问的费用从 36.8 万元涨到了 44.9 万元。

四是探索大湾区廉政协同创新。《粤港澳大湾区发展规划纲要》指出："加强大湾区廉政机制协同，打造优质高效廉洁政府。"前海是粤港澳大湾区核心和深港合作前沿，前海廉政监督局将充分利用这一优势，以"深港廉政机制协同"为切入点，探索大湾区廉政机制协同的新路径。其一，坚实迈出迈实大湾区廉政机制协同"第一步"。落实与香港廉署的重要共识，依托前海香港商会，面向前海港企，定期合办"前海港企防贪研讨会"，使之成为"深港廉政机制协同"的重要抓手和廉政研究的重要平台。其二，探索协同建立企业廉洁合规治理机制。继续向 1.2 万家港企发放"与公职人员交往指引""防贪'十要素'"等"防贪锦囊"。探索联合香港廉署引导帮助各类企业加强廉洁合规体系建设，强化商业道德、守规合法、诚信经营。其三，探索建立粤港澳大湾区廉政机构培训平台。依托深圳改革开放干部学院，强化与香港廉署及香港职业训练局的培训合作，健全两地廉政干部定期互访培训机制，借助信息技术开展培训，打造深港廉政建设学习、交流、合作的"桥头堡"。其四，探索建立社会监督协同机制。试点邀请港资企业代表以及人大、政协代表作为前海廉政监督员，参与前海廉政建设；健全两地反腐机构常态化合作机制。其五，探索防止跨境利益冲突协同机制。健全完善前海防止利益冲突制度，探索与香港廉署在公职人员防止利益冲突上的协同，预防、规范和管控"权力寻租"的跨境转移。其六，探索廉洁文化协同共建机制。学习借鉴香港廉署开展社区教育工作的方式方法，试点开通运行首家"前海廉洁工作站"，面向市民群众和民营企业宣传推广廉洁文化，打造廉洁文化品牌。

2. 评估发现的问题

一是网上举报不能正常使用。网上举报是邮寄举报、电话举报的有效补充，是网络时代整理收集纪检监督线索的重要途径。前海廉政监督局为此开辟了网上举报渠道，但评估发现，网站举报（http：//www. szmj. gov. cn）运行情况不稳定，一段时间内无法正常打开。

二是制度依据未能及时更新。在前海廉政监督局网站列明了工作中的权力、义务、责任制度依据，包括《宪法》《党章》《中国共产党党员权利保障条例》《监察法》等规范依据。其中，前海廉政监督局列明的《中国共产党党员权利义务保障条例》是 2004 年版的，2020 年 12 月该条例已经修改，修改之后前海廉政监督局应该及时进行更新和修改。

三是规范清理依然不及时。在上一年度评估中项目组就曾指出,《前海管理局廉政举报奖励办法》所依据的《行政监察法》已经失效,同时《监察法》中将《行政监察法》举报奖励的规定废除,故《监察法》也不能成为该办法的上位法①。该办法中的内容因上位法修改或废止需要进行及时修改,否则部分内容与上位法规定不一致,可能会在一定程度上破坏前海规则体系的和谐统一。同时也说明,前海在规则制定过程中未能及时开展法规清理工作,对上位法的修改或废止并没有引起足够重视。《监察法》于2018年3月公布实施,《行政监察法》于2018年3月废止,《前海管理局廉政举报奖励办法》于2018年9月7日归档,即归档前也没有开展足够的审查工作。

四 前海法治发展展望

前海承担着自由贸易试验、粤港澳合作、"一带一路"建设、创新驱动发展"国家使命"以及其他十多个重大国家定位,是真正的"特区中的特区"。近年来,伴随着诸如《中共中央 国务院关于支持深圳建设中国特色社会主义先行示范区的意见》《中共中央办公厅 国务院办公厅印发深圳建设中国特色社会主义先行示范区综合改革试点实施方案(2020~2025年)》等多个中央文件的出台和落地,尤其是《全面深化前海深港现代服务业合作区改革开放方案》将前海合作区总面积由14.92平方千米扩展至120.56平方千米,并将前海开发与发展定位为"支持香港经济社会发展、提升粤港澳合作水平、构建对外开放新格局的重要举措,对推进粤港澳大湾区建设、支持深圳建设中国特色社会主义先行示范区、增强香港同胞对祖国的向心力具有重要意义"。因此,前海更应当敢为人先,抓住时代机遇,推动前海法治建设向纵深迈进。

---

① 根据《行政监察法》的规定,监察机关对控告、检举重大违法违纪行为的有功人员,可以依照有关规定给予奖励。但是根据《监察法》的规定,废除了奖励条款。

（一）法治保障实现共同富裕

2021 年 5 月，《中共中央　国务院关于支持浙江高质量发展建设共同富裕示范区的意见》指出："共同富裕是社会主义的本质要求，是人民群众的共同期盼。"2021 年 8 月，中央财经委员会第十次会议提出："在高质量发展中促进共同富裕。"作为中国特色社会主义先行示范区的深圳以及中国特色社会主义法治建设示范区的前海，不应在共同富裕面前落后。前海拥有其他地区无法比拟的优势，作为法治发展高地，前海应当以法治方式实现共同富裕方面提供经验。共同富裕不仅有浙江一个版本，更应当有前海版本，深圳版本，乃至广东版本。自由贸易试验区的设立是为了优化营商环境的试点。而好的营商环境不是让一小部分人富裕而使大部分人贫困。在实现共同富裕中，前海乃至深圳应当有所作为有所尝试，在某些方面提供具有前海特色的共同富裕的经验。

（二）打造粤港澳规则衔接样板

中共中央、国务院印发《粤港澳大湾区发展规划纲要》（以下简称《纲要》）指出："发挥香港、澳门的开放平台与示范作用，支持珠三角九市加快建立与国际高标准投资和贸易规则相适应的制度规则"，"合理运用经济特区立法权，加快构建适应开放型经济发展的法律体系"。中共中央、国务院印发的《全面深化前海深港现代服务业合作区改革开放方案》指出："推进与港澳跨境政务服务便利化，研究加强在交通、通信、信息、支付等领域与港澳标准和规则衔接。"尽管关于粤港澳大湾区立法协同的呼声很高，但由于粤港澳大湾区"9＋2"城市分属三个法域两种基本制度，香港属普通法系、澳门属大陆法系、内地是社会主义法系，立法形式上就不可能一致；而港澳与内地分别实行资本主义制度和社会主义制度的巨大差异，也决定了立法理念不可能完全一致，这在客观上导致粤港澳大湾区立法协同的难度较大。在此背景下，前海乃至深圳应当为粤港澳大湾区"9＋2"规则衔接开启破局尝试。目前，前海立足金融、现代物流、信息服务、科技服务等产业的特色政策创新和开放举措，出台了现代服务业综合试点、外商投资管理、金融业扶持、境外高端人才扶持等 50 多项具有前海特色的产业扶持政策和规范指引，借以强化粤港澳大湾区经贸以及人员往来。未来应当在这些规范指引基础上，加强与香港、澳门规则的衔接探索，构建多方认同的共同制度框架，为未来规则衔接打造前海及深圳样板。

（三）深入推进国际法务区建设

前海作为特区中的"特区"，在法律服务方面已经处于全国第一梯队。在司法审判方面，最高人民法院第一巡回法庭、最高人民法院第一国际商事法庭落户前海，深圳知识产权法庭、深圳金融法庭在前海挂牌成立。截至目前，前海形成了全国独一无二的集商事、金融、知识产权、海事等门类齐全的专业审判机构布局。在仲裁调解方面，深圳国际仲裁院、粤港澳仲裁调解联盟、深圳市蓝海法律查明和商事调解中心、深圳市前海国际调解中心为构建前海仲裁调解高地奠定了坚实的基础。在国际组织层面，世界银行国际争端解决中心、国际商会国际仲裁院、国际投资联合仲裁中心、中非联合仲裁中心的引进，使得前海成为国际高端法律服务资源的聚集地。未来前海应在巩固现有资源的基础上，稳步推进国际法务区建设。前海深港国际法务区建设需以"一个定位＋两个支柱＋三个条例"为支撑，坚持统筹推进国内法治和涉外法治，这就要求：一方面，深圳前海需要进一步完善制度建设，用足用好特区立法权，围绕国际法务区建设方案，构建"1＋N"政策体系；另一方面，继续引进重要国际机构。积极引进包括联合国国际贸易法委员会、世界银行国际投资争端解决中心、国际商会国际仲裁院等在内的相关国际组织，提升前海法治的国际影响力，营造市场化、法治化、国际化的营商环境，建成空间集约、体系集成、产业集群、要素集中、人才聚集的具有全球影响力的高水平深港国际法务区。

（四）推动法治文化国际交流

深圳前海作为国家唯一批复的中国特色社会主义法治建设示范区，通过创新探索，出台了全国首份自贸区法治建设专项系统规划——《前海中国特色社会主义法治建设示范区规划纲要（2017～2020）》，建立了全国首个自贸区法治指数——前海法治指数评估指标体系，建立多元化国际化纠纷解决机制，设立全国第一家按法定机构模式治理的仲裁机构——深圳国际仲裁院。以上都是前海在打造中国特色社会主义法治示范区过程中的尝试和努力。未来前海应当锐意进取，不仅要将发展成果规范化、法治化、制度化，为其他地区法治发展提供有益经验，而且要讲好前海法治故事，推动法治文化国际交流，将前海打造成为展示社会主义法治文化和国际法治文化交流的"双窗口"。未来前海在推动国际组织落地的同时，应加强双方法治文化交流，举办各类国际法治论坛以及研讨会，将展现法治成果和讲好中国法治发展故事作为国际交流的重要内容。

（五）持续输出各类创新成果

创新是国家赋予前海自贸片区的使命，中共中央、国务院印发的《全面深化前海深港现代服务业合作区改革开放方案》要求："打造粤港澳大湾区全面深化改革创新试验平台，建设高水平对外开放门户枢纽。""到2025年，多轮驱动的创新体系成效突出，对粤港澳大湾区发展的引擎作用日益彰显。"截至2021年7月，前海已累计推出645项制度创新成果，在全国复制推广58项，全省复制推广82项，全市复制推广165项，形成了包括建立出口退税快速直达市场主体服务机制、推广电子营业执照在银行业务中的应用、实施跨境人民币全程电子缴税在内的一批可复制可推广的重大制度创新成果，充分发挥了前海全面深化改革、扩大开放试验田的作用。未来，前海应当紧抓时代机遇，按照中央对前海的最新要求，打造全面深化改革创新试验平台，推进包括现代服务业、科技发展体制机制、市场化改革等方面在内的创新工作，为打造国际一流营商环境、建设高水平对外开放门户枢纽、构建国际合作和竞争新优势奠定基础。

法 治 政 府
Law-Based Government

B.3
前海建设领域深港合作的
制度创新与实践探索

前海管理局住房建设处课题组*

摘　要： 按照"依托香港、服务内地、面向世界"的要求，前海坚持
　　　　　建设领域深港合作的制度创新与实践探索，试行香港工程建
　　　　　设模式，推进深港合作深度发展。2020年，《深圳市前海深
　　　　　港现代服务业合作区香港工程建设领域专业机构执业备案管
　　　　　理办法》和《深圳市前海深港现代服务业合作区香港工程建
　　　　　设领域专业人士执业备案管理办法》正式发布，作为国内首
　　　　　个专门面向香港工程建设领域资质资格内地认定的规范性文
　　　　　件和深圳市首个现代服务业领域专门面向深港合作的规范性
　　　　　文件，有效打破香港建设领域专业机构及专业人士在内地的
　　　　　执业资质和执业资格壁垒，为香港业界人士提供了参与粤港

---

* 课题组成员：谢春华、孙毅、明磊凌、孙艺恬、祁昊。执笔人：于炯、明磊凌，前海管理局
　住房建设处干部。

澳大湾区开发建设的舞台和新机遇。未来前海将进一步加强制度集成创新，深化建设工程领域深港合作新机制，扎实做好深化深港合作。

关键词： 深港合作　建设领域　专业机构　专业人士

一　建设领域深港合作的工作要求

前海是习近平总书记亲自谋划、亲自部署、亲自推动的新时代国家改革开放战略平台。深港合作是前海的核心使命，也是前海的最大优势和鲜明特色。深港合作就是前海的"根"和"魂"。

前海认真贯彻落实习近平总书记对广东、深圳工作的重要讲话和重要指示批示精神，特别是对前海的重要指示批示精神。按照相关文件要求①，前海在建设领域充分发挥"比深圳经济特区更特殊"的先行先试政策优势，坚持大胆闯、大胆试、自主改，不断扩大建设市场开放水平，营造更加开放、国际化的合作环境，为香港建筑业专业机构和专业人才在前海发展提供更大的市场和更好的服务，推进深港深度合作发展。

二　前海建设领域深港合作的制度演进与实践探索

前海建设领域深港合作是制度与实践交织演进的过程，两者积极互动，逐步形成以制度创新为核心的对港澳开放新格局，服务香港专业机构及专业人士在前海执业，服务香港工程建设模式的创新开展。

---

① 涉及建设领域深港合作的文件包括：《前海深港现代服务业合作区总体发展规划》（2010年）、十九大报告（2017年）、《粤港澳大湾区发展规划纲要》（2019年）、《关于支持深圳建设中国特色社会主义先行示范区的意见》（2019年）。

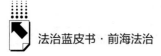

（一）制度演进

多年来，深圳、前海会同香港方面通过条例法规、政策措施、合作协议等一系列制度安排，构建起了建设领域深港合作的法制环境。

2011 年 6 月 27 日，深圳市人大常委会通过《深圳经济特区前海深港现代服务业合作区条例》，首次提出特定条件下香港相关专业人士可以在前海从事专业服务活动。2013 年，前海管理局与香港特区政府发展局首次签署合作意向书，为建设领域深港合作构建了框架，为全方位开展合作奠定了基础。2014 年，深圳发布《前海深港现代服务业合作区促进深港合作工作方案》，对香港独资或与内地合资开发的前海项目，试点实行香港的规划和工程建设管理机制，推动形成深港共同参与前海开发建设的新格局。2016 年，前海管理局联合香港发展局、深圳市住房和建设局联合签署、共同发布了《在深圳市前海深港现代服务业合作区试行香港工程建设模式合作安排》（以下简称《合作安排》），包括前海对港扩大开放的工程建设领域范围、扩大开放的对象、监管联动、交流互动等四个方面，《合作安排》是前海合作区对香港工程建设领域服务业扩大开放的指导文件。2016 年 10 月，前海管理局发布《香港工程建设领域专业人士在前海合作区备案指引》（深前海〔2016〕202 号），涵盖备案申请、备案核查、备案管理等内容，规定专业人士在前海合作区承担项目服务起 30 日内，应向前海管理局申请备案。未经备案的专业人士不适用于《合作安排》等有关政策。

（二）实践探索

在前海建设领域深港合作起步阶段的实践探索中，试行香港工程建设模式是重点工作之一。以相关制度安排为基础，前海嘉里商务中心项目率先开始试行香港工程建设管理模式，此后前海先后批准腾讯数码大厦、前海周大福金融大厦、前海嘉里商务中心二期、银海蓝天华庭（九龙仓）、建滔总部大厦等 6 个港资项目及 10 个政府投资项目作为试点，使前海成为内地试行香港建设模式最早、最集中的区域之一。

前海嘉里商务中心系前海第一个试点"香港工程建设模式"的项目，嘉里项目在建筑、精装、景观、标识、幕墙设计等方面大量选用香港顾问机构及香港专业人士参与；采用建筑师负责制，对项目设计进行全过程管理；该项目聘请香港的工料测量师对项目进行造价管理。在保持香港的管理框架、制度体系基础上，根据国内实际情况进行调整。

截至 2020 年底，累计共有 58 家香港专业机构和 190 名香港专业人士参与前海开发建设。

（三）存在的问题

实践方面：在试行香港建设模式过程中发现，由于两地企业资质和专业人士的职业资格仍互不相通，港企只能通过联合内地企业的形式间接进入前海市场，香港专业人士必须通过内地资格考试后才可以执业，专业人士无法在内地便利执业。例如，参与前海嘉里项目的很多香港专业机构和专业人士由于没有内地从业资质资格，只能以顾问身份参与项目。

制度层面：2018 年，前海管理局编写完成《香港工程建设领域专业机构在前海合作区备案指引（征求意见稿）》，尝试通过备案的方式，使香港专业机构备案后即取得内地资质。该指引按照规范性文件编制程序，相继完成广泛征求境内外意见、公平竞争自我审查、通过前海管理局局内合法性审核。但在市法制办合法性审查阶段，2019 年 10 月，市司法局指出，该指引关于专业机构在前海合作区提供服务实行备案制等规定涉及设置市场准入条件，根据《行政许可法》的规定，该指引拟通过制定规范性文件规定相关内容缺乏法律依据，建议作进一步研究，必要时可通过立法予以解决。

前海建设领域深港合作既有的制度安排已经无法满足实践探索的新需要，改革进入深水区。通过立法途径来解决香港专业机构投标的资质问题、解决香港专业人士取得内地执业资格等关键问题迫在眉睫。

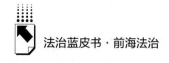

三 打破限制港人港企在前海执业的制度壁垒

（一）寻找突破路径

有力有序有效推进建设领域深港合作、粤港合作的关键是打破制度体系中的隐形壁垒：一是要使香港专业机构享有与内地企业相同权利，能够便利参与前海合作区内招投标等经营活动；二是要使香港专业人士享有与内地专业人士相同权利，能够便利参与前海合作区内建设项目。

前海的设想是在规范性文件中制订详细的对标清单，让香港的专业机构在备案后直接被授予内地相应的执业资质，让香港专业人士在备案后直接被授予内地相应的执业资格，从而得以直接在前海提供服务。该设想有两大难点：一是深港两地管理体制完全不同，资质、资格进行合理对标和衔接的难度很大；二是相关备案程序在没有上位法规依据的情况下，违反了国家法律关于从业资格的规定。前海在与市人大、市司法局、市住房建设局反复研讨、比选后，最终确定的路径是：充分利用全国人大授予的经济特区立法权，将允许通过备案直接授予资质资格写入经特区立法程序制定、新修订的前海合作区条例，之后前海管理局再出台配套实施的规范性文件。

（二）立法契机

《深圳经济特区前海深港现代服务业合作区条例》（以下简称《条例》）自 2011 年颁布施行。随着中央和省、市对前海政策的不断调整，为落实"双区驱动"重大战略部署，不断探索前海改革创新模式，《条例》修订提上日程，立足前海经验推动立法先行，探索前海深化改革开放的新路径、新经验。

《条例》修订经深圳市第六届人民代表大会常务委员会第四十四次会

议于 2020 年 8 月 26 日通过,自 2020 年 10 月 1 日起施行。结合前海合作区开发建设实际,修订后的《条例》以较大篇幅支持前海合作区开发建设模式创新,在立法层面支持香港工程建设企业及专业人士参与前海合作区开发建设,允许实行香港工程管理模式,为建设领域深化深港合作提供法治保障。

与打破港人港企执业资质和执业资格壁垒直接相关的是修订后的《条例》第 31 条,要求前海支持香港工程建设领域相关专业机构以及人士参与前海合作区开发建设,明确"已经列入香港特别行政区政府发展局认可名册的建筑业专业机构和已经列入香港特别行政区相关注册记录册的专业人士,经管理局备案后,可以对应内地资质在前海合作区提供工程建设领域专业服务。市相关行业主管部门参照相关法律、法规规定履行监督管理职责。管理局可以借鉴香港工程管理模式,探索创新建设项目工程咨询、造价、保险、审批、监管、评价等机制"。

(三)"两个办法"的制定过程

《条例》修订过程中,在总结试点香港建设模式经验的基础上,前海管理局会同香港发展局研究制定新的香港专业机构及专业人士备案办法,即《深圳市前海深港现代服务业合作区香港工程建设领域专业机构执业备案管理办法》(深前海规〔2020〕8 号)和《深圳市前海深港现代服务业合作区香港工程建设领域专业人士执业备案管理办法》(深前海规〔2020〕7 号)(以下简称"两个办法")。

因"两个办法"的体例、具体内容规定涉及法人及其他组织的权利、义务,且具有普遍的约束力,可以反复适用,"两个办法"严格落实制定规范性文件的各项程序。2020 年 4 ~ 7 月,向深圳相关市直机关、前海管理局职能部处、香港发展局、香港建设领域各专业学会以及社会公众征求意见,完成公平竞争自我审查,通过前海管理局局内合法性审核以及局长办公会议审议。2020 年 8 月 25 日,深圳市司法局完成对办法的合法性审查,出具"该文件符合《深圳市行政机关规范性文件管理规定》(市政府令第 305 号)

的规定”的审查意见。

2020年9月23日“两个办法”印发，10月1日正式实施。

（四）创新点

“两个办法”是国内首个专门面向香港工程建设领域资质资格内地认定的规范性文件，也是深圳市首个现代服务业领域专门面向深港合作的规范性文件。“两个办法”的实施有效打破了制度壁垒，让香港专业机构和专业人士备案后可以直接授予执业资质资格，即可在前海合作区范围内直接执业，为香港建设领域专业人才融入国家发展大局创造条件。

“两个办法”的重点之一是明确资质资格的认定方式。在专业机构资质认定方面，为细化备案认定标准，制定了专业机构资质对标清单，取得备案证书的专业机构按照对应的资质等级执业（以表1、表2为例）。专业机构在港澳地区的相关工程业绩和经验视同内地相关工程业绩和经验，满足内地招标人标准要求的，内地招标人应当予以认可。

表1　香港建筑及有关顾问公司遴选委员会顾问公司名单

<table>
<tr><th colspan="2">名单分类</th><th colspan="2" rowspan="2">对应内地企业资质</th></tr>
<tr><th>类别</th><th>组别</th></tr>
<tr><td rowspan="2">建筑</td><td>第一组</td><td rowspan="2">建筑设计事务所甲级资质</td><td rowspan="6">同时取得三类设计事务所资质的企业可同时取得工程设计综合甲级资质</td></tr>
<tr><td>第二组</td></tr>
<tr><td rowspan="2">结构工程</td><td>第一组</td><td rowspan="2">结构设计事务所甲级资质</td></tr>
<tr><td>第二组</td></tr>
<tr><td rowspan="2">屋宇装备</td><td>第一组</td><td rowspan="2">机电设计事务所甲级资质</td></tr>
<tr><td>第二组</td></tr>
<tr><td>园林建筑</td><td>不分组</td><td colspan="2">风景园林工程设计专项甲级资质</td></tr>
<tr><td>建筑测量</td><td>不分组</td><td colspan="2">工程监理房屋建筑工程专业甲级资质</td></tr>
<tr><td rowspan="2">工料测量</td><td>第一组</td><td colspan="2" rowspan="2">内地已取消工程咨询资质，不再对工程咨询企业提出资质方面要求</td></tr>
<tr><td>第二组</td></tr>
</table>

表2　认可公共工程承建商（认可承建商）名册

认可承建商名册分类		对应内地企业资质
类别	组别	
建筑	甲组/甲组试用期	建筑工程施工总承包企业二级及以下资质
	乙组/乙组试用期 丙组试用期	建筑工程施工总承包企业一级资质
	丙组	建筑工程施工总承包企业特级资质
道路及渠务	甲组/甲组试用期	公路工程/市政公用工程（不含给水工程）施工总承包企业二级及以下资质
	乙组/乙组试用期 丙组试用期	公路工程/市政公用工程（不含给水工程）施工总承包企业一级资质
	丙组	公路工程/市政公用工程（不含给水工程）施工总承包企业特级资质
海港工程	乙组/乙组试用期 丙组试用期	港口与航道工程施工总承包企业一级及以下资质
	丙组	港口与航道工程施工总承包企业特级资质
地盘平整	乙组/乙组试用期 丙组试用期	土石方工程专业承包资质已取消，在相应专业工程承发包过程中，不再作资质要求，由施工总承包企业分包给具有一定技术实力和管理能力且取得公司法人营业执照的企业
	丙组	
水务工程	甲组/甲组试用期	市政公用工程施工总承包企业二级资质(仅限给水工程)
	乙组/乙组试用期 丙组试用期	市政公用工程施工总承包企业一级资质(仅限给水工程)
	丙组	市政公用工程施工总承包企业特级资质(仅限给水工程)

　　在专业人士资格方面，制定了专业人士执业资格对标清单，取得备案证书的专业人士在前海合作区内按照本办法对应的执业资格执业（以表3为例）。专业人士在港澳地区的相关工程业绩和经验，视同内地相关工程业绩和经验。

　　关于职能部门责任分工，规定前海管理局负责专业机构的备案以及与备案相关的监管工作；相关行业主管部门依法对专业机构执业过程中的违法违规行为进行处理。

　　关于备案申请流程，规定专业机构在前海合作区直接提供建筑勘察、设

表3　专业人士执业资格对标清单

香港专业人士执业资格	对应内地执业资格
注册建筑师	一级注册建筑师,注册监理工程师
注册专业工程师	
注册专业工程师(结构)	一级注册结构工程师 注册监理工程师
注册专业工程师(岩土)	注册土木工程师(岩土)
注册专业工程师(土木)	注册土木工程师(港口与航道工程) 注册土木工程师(水利水电工程) 勘察设计注册土木工程师(道路工程) 注册监理工程师
注册专业工程师(电机)	注册电气工程师
注册专业工程师(屋宇设备)	注册公用设备工程师
注册专业测量师	
注册专业测量师(工料测量组)	注册造价工程师
注册专业测量师(建筑测量组)	注册监理工程师
注册专业测量师(产业测量组)	注册房地产估价师
注册专业规划师	注册城乡规划师
注册承建商的获授权签署人	一级建造师仅可从事与在港注册的公司业务对应的工程项目,包括一般建筑承建商和专门承建商(拆卸工程、基础工程、底盘平整工程、通风系统工程),不可从事现场土地勘测工程

计、施工、监理、造价等相关执业服务的,应当在前海管理局申请备案。取得备案证书的专业机构在备案有效期内可以在前海合作区内执业,其执业范围应当与其在前海管理局备案的业务范围相同。

关于标准衔接问题,规定专业机构在前海合作区内执业,应当遵守中华人民共和国的法律、法规、规章和相关技术标准、规范规定。没有明确的国家、行业及地方技术标准和规范的,专业机构可以根据香港现行的技术标准规范、施工工艺或者最优工程实践提出技术方案,经前海管理局组织评审并通过后,可以在建设项目中采用。

关于监管方式，明确前海管理局可以依法委托第三方专业机构对香港专业机构在前海合作区内的执业活动进行巡查，并将管理情况通报相关行业主管部门，相关行业主管部门应当将执法结果及时告知前海管理局。

（五）成效

在"两个办法"的基础上，前海管理局还编制发布了专业机构和专业人士备案指南，并打通了网上办理渠道，进一步便利香港专业机构和人士申请备案。

前海的创新举措，以便利香港专业人士执业为"小切口"，先行先试做好深港两地规则衔接"大文章"，为引入香港先进经验模式，助力大湾区建设、促进大湾区人才要素自由流动率先提供实践经验。2020年，前海管理局会同香港发展局、香港立法会议员，于10月20日、12月1日和12月23日三次组织线上宣传推介活动，香港建设业界反响强烈。

此做法已通过省住建厅复制推广至整个粤港澳大湾区①。2021年7月，"允许香港建筑业专业机构及人士在深提供服务"列入《国家发展改革委关于推广借鉴深圳经济特区创新举措和经验做法的通知》（发改地区〔2021〕1072号），向全国复制推广。

（六）进一步完善配套措施

为最大限度降低疫情、公证费用高等因素影响，进一步便利香港专业机构和人士备案、简化备案流程，参与前海开发建设，前海管理局于2021年4月22日发布补充通知②，进一步简化备案流程、取消公证环节，免除备案资料公证费用负担，吸引、鼓励更多香港专业机构和人士参与前海建设。

---

① 《广东省住房和城乡建设厅关于印发香港工程建设咨询企业和专业人士在粤港澳大湾区内地城市开业执业试点管理暂行办法的通知》（粤建规范〔2020〕1号）于2020年11月印发，于2021年1月1日正式实施。

② 依据《广东省住房和城乡建设厅关于香港工程建设咨询企业和专业人士在粤港澳大湾区内地城市开业执业试点管理暂行办法》（粤建规范〔2020〕1号）。

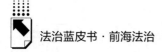

前海持续推动"两个办法"的后续支持工作。着手解决在前海获得备案执业资格的港人港企办理企业信息登记和数字证书问题，消除了香港勘察设计企业参与政府投资项目招投标的制度障碍。会同市住建局，将全市的勘察、造价、咨询、设计项目全面对香港建筑业界开放招标。

前海编制《前海建设工程招投标规则及数字证书办理流程介绍》，向港人港企介绍招投标相关法律法规与制度、前海建设工程招标情况及主要环节、方案设计招标及案例分享、投标人投标流程介绍等，让港企便利参与项目投标。

前海备案管理办法发布后，省城乡住房建设厅复制推广该模式，将香港工程建设咨询企业和专业人士的备案执业范围扩展到大湾区。为进一步便利在前海备案的港人港企参与粤港澳大湾区建设，前海积极申请并成功承接省厅备案审核工作权限。通过备案系统对接、数据共享，实现在前海备案等同于省厅备案，港人港企在前海即可"一地两办"。

截至 2021 年 7 月 31 日，已完成 24 家专业机构、145 位专业人士备案。

四　未来展望

为深入落实全面深化前海改革开放的重大使命，将前海打造成为粤港澳深度合作示范区，下一步，前海将充分落实好党中央、国务院赋予的使命，以更大的作为、更大的气魄加强制度集成创新，深化改革、扩大开放，深入开展深港建筑领域合作改革探索工作。

一是充分发挥前海深港合作桥头堡作用，争取省级支持，让在前海备案的香港专业机构和人士也可以在粤港澳大湾区城市直接执业；研究建立大湾区对港项目库，为香港专业机构和人士提供更大的市场空间。

二是破解制度壁垒，进一步借鉴香港建设领域先进管理经验，探索更加国际化的执业环境。收集并解决港企港人从资质、资格备案到项目招投标，从执业环境到生活环境的各项问题，研究与香港建设模式相适应的职业保险、顾问费用计费标准等。

三是探索建立适应国际通行规则的工程建设管理制度，加快前海建筑服务业规则与香港对接，与国际接轨。会同香港发展局、省住房建设厅等部门推进与香港建造规则衔接机制研究。包括：借鉴香港建设项目招投标体系，探索引入香港政府建设项目合同范本，营造香港企业更适应的契约环境；创新工程建设监管制度，争取替代或部分替代目前内地的监理职责，明确认可人士的责任、权利和义务以及收费标准等内容；推行 EPC 总承包制度，规范 EPC 总承包单位工作内容和合同，压实总承包的责任，引入全过程工程咨询服务团队，提升工程质量；借鉴香港工程量清单计价方式，加快完善工程造价市场形成机制；制定前海建设工程专项调解中立第三方评估人机制、调解机制。

B.4
前海"证照分离"改革中告知承诺制
相关法律问题研究

企业服务中心课题组*

摘　要：　告知承诺制是落实优化营商环境、转变政府职能等改革目标的重要举措，有助于提高行政效率、转变政府职能、建设责任政府。前海在改革深入推进过程中，通过系统梳理并对比分析行政审批告知承诺制运行的情况及存在问题，揭示形成原因，并就加快推进告知承诺制立法、系统构建告知承诺实施程序、健全告知承诺协同监管机制、完善告知承诺配套监管措施、明确告知承诺实施中的法律责任分配、加快告知承诺信用管理机制建设等方面提出针对性的意见建议。

关键词：　告知承诺制　实施方案　监管　信用

在行政审批制度改革背景下，告知承诺制作为一种"证照分离"改革举措应运而生，是落实优化营商环境、转变政府职能等改革目标的重要举措。2020年10月，国务院常务会议提出，要全面推行证明事项和涉企经营许可事项告知承诺制，以改革更大程度便利企业和群众办事创业。10月27日，国务院办公厅印发《关于全面推行证明事项和涉企经营许可事项告知

---

* 课题组成员：邹萍、龙建林、周芳竹。执笔人：龙建林、周芳竹，前海管理局企业服务中心干部。

承诺制的指导意见》（国办发〔2020〕42 号），要求深化"放管服"改革，在前期试点基础上，在各地、各行政领域针对证明事项和涉企经营许可事项全面推行告知承诺制。

告知承诺既能利企便民、更大程度激发市场活力和社会创造力，又能促进诚信社会建设，是破立并举、有利长远的重要改革举措。其制度构造和运作实践凸显了三个方面的重要制度价值。第一，有助于提高行政效率。告知承诺制改变了传统资质审批门槛高、手续烦琐、重事前审批的缺点，通过告知承诺审批方式企业可以更加快速、便捷地通过审批。第二，有助于转变政府职能。告知承诺制的推行是管制型政府向服务型政府转变的重要体现。在告知承诺制中，审批条件、标准、要求和程序都更加透明和规范。行政审批机关一方将审批事项所依据的法律规定、技术规范、办理程序，申请人承诺的主要内容与责任等信息均在"告知承诺书"中明确，在准入阶段更多以服务者而非原来监管者的姿态面对申请主体。第三，有助于建设责任政府。就传统行政审批方式而言，行政机关一方主要是进行事前审查，往往同时要对实体和程序两个方面承担责任；相较而言，告知承诺制将事前准入阶段的监管更多地转为事中事后监管，是作出许可后再去监管申请主体落实承诺的许可条件的情况。政府主要对程序性事项承担法律责任，而申请主体则主要对实体性事项承担法律责任。由此，行政审批主体通过程序设计，既更大限度地防止政府寻租，也助推诚信社会的建立。这更有益于实现党的十九届五中全会强调的"让市场更有效，让政府更有为"。

告知承诺制作为行政审批制度改革的重要方式已在全国范围内推广。除上海市等个别地方外，国内大部分地方的告知承诺制仍处于实施初期阶段，制度不完善、事中事后监管机制不健全等因素引发的法律风险不断涌现。

根据国务院和上级决策部署，中国（广东）自由贸易试验区深圳前海蛇口片区（以下简称"前海蛇口自贸片区"），自 2017 年 12 月率先启动"证照分离"改革试点工作，2019 年 12 月开展"证照分离"改革全覆盖试点工作，共有 60 项涉企经营行政许可事项已实施告知承诺制。中国（广

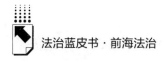

东）自由贸易试验区深圳前海蛇口片区管理委员会在改革深入推进过程中发现，实施告知承诺制存在一些突出问题亟待解决。

一　主要问题

（一）适用规则不统一、实施程序不完善

告知承诺事项的实施流程一般包括申请、受理、审批、公示公告、核查等步骤，通过对当前告知承诺制相关事项实践的综合研究发现，不同事项的告知承诺实施规则并不完全统一，且具体的实施程序不完善，这会损害告知承诺制的实施效果。

第一，在申请环节，部分事项实施方案规定申请人只能适用告知承诺方式，剥夺了申请人选择适用原有程序的权利。第二，在受理环节，对于申请人未能一次性提交所有材料的，部分事项实施方案未明确区分核心材料与非核心材料，赋予了审批机关受理过程中非常大的裁量权限。第三，在审批环节，部分事项按照告知承诺制程序作出的审批决定不能立即生效，只能经过后续的核查程序后才能生效。第四，在核查环节，部分实施方案对于核查过程中的整改期限未作明确规定，不利于及时督促申请人进行整改。第五，在核查后，与告知承诺制相关的规章制度和实施方案并未对告知承诺审批决定撤销的程序作出规定，会对申请人以及相关利害关系人的合法权益产生重大影响。

（二）后续监管措施与监管机制不健全

告知承诺制大大简化了事前的审批程序，同时对审批机关的事中事后监管提出了更高的要求。当前的告知承诺制事中事后监管机制与监管措施并不健全。一是现有的告知承诺实施方案对于事中事后监管方式的规定较为简略，尚未配套详细的操作指引。二是部门间的协同监管机制不健全，目前的告知承诺制的事中事后监管主要由单一主管部门实施，只存在部门系统内部

的沟通，部门间的协同监管机制尚未完全建立。三是行业协会、组织等参与监管的动力机制缺失，尚未充分发挥行业自治功能。

（三）法律责任界定不清晰

审批机关依据告知承诺程序作出审批决定时，主要对申请人的承诺及其提交的材料进行形式审查，仅对审批程序的合法性承担相应法律责任。申请人的承诺内容及其申请材料内容的合法性应当由申请人负责并承担相应法律责任。但是，当前告知承诺制实施方案提及法律责任的较少，且相关规定过于原则，并未针对不同的行为主体和违法情形作出明确的责任界定。如果在告知承诺制实施中发生重大争端或引起重大事故，必然会涉及相关法律责任的界定和分配问题，这仍是一个潜在的法律风险。

（四）信用管理机制不完备

当前的告知承诺制度和实践中，信用管理是最为薄弱的环节。第一，事前信用审查机制缺失。信用存在严重问题的申请人也可以适用告知承诺程序获得相关事项的许可证，此类申请人从事相关许可事项活动，对公共利益产生不利影响的风险大大提高。第二，失信联合惩戒机制尚未完全建立。各部门在告知承诺制实施过程中并未完全建立失信联合惩戒机制。第三，信用修复机制缺失。大部分告知承诺实施方案中都规定，"申请人失信后不再适用告知承诺"，如果该事项只能选择告知承诺程序办理，这实际上是完全剥夺了申请人日后再次申请该事项许可的权利。

二 原因分析

（一）实施方案制订主体多元导致适用规则难以统一

当前由于告知承诺事项实施方案的制订主体多元，不同告知承诺事项所适用的规则不尽相同。一方面，从现有告知承诺事项实施方案的制订主体来看，呈现明显的行业主管部门主导特色。根据职权法定原则的要求，不同事项的告知承诺实施方案一般由其所属领域的行业主管部门制订，各行业主管部门根据各自行业特点、告知承诺事项性质、部门管理需要等因素，往往会制订适合本行业管理需要的实施方案，从而导致不同行业告知承诺适用规则的不统一。另一方面，告知承诺事项实施方案制订主体层级不同也会导致适用规则不统一。一般来说，受制于上下级行业主管部门的业务指导与监督关系，在上级行业主管部门已经制订告知承诺事项实施方案的情况下，下级行业主管部门往往会根据上级行业主管部门制订的实施方案制订本地的告知承诺事项实施方案；但是，有些告知承诺事项在上级行业主管部门尚未制订实施方案或者该事项属于地方自主探索实施告知承诺事项时，往往由地方行业主管部门根据事项性质、地方实际情况等因素制订实施方案。因不同层级行政机关考虑的因素存在差异，从而导致告知承诺实施方案所规定的适用规则不统一。

（二）告知承诺高位阶立法缺失导致相关制度规定不完善

当前告知承诺制度和实施方案中部分程序缺失、监管机制缺失等，主要原因之一在于，尚未有高位阶的相关立法来指导地方政府部门制订告知承诺实施方案和事中事后的监管制度等。

具体来说，第一，在国家层面尚未出台行政审批告知承诺法律、法规专门立法，对告知承诺制度作出完整的规定。当前地方政府部门主要依据告知承诺相关政策中的原则性规定，结合行业特点和地方实际需要制订相关制度和实施方案，缺乏上位法清晰明确的指引，导致地方政府部门所制订的告知承诺规定不健全、不统一等问题。第二，地方政府部门规定过于简单，缺乏可操作性。虽然上海、北京、山西等地出台了告知承诺规章或规范性文件，但是内容规定较为原则，并不能完全满足告知承诺实践的需求。例如，现有告知承诺实施方案与相关规定对于信用监管的规定非常原则，无法为审批部门或监管部门开展信用监管提供明确的行为规则；对于申请人来说，也缺乏足够的制度威慑力。

（三）告知承诺规定尚未完全与《行政许可法》规定相融合

告知承诺制的合法性自施行以来受到一定质疑，主要原因在于该制度改革缺乏明确的法律依据。作为行政许可适用的基本法，《行政许可法》未对告知承诺制提供明确的法律依据，但也未设置直接障碍。告知承诺制在法律属性上，不是一种设定或取消行政许可的机制，而是改变了传统行政审批方式的具体程序。因此，告知承诺制的实行与《行政许可法》关系密切。

告知承诺制与《行政许可法》的兼容性问题值得研讨。《行政许可法》第4条规定："设定和实施行政许可，应当依照法定的权限、范围、条件和程序。"这是行政许可法定原则的具体体现。《行政许可法》第18条规定："设定行政许可，应当规定行政许可的实施机关、条件、程序、期限。"在上述要素法定或已有法律明确规定的前提下，告知承诺制特殊的程序规则以及具体内容应当依据《行政许可法》的基本原则和要求进行系统构建。

第一，在审批条件设定方面，告知承诺制实施并未改变传统行政审批事项所需满足的审批条件，只是在审批材料的提交上作了程序性的改变，这就赋予了审批机关较大的自由裁量权。为约束审批机关的裁量权，传统审批条件范围区分核心材料与非核心材料，可以减少操作风险，更好地保障公共安全和公共利益。第二，在实施程序上，告知承诺制显然调整了原行政审批流程，但仍有施行空间。特别是《行政许可法》的便民原则为告知承诺制的推行提供了依据与空间[1]。因此，在《行政许可法》现有制度规定中，告知承诺制的实施仍可在进行程序调整的同时，适用相关制度规定，特别是涉及告知承诺后续监管中的撤销程序等。第三，在行政许可法律责任分配上，告知承诺制虽然弱化了行政审批机关事前的审查责任，但并未完全取消其相关法定职责，而是将责任更多地转移至事中事后监管阶段。

---

[1] 《行政许可法》第6条规定："实施行政许可，应当遵循便民的原则，提高办事效率，提供优质服务。"

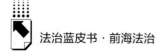

由于告知承诺制只是对传统行政审批方式的变革，告知承诺制实行过程中引发的行政争议实际上仍可依据《行政许可法》相关规定予以解决。例如，告知承诺制中行政审批主体告知阶段属于行政许可履职纠纷，申请人承诺履行情况引发行政处理属于行政许可决定纠纷等。

（四）公共信用信息管理机制不健全导致告知承诺信用管理机制未完全建立

信用管理机制是告知承诺制实施中最为薄弱的环节，主要原因在于：第一，公共信用信息管理机制尚不成熟，起步较晚，仍处于建设完善阶段，在公共信用信息的搜集、使用、管理方面还存在需要完善的空间，这在一定程度上导致告知承诺制中信用筛查、信用修复等制度建设存在一定困难；第二，虽然《深圳市公共信用信息管理办法》明确规定要建立失信联合惩戒机制，但是各部门制定实施联合惩戒的备忘录或者联动机制不完善，一定程度上导致告知承诺制实施中失信联合惩戒机制尚未完全建立。

三 对策建议

（一）加快推进告知承诺制立法

深圳市人大亟须制定关于行政审批告知承诺制实施的特区法规，充分利用特区立法变通权，在梳理总结告知承诺实践经验和问题的基础上，借鉴国内外相关制度规定，立足自身特色和需要制定特区法规，明确告知承诺制适用事项、实施主体、适用程序、监管机制与方式、信用管理以及法律责任等内容，构建详细完善的告知承诺制实施的制度规范，为告知承诺制的全面实施提供健全的制度保障，充分发挥深圳在法治建设领域的先行示范作用。

（二）系统构建告知承诺实施程序

应当着重对以下三个程序加以重点完善。

第一，赋予申请人告知承诺程序的选择适用权。告知承诺制改革的出发点就是为公民提供更加高效和更加人性化的服务，应赋予申请人选择适用权，申请人可以根据自身情况选择适用何种程序。

第二，明确告知承诺申请必须提交的材料与后续提交的材料，以约束审批机关裁量权，统一适用规范。审批机关可以参照上海等地对于核心材料与非核心材料的区分，在全面梳理告知承诺事项所依据的法律、法规设定的审批条件基础上，对申请材料进行合理分类，并对外发布告知申请人。

第三，明确告知承诺审批决定撤销程序。申请人所承诺的情况与实际情况不符，拒绝进行整改或者整改后仍不能达到相关要求的，审批机关应当依法撤销审批决定。审批机关作出撤销告知承诺审批决定前，应当将拟撤销审批决定的事实、理由和依据书面告知申请人，申请人有权对拟作出的撤销决定的合法性和合理性进行陈述、申辩。申请人要求进行听证的，审批机关应当按照相关法律规定组织听证，从而再作出撤销决定。

（三）健全告知承诺协同监管机制

第一，以信息互联共享为基础，加强政府协同监管。一方面，要厘清告知承诺制实施过程中涉及的各政府部门的监管职责，明确各政府部门的权责清单，建立登记注册、审批机关与行业主管部门衔接监管机制。另一方面，各政府部门间要建立审批、监管等信息互联共享机制，搭建部门间信息共享和交流平台，实现审批部门、工商部门与行业主管部门间的信息快速传递和交换，进一步提升政府监管效能。

第二，以行业协会商会为依托，实施行业自律监管。一方面，行业协会商会要积极配合宣传告知承诺制度，让更多市场主体了解告知承诺制的基本内容及其积极意义；另一方面，行业协会要通过培训、座谈等方式，积极引导市场主体诚信经营，促使市场主体在告知承诺审批实施过程中信守承诺、公平竞争，维护良好的市场经营秩序。

第三，以社会力量参与为辅助，实施社会监督。一方面，要充分调动信用管理机构、检验检测认证机构以及会计师事务所等专业机构或社会中介服务机构的积极性，发挥其对市场主体信用状况、企业运营状况、诚信经营状况等方面的监督作用，为审批机关作出审批决定及其后续监管提供重要的信用信息和相关信息等；另一方面，要建立完善的告知承诺信息公开机制，及时向社会公众公开告知承诺审批、监管的相关信息，为公众参与监管提供必要信息。

（四）完善告知承诺配套监管措施

第一，加强审批机关在告知承诺制实施过程中的行政指导。申请人对告知承诺事项进行询问、要求提供指导的，审批机关应当给予必要的解说、说明和指导，帮助申请人更好地了解和实施告知承诺事项。另一方面，审批机关要主动进行宣传指导，让更多市场主体了解告知承诺制的优势，解决当前公众对告知承诺制不了解而产生的制度不信任与抵触问题。

第二，探索建立以风险防范为中心的动态监管机制。一方面，要建立告知承诺风险防控基础性制度，包括告知承诺实施中的风险评估、风险沟通、风险处置等制度，并配套制订相关实施细则和操作指引。另一方面，要加强告知承诺日常风险监管，充分利用大数据、物联网的现代信息技术，实时采集和定期分析相关信息和数据，及时发现告知承诺实践中存在的问题和风险，并通过提醒、约谈、告诫等方式指导申请者整改存在问题，将风险消灭在萌芽状态。

第三，探索告知承诺标准化管理体系建设。告知承诺审批的标准建设不仅包括审批资格要件的透明化和标准，也包括审批程序和服务的标准化。首先，要对告知承诺审批所涉及的实体与程序要素进行提炼，按照标准化要求编制"告知承诺审批办事指南编制指引"和"告知承诺审批业务手册编制指引"两项标准。其次，在前两项编制指引的基础上，编制每项告知承诺事项的办事指南，并附录告知承诺事项办理流程图及承诺文书示例、提交材料要求等；同时，对于告知承诺审批流程中的受理、审查、决定、核查和监督等关键环节，要按照标准化要求制定业务手册，明确告知承诺制实施过程中各环节的操作要求和具体期限要求等。

第四，建立告知承诺制实施后评价机制。对告知承诺事项实施评价主要包括三个方面的内容：①对告知承诺政策与制度的时效性进行评价，涉及告知承诺政策与制度是否适应当前改革实践，是否具有长期实施的可能性；②对告知承诺事项实施的合法性进行评价，涉及告知承诺制实施过程中的执行力度、政策主体以及程序的合法程度、政策与制度是否具有可操作性、与市场经济环境的协调程度等；③对告知承诺事项实施效果的评价，涉及告知承诺事项实施的成本与收益以及社会公众的反馈及满意度等。

（五）明确告知承诺制实施的法律责任分配

审批机关的义务与责任主要包括：①告知义务，包括一次性告知申请人应当提交的申请材料的义务，对被审批人进行处罚时告知事实、依据和理由的义务等；②不得擅自在告知承诺书中增加或者减少当事人的法定义务；③不得擅自改变相关法律、法规所规定的申请条件、标准和材料等；④不得强迫申请人选择告知承诺或者承诺法定义务外内容；⑤依法对申请人承诺内容进行核查，并进行事中事后监督检查；⑥对被审批人的违法行为或者不履行承诺行为，要及时进行查处。

此外，告知承诺制的实施可能会对第三人的合法权益造成影响。如果完全因申请人提供虚假证明文件取得行政许可，则不能归责于行政机关未能尽到法定的审查义务。此时，产生的法律责任由申请人承担，包括撤销资质证书，记入诚信档案，列入失信"黑名单"；情节严重的，给予行政处罚；构成犯罪的，要追究刑事责任。如果因为行政审批机关没有履行法定的审查义务而给第三人造成损害的，尽管是由于申请人没有履行其承诺，但并不影响第三人提起行政诉讼的权利和要求行政审批机关赔偿的权利。

（六）加快告知承诺信用管理机制建设

第一，建立告知承诺事前信用核查机制。在适用告知承诺程序之前应当对申请人的信用进行核查，以确保申请人满足最基本的要求。对于公共信用评级一般及以上的申请人，可以适用告知承诺审批方式；对于公共信用评级较差或有不实承诺、违反承诺记录的申请人，在其信用未修复之前原则上不予适用告知承诺审批方式。

第二，落实告知承诺事中信用分类监管机制。前海蛇口自贸片区管委会企业服务中心已经建立了企业信用档案，告知承诺事项的实施部门要把告知承诺文书信息归集上传到信用平台，由信用平台对企业信用进行评级分类。告知承诺事项监管部门可以在此基础上对企业进行分类监管，对不同信用等级的企业设置不同的抽查比例进行精准监管，以降低监管成本，提高监管效率。在事中监管过程中，监管部门还要把企业违反承诺内容的信息及时上传到信用平台，对企业信用评级进行动态调整，实现企业分级分类结果的不断优化，以形成信用管理闭环，落实信用分类监管机制。

第三，健全告知承诺严重失信联合惩戒机制。失信行为分为一般失信行为与严重失信行为，在告知承诺审批中，影响行政审批决定的准确性，且产生恶劣的、无法挽回的社会影响的属于严重失信行为；可以通过及时整改消除违法行为、消除社会影响的，属于一般失信行为。失信联合惩戒由于惩戒后果的严重性，一般只适用于严重失信行为，针对严重失信人制定惩戒措施，主要包括：①准入性限制，包括取消申请人在一定期限内申请某项行政许可的资格、限制申请人担任公司或企业的法定职务等；②优惠性限制，包括限制申请人参加特定事项的经营行为、剥夺申请人获得财政资金扶持的资格等；③荣誉性限制，包括取消申请人评奖评优的资格等。

第四，建立告知承诺信用修复机制。信用管理部门要会同各行政审批机关建立健全信用修复机制，动态调整申请人或被审批人的公共信用评分。申请人或被审批人希望进行信用修复的，可以向相关部门提出，通过挽回损失、赔偿损失、消除不良影响，或者通过参加信用修复专题培训班、参与社会公益性服务等方式修复信用。申请人或被审批人的信用经过法定程序修复后，仍可就同一审批事项适用告知承诺程序获得审批决定。

B.5
前海税收法治建设的
实践探索与未来展望

阳雨璇　胡　明*

摘　要： 税收法治建设是落实前海全面深化改革开放、建设开放型世界
经济的重要保障，对于推动前海构建对外开放新格局具有深远
的实践意义。立足发展新阶段，前海对于税收法治建设提出了
新的要求、定位，服务于市场化、法治化、国际化的一流营商
环境。前海在税收优惠政策制定与实施、税收征收体制机制优
化、税收监管强化等方面已取得丰硕成果，起到了税收法治引
领示范的作用。但同时，面临国内外发展形势变化，为进一步
发挥前海"先行先试"作用，有必要加强制度构建，打造税收
法治建设的"前海样本"。

关键词： 税收法治　深化改革　税制优化

改革开放以来，深圳经济特区始终坚持走中国特色社会主义道路，作为
改革的"试验场"，以经济建设为中心的各项工作成绩举世瞩目，彰显了中国
特色社会主义的巨大优越性。前海作为深港合作区、自贸试验区和保税港区
三区叠加，可谓"特区中的特区"。自 2010 年 8 月国务院正式批复《前海深
港现代服务业合作区总体发展规划》以来，前海始终牢记习近平总书记、党

＊ 阳雨璇，华南理工大学马克思主义学院博士研究生；胡明，华南理工大学法学院教授。

中央推进开发开放的战略意图，准确把握自身"依托香港、服务内地、面向世界"的定位，不断打造高水平的对外开放门户枢纽，成为粤港合作、深港合作的关键平台。2019 年 2 月，党中央、国务院印发《粤港澳大湾区发展规划纲要》，明确要求优化提升前海合作区功能，强化前海合作发展引擎作用。立足于新的历史起点，面对新形势、新环境、新问题，前海如何抓住粤港澳大湾区、中国特色社会主义先行示范区"双区驱动"的历史机遇，将自身打造为新时代深化改革与全面依法治国背景下"最浓缩最精华的核心引擎"，实现发展定位的又一次飞跃，是前海法治建设进程中必须回应的问题。

在推进前海开发开放的系列举措中，以税制优化为核心的税收体制改革及其法治建设始终是贯穿发展进程的重要内容。中央反复强调，"自贸区不是搞'政策特区'或'税收洼地'，而是要推进政府职能转变，探索创新经济管理模式"①。毋庸置疑，税收法治建设作为在国家税制改革框架下，"充分发挥前海在探索现代服务业税收体制改革中的先行先试作用"的改革要求，是推进前海进一步开放发展的题中应有之意。从前海的税收法治建设现状来看，虽然前海的制度创新并非以税收政策为核心，但在促进投资、促进贸易、吸引人才以及实现产业聚集效应方面，税收制度仍然发挥着重要的激励作用，对于前海提升内在竞争力可谓必不可少。迄今为止，前海在税收优惠政策的制定与实施、税收征收与管理的优化以及税收秩序的规范等方面已开展改革探索。但审慎而言，前海当前税收法治建设面临一定的发展瓶颈，有必要在更高的层面进行制度反思并对未来予以展望，以发挥"先行先试"作用，从而打造中国特色社会主义法治建设背景下税收治理的"前海样本"。

一　前海发展与税收法治建设的逻辑联结

深圳特区改革开放四十余年来的实践证明，法治建设与经济发展犹如"车之两轮、鸟之双翼"，缺一不可。特区创建之初，为吸引外商投资、促

---

① 李克强：《关于深化经济体制改革的若干问题》，《求是》2014 年第 9 期。

进国际贸易，税收制度非常关键。深圳特区税务部门勇于"摸着石头过河"，承担起"试验田"和"窗口"的责任，在企业所得税税率、计税依据、税收优惠政策、流转税制以及地方税制方面实现"从无到有"的探索①。党的十九大报告明确部署"推动形成全面新格局"，面对日益复杂的国内外局势，前海的税收政策红利的比较优势有所消减，如何把握前海进一步发展与税收法治建设的逻辑关系，以深入改革为契机，使税收法治建设全面服务于前海总体规划与开发开放政策，是推动前海高质量可持续发展的前提。

（一）税收法治建设是落实前海发展战略的内在要求

为落实习近平总书记、党中央推进前海开发开放的战略意图，有必要践行中央关于"探索与试验区相配套的税收政策"的要求，建立同前海相适应的税收体制。早在 2010 年国家发展改革委发布的《前海深港现代服务业合作区总体发展规划》（发改地区〔2010〕2415 号）已对前海的税收制度改革前景作出部署，明确了"最终实现把前海打造成为粤港现代服务业创新合作示范区的税收目标"。具体而言，即"在国家税制改革框架下，充分发挥前海在探索现代服务业税收体制改革中的先行先试作用"，提出了对促进现代服务业发展与吸引高层次人才的税收优惠要求。2020 年修订的《深圳经济特区前海深港现代服务业合作区条例》再度明确提出，"支持前海合作区在国家税制改革框架下先行先试，实施促进金融、物流、信息服务、科技服务、文化创意以及其他现代服务业发展和人才集聚的税收激励政策"。同时，"市人民政府应当依法优化税收征管机制和征管程序，创造有利于现代服务业发展的税收环境。"

全面落实前海发展战略，需要建立具体的税收法治化实现机制与征管服务体系。作为市场交易与投资行为的制度性成本，税收是政府进行调控的重

---

① 张国钧：《从经济特区到先行示范区：深圳税务深度服务改革开放》，《国际税收》2019 年第 10 期。

要手段之一。一般而言，国家对于其辖区内的税收具有天然的主权性。一方面，政府通过国内税收的二次分配功能实现资源在国民之间的公平、有效分配；另一方面，经济全球化对税收提出了更高的要求，需要在国家之间进行税收分配与协调。基于自由、公平、秩序、效率等法律价值，其一，要求破除贸易保护主义、单边主义等，以促进跨国投资贸易活动发展；其二，要求反对过度的税收优惠政策引起的"税收有害竞争"（Harmful Tax Competition）①。

前海高度依赖跨国性经济活动，其税收问题相对而言更为复杂。以2019 年数据为例，深圳特区出口额约占其 GDP 总量的 61.85%②。除落实国内税收制度税收法定原则、量能课税原则以及稽征效率原则的要求外，还应符合公正合理的国际税收秩序，即依据经济合作和发展组织（OECD）2017年4 月发布的《国际增值税/货物劳务税指南》（International VAT/GST Guidelines），国际税收制度应符合税制中性（neutrality）、便捷性（efficiency）、高效与公平（effectiveness and fairness）以及灵活性（flexibility）的要求③。因此，通过不断优化与完善前海税收法治建设以促进其经济稳定与增长，是实现前海发展战略的必备要件。

（二）税收法治建设是贯彻全面依法治国战略的题中应有之义

以习近平同志为核心的党中央对于全面依法治国的科学论述为新时代法治前海建设提供了理论指引与实践遵循。前海作为中国首个中国特色社会主义法治示范区，积极推进自身法治建设，营造国际一流法治化营商环境，乃是内化于前海发展规划的题中应有之义。早在 2010 年前海初创之时，国务院印发的《前海深港现代服务业合作区总体发展规划》便已明确"打造社

---

① 参见李慈强《论自贸区战略中的税收法治建设及其完善》，《法治现代化研究》2020 年第4 期。

② 参见《2020 年深圳统计年鉴》，http：//tjj. sz. gov. cn/attachment/0/811/811560/8386382. pdf，最后访问日期：2021 年 8 月 30 日。

③ See OECD, International VAT/GST Guidelines, https：//www. oecd – ilibrary. org/docserver/ 9789264271401 – en. pdf？expires = 1630897641&id = id&accname = guest&checksum = 3F6E060 C09C556D4CB59B731C647D95E，last visited at Sep. 2, 2021.

会主义法治建设示范区"。2012 年 12 月 7 日，习近平总书记在前海视察时指出，"前海可以在建设具有中国特色的社会主义法治示范区方面积极探索，先行先试"。以习近平总书记的嘱托为改革指引，前海多年来在法治创新领域大胆探索，于 2017 年出台全国首份自贸区法治建设专项系统规划——《前海中国特色社会主义法治建设示范区规划纲要（2017～2020）》，提出前海要成为率先实现国家治理体系和治理能力现代化的排头兵和全面依法治国的先行地。

税收法治则是贯彻全面依法治国进程中不可或缺的一部分。党的十八届三中、四中全会先后提出落实税收法定原则，全面推进依法治国。十八届五中全会通过的"十三五"规划纲要更明确，要"按照优化税制结构、稳定宏观税负、推进依法治税的要求全面落实税收法定原则，建立税种科学、结构优化、法律健全、规范公平、征管高效的现代税收制度"，税务部门则出台了《"十三五"时期税务系统全面推进依法治税工作规划》，为推动中国税收法治建设行稳致远提供了政策依据。因此，为全面贯彻落实依法治国战略，前海应在税收制度改革领域积极探索，先行先试，努力为中国特色社会主义法治建设提供可复制、可推广的经验做法，从而为前海建设法治示范区提供应有的制度保障。

（三）税收法治建设是全面深化改革开放的必然要求

前海自建立以来始终勇当改革开放排头兵，随着新时期国内外形势变化，前海承担着进一步深化改革、扩大开放的新使命。2018 年 10 月，习近平总书记在广东视察时提出了四个方面的工作要求，其一便是深化改革开放，要把粤港澳大湾区建设作为广东改革开放的大机遇、大文章，在更高水平上扩大开放[1]。2019 年中共中央、国务院印发的《粤港澳大湾区发展规划纲要》再度对前海作出部署，要求"加快推进深圳前海、广州南沙、

---

[1] 参见申明宽《习近平在广东考察时强调　高举新时代改革开放旗帜　把改革开放不断推向深入》，央广网，http://china.cnr.cn/news/20181026/t20181026_524395882.shtml，最后访问日期：2021 年 9 月 3 日。

珠海横琴等重大平台开发建设，充分发挥其在进一步深化改革、扩大开放、促进合作中的试验示范作用"，从而"引领带动粤港澳全面合作"。2021 年 9 月 6 日，中共中央、国务院印发《全面深化前海深港现代服务业合作区改革开放方案》，对于前海全面深化改革开放的总体要求、实施范围、创新试验平台、对外开放门户枢纽以及保障措施进行了全方位部署。全面深化改革背景下的前海建设，要求推进前海各方面体制机制改革，在粤港澳大湾区建设中更好地发挥示范引领作用，从而为凝练可供推广的经验做法奠定基础，这为包括税收制度在内的现行制度体系带来了挑战，有待在法治实践中予以回应。

一国的经济社会发展现状是建立税收制度的基础，对于税率、税种以及征收管理有决定作用。全面深化改革开放要求前海建立与之相适应的现代化税收法治体系。税收法治不断走向现代化的体现，在于税收变迁过程中不断吸纳现代法治理念与价值，更好地发挥税收制度推进国家治理体系现代化的功能①。2013 年 11 月《中共中央关于全面深化改革若干重大问题的决定》明确，"税收优惠政策统一由专门税收法律法规规定，清理规范税收优惠政策"，以往以税收优惠为主要制度竞争力的发展模式已不再适用于前海当前税收制度改革的趋势。如何在现行法律框架下进行税制改革，使税收制度成为助力，不断优化前海营商环境，是全面深化改革开放背景下税收法治建设应当予以回应的问题。

二　前海税收法治建设的措施与经验

立足发展新阶段，建设符合前海发展定位，且具备一定前瞻性的税收法治体系，对于促进前海高效有序发展至关重要。2019 年 8 月《国务院关于印发 6 个新设自由贸易试验区总体方案的通知》（国发〔2019〕16号）发布以来，中国共 18 个自贸区已形成全方位布局，在各地税负水平

---

① 参见张守文《税制变迁与税收法治现代化》，《中国社会科学》2015 年第 2 期。

总体下降的背景下，要保证前海的独特竞争力始终富有生机与活力，沿着深化税收治理现代化的方向砥砺前行，必须以前海既有的具体举措为基础，总结可推广可复制的经验，从而为打造税收法治建设的"前海样本"奠定基础。

（一）制定与实施税收优惠政策

2013 年《中共中央关于全面深化改革若干重大问题的决定》虽明确要"清理规范税收优惠政策"，同时也提出要"形成面向全球的高标准自由贸易区网络"。毋庸置疑，税收优惠虽不再是驱动前海发展的主要政策红利，但作为全球自贸区建设的通用手段，税收优惠政策仍然对前海取得的发展成就起着不可或缺的作用。具体而言，前海的税收优惠政策主要集中于以下方面。

一是促进投资方面，主要为企业所得税优惠政策。其一，按照《前海深港现代服务合作区总体发展规划》，前海对经认定的技术先进型服务企业按 15% 的优惠税率征收企业所得税，企业发生的职工教育培训经费按不超过企业工资 8% 的比例据实在企业所得税税前扣除。《前海深港现代服务业合作区企业所得税目录（2021 版）》明确享受优惠税率的企业范围主要覆盖现代物流业、信息服务业、科技服务业、文化创意产业以及商务服务业。其二，按照《国务院关于经济特区和上海浦东新区新设立高新技术企业实行过渡性税收优惠的通知》（国发〔2007〕40 号），前海在 2008 年 1 月 1 日（含）之后完成登记注册的、国家需要重点扶持的高新技术企业，在经济特区内取得的所得，自取得第一笔生产经营收入所属纳税年度起，第一年至第二年免征企业所得税，第三年至第五年按照 25% 的法定税率减半征收企业所得税。

二是促进贸易方面，具体体现为启运港退税政策。《财政部、海关总署、税务总局关于在粤港澳大湾区实行有关增值税政策的通知》（财税〔2020〕48 号）明确，自前海保税港区离境的集装箱货物实行启运港退税政策。

三是吸引人才方面，体现为个人所得税优惠政策。为吸引港澳及境外高端人才，《财政部、税务总局关于粤港澳大湾区个人所得税优惠政策的通知》（财税〔2019〕31号）明确，对在大湾区工作的境外（含港澳台）高端人才和紧缺人才给予补贴，该补贴免征个人所得税。至2021年累计共1434人被认定为前海境外高端人才和紧缺人才，其中香港籍人才占总认定人数的50%以上[①]。

上述措施有利于鼓励跨国投资贸易以及吸引人才，形成现代物流业、信息服务业以及文化创意产业等行业的聚集效应。

（二）优化税收征管体制机制

《深圳经济特区前海深港现代服务业合作区条例》第44条要求，"市人民政府应当依法优化税收征管机制和征管程序，创造有利于现代服务业发展的税收环境"，明确了优化税收征管体制机制与营造稳定、公平、透明、可预期的税收营商环境间的重要联系。前海在简化优化税收征管体系方面已取得较好成效。

一是推行专业化的涉税审批。早在国家发展改革委的《前海深港现代服务业合作区总体发展规划》（发改地区〔2010〕2415号）中已明确，前海要"在财税管理方面探索建立集中管理灵活高效的体制机制"。2020年发布的《深圳经济特区前海蛇口自由贸易试验片区条例》第44条则进一步明确："自贸片区税收管理相关业务实施专业化集中办理，逐步减少或者取消前置核查，推行先办理后核查、办理核查相分离等工作方式。"为涉税事务审批进一步简化提供了规范性依据，便利纳税人快捷办理涉税具体业务。

二是推动税收征管信息化。深圳税务信息化进程一直走在全国前列，1994年分税制改革后，深圳税务率先创立纳税服务热线99511，推出电子报税系统、信息系统整合工程规划和数据应用规划，第一个推广区块链发票，

---

① 《以先行示范彰显新时代特区之"特"》，深圳政府网，http://www.sz.gov.cn/cn/xxgk/zfxxgj/zwdt/content/post_9087048.html，最后访问日期：2021年9月3日。

有效提高了税收征管效率①。近年来，前海利用科技创新再度进行信息化变革。在体制创新方面，围绕《国家税务总局关于创新自由贸易试验区税收服务措施的通知》（税总函〔2015〕208号）的要求，深圳税务部门结合前海实际情况，以"互联网＋智慧服务＋可数据化税收管理"为视角，推出前海服务自贸区"7＋10"项税收创新，从而构建与前海国际化、法治化、市场化发展相适应的税收管理体系。在机制创新方面，开启大企业"集团化"服务工作，并推出服务"独角兽"企业的挂点服务专项工作机制，开办资管产品高峰论坛，实现税企双向沟通；在深化改革方面，率先实现了全部窗口"一窗一人一机"的深度"一窗通办"前海模式；实现98%的税收申报等窗口业务网上办理，打造"一口办""一站办"工程②。

三是实现涉税信息共享与平台建设。一方面，不断运用新技术，前海首创"智慧VR办税厅"，创新启用"前海税务AI智能咨询平台"，在"人工智能＋税务"领域持续探索，缩短了纳税人办税时间。另一方面，2021年7月，深圳市税务局与前海管理局签署《关于推进前海税收政策落实税收营商环境合作备忘录》，双方将建立区块链税务信息共享以及信息交流通报反馈机制，开展税务数据与前海信用平台数据交换③。

（三）完善税源管理，强化税收监管

在跨国经济活动常态化的背景下，前海不仅要承担深化改革、进一步提高开放水平等使命，还要把握好全面深化改革开放中可能存在的风险与问题。就税收法治建设领域而言，前海通过内控平台，完善税务监管体系，把

---

① 参见国家税务总局《从"蛇口模式"到"前海奇迹"》，国家税务总局深圳市前海税务局网站，https：//shenzhen. chinatax. gov. cn/qhswj/gzdt/202009/051fca3bed2046ceab82cddf5932156d. shtml，最后访问日期：2021年9月3日。

② 参见易晓春《前海发布税收营商环境报告暨"信用税收"十大举措》，前海网，http：//iqianhai. sznews. com/content/2018－10/10/content_ 21132463. htm，最后访问日期：2021年9月3日。

③ 参见林建荣《深圳：两部门签署备忘录 促进前海税惠落实》，国家税务总局深圳市前海税务局网站，https：//shenzhen. chinatax. gov. cn/sztax/xwdt/swxw/202107/bb5e4a2de0cc42c2bebd35e880a3da04. shtml，最后访问日期：2021年9月3日。

握税务风险。一方面，落实内控平台风险预警监控分析工作。对于平台固定指标的疑点问题进行系统取数及指标设置验证，从而及时纠正其中存在过错行为的指标，并建立长效整改机制。另一方面，开展自定义指标编写。在原有内控平台系统固有的内控指标基础上，自主编制了4个新增的自定义内控平台指标，并通过系统运行筛查出执法风险①。

三 前海税收法治建设的发展瓶颈

正如《全面深化前海深港现代服务业合作区改革开放方案》指出的，前海建设是支持香港经济社会发展、提升粤港澳合作水平、构建对外开放新格局的重要举措，这为前海税收法治建设带来了新的要求与难度。立足前海近年来税收法治建设的实践经验，未来仍需坚持在现行法治框架下改革，进而突破现存的法治瓶颈问题。立足法治统一与税收法定视角，审视前海税收法治建设既有成果，当前改革虽已取得一定成效，但其改革成果主要体现于程序性事项，而实体性制度创新较为有限。

（一）前海税收法治建设体系性不足

宏观层面上，前海对于税收优惠政策实施、税收征管体制机制优化以及税收监管体系等方面均予以改革，但在规范层面上呈现分散化、碎片化，重程序、轻实体的特征，缺乏整体性、体系性的制度设计。例如，前海的税收优惠政策散见于《前海深港现代服务业合作区总体发展规划》、《国务院关于经济特区和上海浦东新区新设立高新技术企业实行过渡性税收优惠的通知》（国发〔2007〕40号）、《财政部、税务总局关于粤港澳大湾区个人所得税优惠政策的通知》（财税〔2019〕31号）等政策性文件中，而程序性政策散见于税务部门的通知以及具体改革方案中，未能以统一立法或汇编的形式，

---

① 参见《国家税务总局深圳市前海税务局2019年法治税务建设报告》，载国家税务总局深圳市前海税务局网站，https://shenzhen.chinatax.gov.cn/qhswj/tzgg/202012/e3754fe509804fe2a091ccc6d345742e.shtml，最后访问日期：2021年9月3日。

从前海各类市场主体、纳税人的视角,为其提供明确清晰的政策指引,难以与吸引投资者从而实现产业聚集以及吸引高端人才的实践需求相适应。

微观层面上,现行税收法治体系存在政策缺位现象。金融业是现代服务业的重要组成部分,前海的重要功能定位之一即是"培育以服务实体经济为导向的金融业态,积极稳妥推进金融机构、金融市场、金融产品和金融监管创新,为消费、投资、贸易、科技创新等提供全方位、多层次的金融服务",然而金融业涉及税种涵盖增值税、企业所得税、个人所得税,其税收政策相关规定散见于《关于鼓励证券投资基金发展的优惠政策》(财税〔2008〕1号)《财政部国家税务总局关于合格境外机构投资者营业税政策的通知》(财税〔2005〕155号)等文件中,仍然未能根据前海本土特征,形成结构较为完整的政策体系。

(二)税收优惠政策与前海实际需求不匹配

《立法法》第8条第6项规定,"税种的设立、税率的确定和税收征收管理等税收基本制度"属于法律保留事项,只能制定法律。这一条文为税收法定原则提供了规范性依据,同时也对各地税收优惠政策的灵活性产生限制。中国自贸区设立之初均涵盖"推进贸易便利化、投资自由化"的目的,但中央对其战略地位、发展目标和功能定位的战略部署呈现明显差异。例如,浦东新区立基于长三角经济带,战略定位为在长三角一体化发展中更好地发挥龙头辐射作用;而前海则定位为"依托香港、服务内地、面向世界",全面对接香港开放型经济体制,深化深港开放合作。加之前海经济结构以现代服务业为主,必然需要采取与其经济发展结构、发展水平、发展目标相适应的税收调节手段。然而,当前前海税收优惠政策除企业所得税优惠税率外,仍呈现与其他自贸区税收优惠较为同质化的特征,难以满足前海发展定位需求以及刺激地方自主性。

(三)税收法治建设面临国际规则约束

税收是衡量营商环境的重要指标,税收制度体系与区域内交易成本与市场主体的经济行为密切相关。前海不仅是国内改革开放的重要窗口与排头兵，更面临严峻的国际自贸区、自贸港竞争的挑战，而税收政策是全球自贸区、自贸港竞争中的重要制度优势。为避免全球性不当税收竞争，OECD 在1998 年发布的《有害税收竞争：一个正在出现的全球性问题》明确，税收领域的打击重点是避税港和有害税收竞争。为更有效地应对有害税收实践，2016 年《税基侵蚀和利润转移行动计划》（AP-BEPS）（*Action Plan on Base Erosion and Profit Shifting*）重新审视了有害税收实践工作，重点关注与税收优惠制度有关的实质性活动要求，以及提高税收优惠透明度的问题（包括对与税收优惠制度相关的裁定进行强制性自发情报交换以提高透明度）①。税收优惠政策一方面是前海吸引投资、促进贸易以及吸引人才的制度刚需，同国内外自贸区、自贸港竞争的政策红利；另一方面也面临着 BEPS 项目的限制以及国际监督。然而，前海目前并未形成对国际规则的识别与衔接机制，在国际税收竞争中容易陷入被动地位。

四 前海税收法治建设的未来展望

随着改革开放的进一步深化，中央对前海战略有新的期待，逐步从广度到深度、从追求效率到追求质量，寻求更高层次的发展。2021 年 9 月 6 日中共中央、国务院《全面深化前海深港现代服务业合作区改革开放方案》的发布，实际上宣告前海发展进入了全新的阶段。税收法律制度是前海发展进程中提高国内外竞争力、健全政策制度体系不可或缺的内容，对于前海发挥自身示范引领作用、促进深圳建设中国特色社会主义先行示范区，进而推进国家治理体系和治理能力现代化具有助推作用。为此，有必要对前海税收法治建设未来发展予以展望，以实现前海在新时代背景下的高质量发展。

---

① 参见国家税务总局办公厅《OECD/G20 税基侵蚀和利润转移（BEPS）项目常见问题解答》，国家税务总局网站，http://www.chinatax.gov.cn/n810219/n810724/c1112436/cont ent.html，最后访问日期：2021 年 9 月 4 日。

（一）坚持全面依法治国战略，落实税收法定原则

作为国内首个中国特色社会主义法治建设示范区，法治乃是前海区别于国内其他自贸区与各类试验区的突出特征，更是前海的核心竞争优势与发展动力。以市场化、法治化、国际化营商环境支持和引导产业发展，是前海治理体系与治理能力现代化的重要支柱。前海须勇于践行国家赋予的使命，不同于过往改革"先破后立"的模式，前海税收法治建设始终坚持全面依法治国战略，运用法治思维和法治方式，要求"在现行法制框架下进行改革"，落实税收法定原则，不断完善顶层设计，同时在具体制度层面考察税收政策的合法性与稳定性、税收实体制度创新与税收征管体制机制革新等问题，才能为前海税制改革提供明确的法律依据，进而形成面向全国的可复制性税制改革经验。

此外，中央已明确提出，"十四五"期间中国将进一步完善现代税收制度，建立健全有利于高质量发展、社会公平、市场统一的税收制度体系。前海须以进一步完善现代税制为重要突破口和抓手，梳理现有税收政策，建构统一明晰的税收政策体系，主动吸收港澳与国际税收法治经验，自觉将自身税收法治实践纳入法治框架，为全面深化改革开放释放实践动力与创造力。

（二）进一步发挥前海税收自主权

当前前海税收优惠政策与其他自贸区税收改革存在同质化问题，但与前海经济发展结构与发展水平相结合的实质性制度创新十分有限，仅仅依靠简化办税手续与优化税收征管体制机制等程序性事项难以从根本上解决这一问题。如何平衡协调国家整体战略与促进前海地方自主性、积极性之间的关系，从而用尽用足前海税收自主权，建构符合前海经济基础与战略定位的税收法治体系，是前海税收法治建设必须回应的问题。为此，一方面，前海应立足区位优势，用好深圳经济特区立法权，合理运用地方税收立法能够变通的空间以开展制度创新，从而加快构建适应开放型经济发展的税收法治

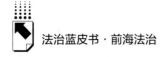

体系。

另一方面，在遵循税收法定原则的基础上，在法律规定范围内充分发挥前海地方自主性。税法作为国家宏观调控的重要工具，规定了许多幅度税率情形，国家层面立法浮动幅度较大，而前海作为地方可以在其幅度内充分进行政策变通、法律调整、改革试点，从而发挥税收调节地方经济的作用，以充分保障其区域优势与特色①，建构与前海发展实践需求相匹配的地方税体系。

（三）加强前海税收法治建设与国际税收规则的衔接

全面提升依法治税水平，服务于深化改革开放的现实图景，提高前海税收国际竞争力，从而营造稳定、公开、透明、可预期的国际一流税收营商环境，乃是前海法治建设的题中应有之义。

为此，一方面，应在规范层面上与国际税收制度接轨。中国明确提出积极参与应对 BEPS 行动计划是中国应当坚持的立场②，但毫无疑问，坚持该立场的前提是总体有利于中国经济，前海作为中国参与国际经济竞争的重要平台，税收竞争是其重要组成部分。因此，前海应当在保障自身经济利益的前提下，尽可能争取与国际税收规则的合作与衔接，尤其是对 BEPS 行动计划中防止跨国企业侵蚀中国税基的规则予以解读与细化，避免国际税收规则危害前海经济的正常运行与发展。例如，将适用一般反避税条款的行为详细列入反避税负面清单，清单以外可能涉嫌避税的行为不作为避税处理，从而实现前海市场主体的"法无禁止即自由"③。

另一方面，应在实践层面上同国际税收规则接轨。前海既要坚定不移走中国特色社会主义税收法治道路，实现严格规范文明执法、公正司

---

① 参见李慈强《论自贸区战略中的税收法治建设及其完善》，《法治现代化研究》2020 年第 4 期。

② 参见国家税务总局科研所课题组《BEPS 行动计划：世界主要国家采取的措施和中国的主要立场》，《税务研究》2016 年第 12 期。

③ 参见刘荣《自贸区（港）税收优惠政策的立场分歧与路径融合》，《海南大学学报》（人文社会科学版）2020 年第 1 期。

法，以切实保障纳税人权利，又要坚定不移与国际规则接轨，打造适应开放型经济体制、服务于粤港澳大湾区合作战略与"一带一路"建设的税收环境，提升专业税收服务水平，解决国际税收争端，从而降低国际涉税事项风险。

B.6
前海探索跨区域跨法域
规则衔接的实践[*]

何栋民　修扬^{**}

摘　要：　粤港澳区域合作是中国区域合作的成功典范，同时也是"一国两制"和基本法框架下跨区域、跨法域合作的成功典范。粤港澳大湾区具有"一国两制三法域"、三种货币、三个独立关税区，探索规则衔接不仅需要借鉴域外湾区的成功经验，同时还需要结合粤港澳大湾区的实际情况。立足前海探索跨区域、跨法域规则衔接，应当围绕深化改革开放、粤港澳大湾区建设、国际国内双循环国家战略并结合前海定位与实际推进，具体可以从学习成功经验、加强行业交流、降低准入门槛、深化先行试点、优化资源配置、直接衔接国际规则等微观方面着手。

关键词：　规则衔接　粤港澳大湾区　"一国两制"

一　前海探索实施粤港澳规则衔接的历史语境

新中国成立后，受到历史、政治和国际环境因素的影响，粤港澳区域合

---

　*　本文系"粤港澳大湾区框架下前海社会、民生、投资与法律服务规则对接咨询项目"阶段性成果。

　**　何栋民，广东梦海律师事务所主任；修扬，广东梦海律师事务所执业律师。

作经历了一个曲折的发展过程，认识这一过程对于理解当下粤港澳规则衔接的特点、设计未来粤港澳规则衔接的路径有重要意义。根据粤港澳区域合作的特点，大致可将粤港澳区域合作分为四个阶段。

第一个阶段：1949～1978 年，新中国成立后到改革开放前，广东地区和香港地区、澳门地区的合作交流处于极度有限状态。

第二个阶段：1979～1997 年，国际国内形势发生了很大变化，经济发展成为整个社会最迫切、最核心的主题。香港地区和澳门地区由于其地缘优势，是国家对外交流的重要窗口，尤其在经济贸易领域是当时内地吸引外资的重要平台。在这个历史环境下，广东地区和香港、澳门地区的交流和合作发展迅速，但由于回归前的香港、澳门与广东毕竟分别由英国、葡萄牙、中国三个不同的国家实际管辖，合作涉及不同国家以及不同的管理体制，三地合作主要集中在经济贸易领域。所以有学者认为，这个阶段三地合作更多是一种"市场主导性"的合作，而三地的地方管理部门合作则处于"边缘地位"[①]。

第三个阶段：1997～2003 年，港澳回归后到 CEPA 出台前，港澳回归对于粤港澳区域合作的重大意义在于，粤港澳区域合作的性质发生了根本性变化，从中国、英国、葡萄牙三个不同国家的合作变成一个主权国家治理下的区域合作，"一国两制"的创造性实践也是国家治理机制的重大创新。在"一国"的基本前提下，即使香港、澳门与内地实行不同的政治制度，广东、香港、澳门三地的出发点不再只是追求各自的地方利益，而应当立足于中华民族繁荣、国家利益至上，充分利用各自特殊资源和优势，尤其是香港、澳门的对外窗口平台优势，通过合作、互补、共赢实现三地整体利益最大化，服务国家振兴、民族复兴。

第四个阶段：2003 年至今，是粤港澳三地持续深化合作时期，CEPA 的实施标志着粤港澳三地的合作进入全新阶段。CEPA 是《内地与香港关于建立更紧密经贸关系的安排》（2003 年）和《内地与澳门关于建立更紧密经

---

① 陈瑞莲、杨爱平：《论回归前后的粤港澳政府间关系——从集团理论的视角分析》，《中山大学学报》（社会科学版）2004 年第 1 期。

贸关系的安排》（2003 年）的总称，除了这两个协议本身，CEPA 还包括了协议签订的附件以及在这两个协议基础上签订的其他补充协议，补充协议由中央政府每年分别与香港、澳门特区政府签订。CEPA 是在 WTO 框架内，一个国家两个不同关税区之间特殊形式的自由贸易安排，也是一种优势互补、互利共赢的合作安排。同时，CEPA 也是一种开放性的协议，可以根据形势的需要不断充实和完善。

CEPA 的签订以及实施，相关政策逐步落地，极大促进了粤港澳三地的合作，取得了一系列粤港澳三地区域合作的创新成果。当然，在 CEPA 落地过程中也出现了一些问题甚至难题，类似 CEPA 正面清单中存在的"大门开了，小门没开""小门开了，玻璃门没开"现象在一定地区或部门还将不同程度地存在。推动 CEPA 落地还有大量工作要做，还面临不少困难和问题。比如，配套措施还没有完全跟上，实施细则和操作流程还急需理顺，部分地市和行业主管部门还须进一步理清 CEPA 落地后的事中事后监管思路。

随着国际国内形势的变化，粤港澳大湾区重叠了多个国家战略，尤其是大湾区核心城市深圳还被赋予建设中国特色社会主义先行示范区的重任。新的国际国内形势和新的国家战略对粤港澳大湾区建设提出了新的要求，粤港澳三地区域合作需要全面的制度创新，而规则衔接是最好的切入点。目前，前海（深圳）、南沙（广州）、横琴（珠海）各有自己的发展定位，在 2015 年纳入自由贸易试验区之后，自由贸易政策与原有政策将产生叠加效应，开放政策将更具效力。前海的特殊性体现为：除了拥有自由贸易试验区战略定位以外，还叠加了"深港现代服务业合作区""社会主义先行示范区"以及其他多个国家战略，在探索粤港澳大湾区规则衔接方面具有得天独厚的优势。

二 前海探索跨区域、跨法域规则衔接的基本思路

（一）应当围绕全面深化改革开放基本国策进行

2013 年 11 月，党的第十八届中央委员会第三次全体会议通过了《中共

中央关于全面深化改革若干重大问题的决定》，其中提出要"全面深化改革和扩大开放"，将"改革开放"推向新高度。深圳作为中国设立的第一个经济特区，已成为中国改革开放的重要窗口，在改革开放中取得了一系列成绩。

相比香港与澳门，内地城市的国际化开放程度远远不够，同时由于历史与政策原因，香港与澳门相比内地城市也更容易为国际其他城市所接受。因此，通过湾区的形式加强粤港澳三地之间的交流融合，特别是促进深圳与香港的协同发展，从而提升湾区整体的国际化水平与对外开放程度，逐步辐射带动内地整体的扩大开放。粤港澳三地交流融合与协同发展的关键，在于三地规则的衔接与机制的对接，因此在现阶段提升三地规则衔接水平具有必要性，也是全面深化改革开放的重要措施。

（二）应当围绕大湾区建设的国家战略定位进行

2016 年 3 月，《国民经济和社会发展第十三个五年规划纲要》正式发布，明确提出"支持港澳在泛珠三角区域合作中发挥重要作用，推动粤港澳大湾区和跨省区重大合作平台建设"。2017 年 7 月 1 日，《深化粤港澳区域合作　推进大湾区建设框架协议》在香港签署，同时，广东、香港、澳门三地以及国家发展和改革委员会相关负责人共同签署了《深化粤港澳区域合作　推进大湾区建设框架协议》，这标志着粤港澳大湾区建设正式启动。

粤港澳大湾区建设是国家重大发展战略，在湾区发展的四年间，经济建设取得了较大进步，产业结构与技术更新也处于升级阶段，当下需要加快推进的便是粤港澳三地规则的衔接方式与衔接路径问题。当下粤港澳大湾区各个城市都有自身的一套政策规则，对不同的产业发展提供不同的优惠政策，并且这些优惠政策与规则，深圳跟广州不一样、惠州跟东莞不一样、中山跟佛山也不一样，甚至同一个区两个工业园的规则都不一样，这便会导致投资者难以作出抉择，进入湾区成本较高。因此，粤港澳大湾区要在国际环境中具备竞争力，首先需要将内部规则统一起来，只有这样才能强化内部竞争力,更好地走向世界。内部规则如果长时间未统一,大湾区就难以形成城市间的协同发展,大量资源会浪费在湾区内部的沟通协调与重复竞争上,导致湾区竞争力受到影响。

深圳作为粤港澳大湾区建设的重要引擎,需要抓住湾区建设的重大历史机遇,推动三地产业运行的规则衔接与机制对接,加快粤港澳大湾区城际交通建设,促进人员、货物等各类要素高效便捷流动,提升市场一体化水平。因此,规则衔接是粤港澳大湾区建设的必经之路,也是粤港澳大湾区发展的必然要求。

(三)应当围绕国内国际双循环的新发展格局进行

国内国际双循环是湾区经济的重要特征。湾区具有天然的开放属性和强烈的外向型经济特征,作为连通内外的重要门户,湾区一方面引进人才、技术、资金、企业、产品,对外出口产品、服务、技术,从而参与全球经济整合;另一方面,湾区经济产生辐射效应,通过产业转移、产业协同,带动国内腹地区域经济发展①。

2020年9月1日,习近平总书记在中央全面深化改革委员会第十五次会议上强调:"加快形成以国内大循环为主体、国内国际双循环相互促进的新发展格局,是根据中国发展阶段、环境、条件变化作出的战略决策,是事关全局的系统性深层次变革。"2021年3月11日,"十四五"规划用第13章整整一章的篇幅对"双循环"的新发展格局进行了详细阐释,为经济开放发展指明了方向。构建"双循环"的新发展格局是"适应中国经济发展阶段变化的主动选择",是"应对错综复杂的国际环境变化的战略举措",是"发挥中国超大规模经济体优势的内在要求",核心是要打通产业壁垒,通过创新突破,建立相互关联、相互畅通的产业链,解决各类制约发展的技术难题,最终实现经济的循环畅通。

粤港澳大湾区作为中国经济内循环与外循环的结合点与对接区,具有形

---

① 杨枝煌、陈尧:《中国大湾区建设的战略运筹》,《社会科学》2020年第12期。

成"双循环"的天然优势,在连接内循环与外循环、促进内外循环稳定以及推动形成全面开放新格局中具有不可替代的作用。通过粤港澳与域外的交流、粤港澳与内地的交流,形成中国经济内外循环的链接点与关键枢纽。在内外循环的过程中,规则的相互衔接是畅通交流的必要前提。

(四)应当围绕前海战略定位和实际发展情况进行

前海,叠加承载深港现代服务业合作区、保税港区、自贸试验区、粤港澳深度合作示范区等国家战略,是国家"一带一路"倡议提出以来粤港澳大湾区建设的重要节点。前海深港现代服务业合作区自 2010 年获国务院批复设立以来,成为"投资便利化""贸易便利化""金融管理与服务创新"等制度创新的佼佼者,一直为深圳企业的发展保驾护航、增添助力,形成了独具特色的"前海模式"①。根据新闻调查,截至 2020 年上半年,前海深港合作区累计注册港资企业 11709 家,注册资本 1.31 万亿元人民币,累计实际利用港资 202.99 亿美元,港资企业增加值、税收在前海占比约 15%②。

2021 年 7 月 30 日,中共深圳市委七届二次全会召开,会议指出:前海深港现代服务业合作区成立以来,深圳始终牢记习近平总书记、党中央推进前海开发开放的战略意图,坚持大胆试、大胆闯、自主改,举全市之力打造新时代改革开放"最浓缩最精华的核心引擎",前海实现"一年一个样",生机勃勃态势日益凸显,成为彰显习近平新时代中国特色社会主义思想强大真理力量、实践伟力的生动范例。

经过十余年发展,前海在新城开发、深港合作、金融创新、法治建设、自由贸易试验区、投资贸易便利化等方面取得诸多创新成果,经济指数大幅

---

① 关于"前海模式"的表述直接来源于习近平总书记,详见新华社新闻《前海模式:用实践擎起新时代改革开放的旗帜》,http://www.xinhuanet.com/globe/2020 – 09/18/c_139367022.htm,最后访问日期:2021 年 8 月 20 日。

② 详见《深圳特区 40 年丨滩涂变新城,"前海模式"为什么行》,https://baijiahao.baidu.com/s? id = 1675603633129937591&wfr = spider&for = pc,最后访问日期:2021 年 8 月 20 日。

领先其他区域，已经成为粤港澳大湾区、深圳市经济发展的核心引擎。前海已经从滩涂成为城市新中心，无论硬件还是软件上都为下一步深化大湾区规则衔接、机制对接奠定了坚实的基础。所以，在前海探索跨区域、跨法域规则衔接应当立足于前海十余年深港合作取得的成果和经验，充分利用前海的经济优势和制度优势，同时也要充分结合国家对前海的最新战略要求。

三　在前海探索跨区域、跨法域规则
衔接的具体建议

（一）积极借鉴"三大湾区"规则衔接经验

目前世界上已存在的湾区中，美国旧金山湾区、纽约湾区与日本东京湾区被公认为"世界三大湾区"。其中，纽约湾区是金融湾区，是世界金融、证券、期货、保险及外贸机构聚集地；旧金山湾区是科技湾区，是世界知名高校、互联网巨头聚集地；东京湾区是产业湾区，连接京滨、京叶两大工业带，制造业、建筑业发达。

世界三大湾区的成功经验显示，公共政策和法律法规的系统性制度安排是改善和提升要素流动状况的重要手段。当区域一体化发展到法治一体化时，要素流动将不存在任何壁垒。世界三大湾区的发展都离不开区域规则的统一与衔接，唯有推进规则衔接并形成统一的规则体系，才能真正发挥湾区的协调发展作用，呈现"1 + 1 > 2"的效果，而非湾区内城市的机械堆积。

粤港澳大湾区作为新发展的湾区，虽然独具特色，但与世界其他三大湾区相比，仍然有很长的路要走。例如：作为"科技湾区"的旧金山湾区，湾区与加州政府是通过地方政务会（COG）和大都会规划组织（MPO）完成从州到地方的权限分配与自治，通过统一的组织实现湾区内各城市的协调配合；作为"金融湾区"的纽约湾区，通过设立特有的统筹机构，如纽约区域规划协会、纽约新泽西港务局、大都市运输署等，在各个领域对湾区进行跨州统筹，特别是在区域政府合作协议机制上，纽约湾区通过宪法授权确立的州际协议建立跨州机构，促进了跨区域法制合作的形成，为不同州因为区域发展而形成的跨区域公共事务合作创造了法制基础，有效发挥维护建设湾区的积极作用；作为"产业湾区"的东京湾区，通过颁布日本港湾法、《东京湾港计划的基本构想》以及后续颁布的日本港湾劳动法、港则法等单行法，实现了政府对统一规划部署的领导，有利于东京湾区各城市强有力的协调统筹，更易形成规模效应。

粤港澳大湾区需要加强规则衔接的顶层设计，成立粤港澳大湾区统筹发展协调机构，如通过中央立法授权的形式，按照地方事务和湾区事务进行级别划分的大湾区政府联盟，可召集各城市派代表参加湾区会议，对湾区发展事务的重点和方向进行讨论和论证，加强三地的统筹、联系与交流。至于该机构是否像纽约湾区的统筹机构一样具有较强的实际管理权力，则需要三地深入沟通，进一步研究探讨。此外，还可颁布具有强制效力的湾区法律，如东京湾区的日本港湾法，统一规划湾区内各城市的发展，协调货币政策，统筹金融发展及监管，刺激三地要素流动的活跃度。借鉴域外湾区成功经验，通过设立机构、颁布法规或者签署协议等方式统筹粤港澳三地发展，推进三地各个领域的规则衔接，逐步形成湾区内部统筹协调发展之势，进而更好地与国际交流接轨。

（二）加强大湾区各行业的内部交流与外部沟通

粤港澳大湾区各个领域的规则实现有效衔接，需要行业内部的充分交流与行业之间的有效沟通。

在行业内部，需要粤港澳三地各行业内进行充分交流，扩大行业跨区准入，实现三地在法律服务业、医疗卫生、教育行业、投资行业等内部的规则衔接，推动湾区内地城市各行业的国际化，促进港澳各行业拓展内地市场，实现三地行业内部的协调推进、互补发展。行业内部的跨区交流，重在打破粤港澳三地之间的限制，对此可在大湾区内成立各个行业的粤港澳三地协会或专业委员会，通过民间或半官方组织的协调推动，促进行业内部跨区域交流，从而为三地行业相关规则的具体衔接方式提供专业研究与智力支持，同时也有利于减少三地在文化认同、思维方式等方面的阻碍，为粤港澳三地整体的规则衔接铺平道路。此外，还可通过三地官方与半官方组织从政府或行业层面进行沟通统筹，直接推动湾区规则的衔接，激发湾区各领域发展的活力。

在行业外部，需要粤港澳三地各个行业之间加强交流，降低行业准入门槛，促进港澳资本进入内地，推动内地服务业发展转型，特别是为医疗、教育、文化等薄弱环节的发展提供动力，利用港澳资本补足服务业短板，实现粤港澳三地的有效发展。同时，香港与澳门是内地连接国际的窗口，跨行业、跨区域交流有利于内地面向世界、深化对外开放，逐步形成"国内大循环为主体、国内国际双循环相互促进的新发展格局"，成为中国与世界连接的重要窗口，成为"双循环"格局的重要枢纽。对于"双循环"结合前海实际，前海乃至深圳可以通过现代高端服务业来整合整个大湾区的制造环节，把大湾区现有优质制造和港澳高水平现代服务对接整合，前海可通过发展贸易物流、航运服务等将内地商业运营、优质制造与港澳对接，进而连接世界，进一步强化中国在亚洲产业链的主导地位。

（三）探索降低各服务业准入门槛，推进"非禁即入"改革

2003年，内地与港澳特别行政区先后签署了CEPA，其中国民待遇和最惠待遇条款涵盖了投资的设立环节，意味着CEPA在投资准入环节采取的是"准入前国民待遇加负面清单"模式，之后的规划纲要延续了此模式。2020年8月31日，深圳颁布《深圳经济特区前海蛇口自由贸易试验片区条例》，其中第16条提出，"实行外商投资准入前国民待遇、负面清单管理和非违规不干预的管理模式，探索实行外商投资试验性政策措施"。2021年出台的"十四五"规划在"准入前国民待遇加负面清单"模式的基础上，提出"健全外商投资准入前国民待遇加负面清单管理制度，进一步缩减外资准入负面清单，落实准入后国民待遇，促进内外资企业公平竞争"，逐步实现外资准入前后皆享受国民待遇模式。2021年初，深圳市推进粤港澳大湾区建设领

导小组会议审议通过了《深圳市推进粤港澳大湾区建设2021年工作要点》，提出要聚焦市场准入、市场监管、政务服务等重点领域，梳理实施一批规则衔接创新举措，推动深港澳三地营商环境高标准接轨方面取得突破。而其中的聚焦市场准入、规则衔接等要求，同样也是前海亟须不断探索与实践的内容。

虽然外商投资准入负面清单在逐年缩减，准入门槛也在逐年降低，但是，作为"特区中的特区"，前海与其他地区相比投资准入并没有特别的政策优惠，无法与其他地区形成差异与优势，也尚未针对香港专门出台相关投资优待措施，未形成对港资的特别吸引力。对此，建议前海进一步研究缩减准入负面清单，逐步尝试向港资澳资放开部分领域，如放开"医疗机构限于合资"，直接引入香港澳门的医疗机构在前海开设分院；放开"学前、普通高中和高等教育机构限于中外合作办学，须由中方主导，理事会、董事会或者联合管理委员会的中方组成人员不得少于1/2"，放开"禁止投资义务教育机构"，吸引港澳投资于前海的学前教育、基础教育、高等教育，允许港澳学校直接在前海开设分校，内地政府只需把控学校的课程设置即可；等等。针对前海的高端服务业、医疗、教育、文化等，降低对港澳投资机构的行业准入门槛，放宽对港澳金融机构在企业注册、股份比例、经营范围和资质认定等方面的限制，拓宽粤港澳大湾区资本形成的渠道，吸引外资特别是港资澳资进入湾区，推动湾区服务业等产业的发展转型。逐步实现前海与香港澳门的深度合作，进而推动三地规则的相互衔接，构建开放型经济新体制，力争将前海建成符合国际高标准的法治环境规范、投资贸易便利、辐射带动功能突出、监管安全高效的自由贸易区。

（四）拓展粤港澳三地在前海"先行先试"的广度与深度

试点是对一项政策进行完善的科学方式与必要路径，在试点的过程中逐个击破难题，为面上的改革提供经验，充分发挥示范突破带动作用。而前海作为"特区中的特区"，政策试点实施是其重要的战略定位。在粤港澳三地规则衔接过程中，同样需要前海在各个领域实施试点，探索规则衔接的路径与方式，为政策的全面展开铺平道路。

例如，教育领域在前海进行教育合作试点，旨在率先建立符合粤港澳大湾区教育规则衔接的"实验田"与教学实验区，由深圳、香港和澳门三地合作办学，构建粤港澳教育共同体，推动三地教育融合发展，实现三地教育规则的有效衔接。通过在前海试点建立特色幼儿机构，充分借鉴港澳地区幼儿教育的国际化标准与课程设计，同时结合深圳本地学前儿童具体情况，接受前海管理局的监督，试点国际早教课程与国内早教课程双向教学，制订符合三地幼儿发展的课程方案，实现三地幼儿教育的衔接；通过在前海试点建立特色小学和中学，共同开发融合三地教学特点、具有正确的价值导向、符合国际化人才培养的新教材，重视双语教育与学生创新思维培养，使港澳地区的特色课程得以在前海适用，部分借鉴香港的中学学位分配制度，探索制订符合三地人员子女接受教育的良好模式；通过在前海试点建立特色职业教育和高等教育机构，聚焦前海特殊区位优势，加强高等教育的专业化管理，完善学术评定体系、教师科研和教学能力分流体系，优化学生知识技能的获取等，加大与港澳教育资源的对接合作，发挥产学研集群优势，实现人才资源的优化配置，全面提升前海乃至深圳的教育竞争力。总之，前海在教育领域各项合作试点的开展，将尽可能发挥首创精神，做大湾区规则衔接与机制对接的领头羊。

又如，在医疗卫生领域，深圳市可以在前海试点医疗标准衔接工作。第一，可以以前海蛇口自贸片区医院、深圳前海泰康国际医院（筹）等前海区域医疗机构为试点单位，制定适用于前海区域医疗机构的上市药品医疗企业的相关管理试点办法，先期在部分领域开展试点，通过试点总结取得可复制、可推广的成功经验，然后逐步向深圳市以及整个粤港澳大湾区医疗机构推广。第二，前海蛇口自贸片区医院、深圳前海泰康国际医院（筹）等前海区域医疗机构可以联合国家、省、市相关医药主管部门以及香港、澳门医药主管部门建立粤港澳三地都认可的药品监管协作机制，加强药品监管信息交流，完善药物追溯体系，进一步规范药械的使用。第三，前海蛇口自贸片区医院可以汲取港澳医疗发展的实践经验，汇聚粤港澳三地医疗专家，成立特定的医疗合作研发中心，在前海蛇口自贸片区医院开展药物研发工作，使其成为具有国际医疗水平和科研水平的窗口。第四，在人才培养与管理上，前海可试点建立国际化专科医师培训体系，积极引进境外先进管理经验和先进医疗技术，加强专业医学人才引进。从医疗体制、医疗机制、执业医生的选聘与保障、就诊患者的治疗与护理、医药器械等方面进行全面考察与整合，注意对港澳执业医生及护理人员的认可与引荐，加强三地执业医护人员专业资格的互认，降低就诊患者的诊断门槛，并积极运用大数据平台尽可能提前做好医生与患者的分流工作，使前海蛇口自贸片区医院在管理模式、医师互认、患者就诊、医疗标准等方面成为国际化衔接的窗口，不论对大湾区，还是全国都是积极示范。

（五）优化粤港澳三地资源配置与共享

粤港澳大湾区内部各城市对部分优势资源进行共享，是发挥湾区协同发展效应的重要方式，三地通过建立资源共享平台，同步发展信息，取长补短，对于前海乃至深圳是推动自身教育、医疗等薄弱环节快速发展的重要契机。

以教育资源的配置共享为例，不仅需要发挥粤港澳三地教育资源本身的优势，而且需要在此基础上进行整合，构建符合粤港澳大湾区教育资源共享的新模式。对此，可在前海尝试构建粤港澳大湾区教育联盟，搭建粤港澳大湾区特色教育园区，引进国际和港澳本地优秀人才、先进的企业行业与技术标准，探索构建中职、高职、应用型本科贯通培养模式。由政府相关管理部门带头，联合粤港澳三地院校、行业企业，面向粤港澳大湾区先进制造业、战略性新兴产业等紧缺人才培养领域，在行业企业和职业教育资源比较集中的地方，探索共建一批高投入、公益性、共享性、"四位一体"（集实践教学、社会培训与鉴定、企业真实生产和技术服务于一体）的高水平公共实训基地。此外，可制定出台粤港澳大湾区教育数据管理办法，创新数据采集手段，鼓励科技企业参与大数据采集分析，建立粤港澳大湾区教育资源共享网络平台,实现教育数据有序开放共享。优化跨境网络服务,允许湾区内高校在法律规定范围内交流分享教学数据。尝试制定完善印刷品入境管理办法,加大高校图书馆资源共享力度,打破学术自由化壁垒。

医疗资源的配置共享方面,粤港澳三地尝试从多个方面统筹进行公共卫生资源的配置。第一,建立具有独立建制、以法定机构模式运作的区域性传染病研究中心,建立粤港澳大湾区共同参与的一体化传染病实时监测平台,统一开展大湾区常见传染性疾病或者潜在传染风险疾病的病原和病种、快速检测方法、传播途径、易感人群和治疗方法研究,共同编制传染病实验室检测技术指南、标准化检测技术规程,实现传染病防控信息的实时监控,统一平台发布传染病疫情及监控数据。研究中心可先在前海试点建立,用于沟通深圳与港澳,发挥资源配置枢纽作用,疫情过后仍可继续存续,长期推进粤港澳三地医疗资源的协调配置。第二,实现公共卫生应急产业协同发展,利用粤港、粤澳联席会议,达成行政协议,共同编制中长期专项合作规划,消解同质化竞争,形成互惠互利的产业集群。该套机制可借助疫情推动建立并长期维护,以逐步促进粤港澳三地在医疗卫生领域的规则衔接。

(六)打通三地多行业的资质认可渠道

行业资质互认有利于打通粤港澳三地的专业人才流动渠道,发现各行业相关规则衔接的具体问题,推动规则衔接的路径探索与智力支持。特别是对专业资质有严格要求的法律服务业、医疗卫生、教育等领域,更需要探索三地资质的互认与对接,实际中这项工作虽然有所进展,但仍不够充分。例如,在法律服务业领域,内地律师、香港律师、澳门律师的执业资格跨区域互不认可;内地未设置"紧急仲裁员",也未设置调解员的专门资质要求;内地设置了专职的公证员,并规定了公证员的执业资格,而香港则由律师兼任公证员,未设置专门的执业资格;等等。虽然前海正在探索三地律师通过考核的方式实现跨区域执业,但由于该考试近期刚刚开展,港澳律师取得内地执业证后的执业范围等尚未明确，配套措施亦不健全。且该政策属于单向认可，虽然有利于打破原有三地规则、标准、资质和监管各自分立、互不相认的局面，但在资质相互认可方面仍有较长的路需要探索。又如，在医疗卫生领域，由于三地不同的医生遴选机制和执业发展环境，三地医生资质互认仍存在问题。香港规定外地医生一定要在香港考试，才可注册执业，而澳门需要持有澳门居民身份证者方可执业。内地则规定了港澳医护人员的执业年限（最高3年），且执业机构受到一定的限制。可见，三地各服务业领域需要完善与对接的内容还有很多。

2019年2月18日，《粤港澳大湾区发展规划纲要》针对专业服务业提出，"扩大内地与港澳专业资格互认范围，拓展'一试三证'范围，推动内地与港澳人员跨境便利执业"，这对湾区专业人才服务水平向更加专业化、高端化、国际化发展起到促进作用，引导粤港澳三地专业服务业融合发展。对此，前海可探索构建粤港澳职业资格互认统筹协调机制，对粤港澳专业人才在湾区内执业从业、职业资格互认有关事宜进行研究对接，包括但不限于法律服务、医疗、教育、金融服务等方面专业人才的资格互认，同时研究资格互认的方式与途径，如通过考试、考察等方式。通过降低或消除对专业人士跨区域执业的限制，使前海形成对人才的较强吸引力，推动湾区人才交流，从而促使粤港澳三地行业内部的交流沟通得以加强。当然，前海还可以通过举办三地各行业的座谈会、交流会、学术沙龙等方式，加强粤港澳三地行业内交流，逐步推动各行业专业资质的互认互通，进而达到三地规则相互衔接的目标。

（七）通过直接衔接国际规则，实现前海与香港的规则衔接

通过目前湾区内地各城市颁布的一系列与香港、澳门各领域规则衔接的政策可知，前海乃至整个内地都在探索如何与香港、澳门进行各个领域的规则衔接。相比而言，香港、澳门对三地规则衔接工作却并未投入太多精力，大湾区更多的是内地单向对接香港与澳门，而非三地规则的相互衔接。

对此，建议在一定程度上调整现有的思路，在部分领域，如仲裁、调

解、金融、投资、合规等方面可选择对接国际规则，特别是《承认及执行外国仲裁裁决公约》[①] 和《联合国关于调解所产生的国际和解协议公约》[②]等，通过与国际各公约、各标准的接轨，逐步实现前海与香港、前海与澳门的规则衔接，促进粤港澳三地的融合，同时也推动前海对外开放，促进前海的国际化发展。

[①] 即《纽约公约》，1958 年 6 月 10 日在纽约召开的联合国国际商业仲裁会议上签署，旨在处理外国仲裁裁决的承认和仲裁条款的执行问题。

[②] 即《新加坡调解公约》，2018 年 12 月经联合国大会审议通过，旨在解决国际商事调解达成的和解协议的跨境执行问题。

B.7
前海深化与港澳服务贸易自由化：
成绩、问题及建议

自贸区事务处课题组 *

摘　要：　为贯彻中央全面深化改革委员会"以更大力度推进贸易投资
便利化改革创新，促进自由贸易试验区高质量发展"要求，
前海深入推进实施内地与港澳服务贸易协议，努力构建适应
现代服务业发展的体制机制。推动对港澳多领域进一步开
放、推动专业资格互认和便利港澳人士在境内提供服务、促
进跨境支付便利化、优化港澳企业投资发展环境等方面的先
行先试探索。同时，在适用对象、开放模式、实施路径和授
权范围上还存在一些不足，应有针对性地改进和突破，进一
步提升与港澳服务贸易自由化水平。

关键词：　粤港澳　服务贸易协议　服务贸易自由化

"深入推进粤港澳服务贸易自由化"是广东自贸试验区成立以来始终坚
持的目标和任务。2021 年 7 月，中央全面深化改革委员会第二十次会议审
议通过了《关于推进自由贸易试验区贸易投资便利化改革创新的若干措
施》，明确提出要以更大力度推进贸易投资便利化改革创新，促进自由贸易
试验区高质量发展。前海立足深港合作，坚决贯彻落实相关工作部署，深入

---

　　* 课题组成员：靳光涛、周艳梅、寻错。执笔人：寻错，前海管理局自贸事务处干部。

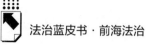

推进实施内地与港澳服务贸易协议，努力构建适应现代服务业发展的体制机制。

一　意义

（一）加快粤港澳大湾区建设

习近平总书记指出，"实施粤港澳大湾区建设，是我们立足全局和长远作出的重大谋划，也是保持香港、澳门长期繁荣稳定的重大决策"，并强调，"大湾区是在一个国家、两种制度、三个关税区、三种货币的条件下建设的，国际上没有先例。要大胆闯、大胆试，开出一条新路来"。《粤港澳大湾区发展规划纲要》明确提出，"加快发展现代服务业"，包括落实内地与香港、澳门服务贸易协议（CEPA），进一步减少限制条件，有序推进与国际接轨的服务业标准化体系建设，促进粤港澳在与服务贸易相关的人才培养、资格互认、标准制定等方面加强合作。提升内地与港澳服务贸易自由化水平，深入推进与港澳服务贸易自由化，实现大湾区服务贸易一体化发展，是粤港澳大湾区建设的重要内容。既能在具体的产业领域促进港澳融入国家发展大局，又能为建设富有活力和国际竞争力的一流湾区和世界级城市群增添助力。

（二）带动大湾区转型发展

广东制造业转型升级进入新的阶段，港澳发展空间的局限性也凸显出来，粤港澳服务贸易互补发展的需要日益增长。香港现代服务业（如金融、研发、商务服务等）优势明显，工业化后期的广东生产性服务业还不能适应工业化后期的客观需要。2018 年，广东服务业占比仅为 54.2%，比一般水平低 10 个百分点以上；生产性服务业占 GDP 的比重为 27.8%，与发达经济体相差 20 个百分点以上。未来，香港要稳固其金融、航运、贸易三大中心地位，澳门要破解"一业独大"的产业弊端，广东要发展生产性服务业、深化制造业转型升级，最明智的路径是利用广东毗邻港澳的地利之便，推动粤港澳服务贸易一体化纵深发展。能同时破解港澳服务业空间局限，服务广东产业转型升级，打造高质量发展的典范。

服务业市场开放程度不能满足新形势的需要，不利于粤港澳服务业融合发展。《内地在广东省向香港开放服务贸易的具体承诺》在教育、金融、会计等专业服务领域规定了 100 多项限制措施。实际操作过程中，港澳企业投资仍被视为外资来管理，在金融、贸易方面仍被视为不同的货币区、关税区来管理，难以实行真正的国民待遇。同时，在经济上"两制"的差异仍然巨大，而"一国"之下的融合发展也面临许多障碍。虽然 CEPA 规定了最惠待遇并进行了许多规则创新，但仍存在门槛过高、"大门开了小门不开"等问题。基于前海蛇口自贸片区深港合作战略任务，应以负面清单的改进优化为手段，体现深港合作特色，优先考虑向港澳服务提供者开放，尤其是商业服务业、金融服务业、运输服务业等，继续审慎改进，进一步促进与港澳现代服务业的协同发展。

（三）推动形成中国全面开放新格局

全球经济服务化趋势下，服务贸易是否发达，是全球自由贸易发展成色的试金石，也是衡量一个经济体经济发展质量的重要指标。香港和澳门是全球公认的自由港，服务贸易有深厚的历史渊源，也能为内地服务贸易发展提供鲜活的参照系。将粤港澳大湾区服务贸易一体化发展同自由贸易试验区建设结合起来，广东要对标国际服务贸易新规则，开拓服务贸易创新发展新路径，在制度开放方面先行先试。打造开放层次更高、营商环境更优、辐射作用更强的开放新高地，为中国参与以服务贸易为重点的新一轮全球自由贸易竞争争取先机。

（四）发挥自贸试验区示范带动作用

前海在示范带动方面具有先天优势，广东自贸试验区成立以来，前海积极推动投资便利化、贸易便利化、金融开放创新等八大板块制度创新。前海在跨境服务贸易上的开放举措，以及通过开放发展商业存在、跨境交付、跨境消费、自然人流动四种模式取得的成效等，可以实现以点带面辐射周边的效果，将自贸片区建设成为跨境服务贸易发展的先行示范区。

二 成绩

（一）推动对港澳金融、法律、航运等领域进一步开放

前海主要在 CEPA 框架下推动相关领域开放。2015 年，全国首家 CEPA框架下消费金融公司前海招联消费金融有限公司获得银监会批复开业。2016年，全国首家 CEPA 框架下港资控股公募基金公司恒生前海基金管理有限公司获准设立。2017 年，在 CEPA 框架下，证监会批准设立汇丰前海证券有限责任公司、东亚前海证券有限责任公司，港资合并持股比例分别为 51% 和 49%，其中，汇丰前海证券是内地首家港资控股证券公司。2018 年，推动大宗商品交易平台港交所联合交易中心正式开业，建立与国际接轨的大宗商品定价机制。截至 2021 年一季度末，前海注册港资金融企业 2704 家，占前海港资企业（11429 家）比重为 23.7%，居各主要行业首位。率先开展粤港澳联营律师事务所改革试点，全国 11 家粤港澳合伙联营律师事务所中有 6 家落户前海，华南地区仅有的两家外国律师事务所驻粤代表处落户前海。创新深港国际海员管理与服务，国家海事局批复同意国内首家外商独资海员外派机构骈林海事服务（深圳）有限公司将国际海员外派范围由香港籍船舶扩大至其管理的所有船舶，该政策的正式落地在全国尚属首例。试点取消海员外派机构资质、船业服务机构资质审批，使前海成为内地海员输出香港市场的新通道。允许在自贸试验区设立外商独资国际船舶管理企业，审批权限下放到省交通运输厅。

（二）推进省市专业资格互认先行先试试点，便利港澳人士在境内提供服务

香港注册税务师、会计师、律师、社会工作者、房屋经理（物业管理

师）、监理工程师、造价工程师、注册建筑师、注册城市规划师、注册结构工程师、房地产评估师等 11 类执业资格，可以通过资质认可、合伙联营、项目试点、执业备案等特殊机制安排到前海执业从业。2020 年 9 月，前海发布《香港工程建设领域专业机构资质备案管理办法》和《香港工程建设领域专业人士执业备案管理办法》两个制度文件，在施工、设计、监理等专业机构，以及建筑师、结构工程师、土木工程师、电气工程师、造价工程师、监理工程师等专业人士方面，实现香港与内地执业资质和资格对标。截至 2021 年 7 月 31 日，已有 6 个港资项目及 10 个政府投资项目作为试点，已完成 24 家专业机构、145 位专业人士备案。2021 年 1 月，《港澳涉税专业人士在中国（广东）自由贸易试验区深圳前海蛇口片区执业管理暂行办法》发布实施，前海全面放宽港澳涉税专业人士执业要求，包括取消资格考试，拓宽服务区域，放宽服务范围，取消执业年龄、合伙人资质、内地执业时间限制等，惠及近 2000 名港澳涉税专业人士。截至 2021 年 7 月 12 日，已有 62 名港澳涉税专业人士完成跨境执业登记，2 家合资税务师事务所完成行政登记。

（三）促进跨境支付便利化

持续推进跨境人民币业务创新发展。率先落实国家资本市场开放政策，落地全国首单外债宏观审慎管理试点业务并向全国推广，推动实现跨境人民币贷款、跨境双向发债、跨境双向资金池、跨境双向股权投资、跨境资产转让、跨境金融基础设施（FT 账户）等"六个跨境"。2015 年 4 月，前海金融控股有限公司在香港成功发行广东自贸区首单离岸人民币债券，规模 10 亿元，认购规模 131 亿元，12 倍超购，创近年来离岸人民币债券市场超额认购倍数最高纪录。2015 年 11 月，招商局集团（香港）有限公司成功在银行间市场公开发行了 5 亿元人民币短期融资券，是首单区内企业境外母公司"熊猫债"，也是全国首单公开发行的境外非金融企业"熊猫债"。2016 年 4 月，招商银行前海分行对香港瑞嘉投资实业有限公司成功发放广东自贸区首笔 NRA 跨境人民币贷款，标志着前海跨境人民币贷款业务双向打通。截至目前，前海跨境双向人民币贷款业务备案超 1000 亿元，实际提款规模近 400 亿元。截至 2021 年 6 月底，前海试点银行共开立 FT 账户 1263 个，累计交易金额折合人民币 934 亿元。为前海企业综合运用境内外两个金融市场提供了有力的基础设施支撑，为探索建立本外币一体化账户体系和国家资本项目有序开放提供重要支撑。

（四）优化港澳企业投资发展环境

实施外商投资"一口受理"升级版，企业办理营业执照和外商投资备案回执时限从自贸片区成立前的 20 个工作日减少到 2 个工作日。开通"深港通注册易"商事服务，香港投资者可以"足不出户"一站式注册深圳企业。推进深港两地通信领域合作，实现 WiFi 认证数据"深港通"，为香港用户提供公共 WiFi 网络服务。开展粤港跨境数字证书互认应用试点，支持港人港企使用香港数字证书在前海网办大厅登录办理业务。前海法院建立和完善港籍陪审员和港籍调解员制度，截至 2020 年 12 月，前海法院共受理涉外涉港澳台案件 10173 件（涉港案件 7092 件），适用香港法裁判数在全国法院中排名第一。

（五）为港澳人才在内地就业生活提供便利条件

将包括港籍人才在内的境外高端人才个人所得税税率降低至 15%。2013 年以来共认定八批次共 1611 人次前海境外高端人才和紧缺人才，发放个税财政补贴 7.4 亿元，其中 2020 年申报人数猛增至 508 人，港籍人才占总认定人数的 50% 以上，客观反映了此项政策影响力逐渐扩大，政策吸引力稳步提升。落实公安部支持广东和自贸区建设 16 条出入境政策，率先试点推出港澳居民免办"台港澳人员就业证"、缴纳住房公积金、外籍技术人才积分"中国绿卡"等创新举措，其中取消台港澳人员在内地就业许可已在全国复制推广。营造接轨香港的生活环境，人才保障住房优先面向港籍人才配租，发行通信"前海卡"、深港交通"互通行"卡等，让区内创业就业港人安居乐业。打造深港青年"双创"平台。前海深港青年梦工场被团中央授予全国唯一"青年创新创业跨境合作示范区"，并入选深圳市首批十家双创示范基地，已孵化香港创业团队 224 家。

三 存在的问题

一是开放的适用对象问题：受制于"香港服务提供者"概念和较高的门槛，部分领域的开放进程较慢。根据 CEPA 附件 5，香港服务提供者包括自然人和法人，自然人是指香港永久性居民，法人是指根据香港适用法律适当组建或设立的任何法律实体，无论是否以盈利为目的，无论属私有还是政府所有，包括任何公司、基金、合伙企业、合资企业、独资企业或协会（商会），但是须在香港从事实质性商业经营至少 3 年以上。从上述定义可以看出，外资企业只要在香港注册或登记设立附属机构，并达到在香港从事实质性商业经营的年限要求，就能被视作香港服务提供者，可享受 CEPA 框架下的对港开放措施。如果放宽香港服务提供者进入某个外商投资限制类行业的准入条件，也就相当于放宽在香港有附属机构的外国投资者进入该外商投资限制类行业的准入条件；如果准许香港服务提供者进入某个外商投资禁止类行业，也就相当于准许在香港有附属机构的外国投资者进入该外商投资禁止类行业。CEPA 框架使用香港服务者的概念，包括香港本土企业、香港外资企业和香港永久性居民，对香港服务提供者进入内地市场设定了准入条件。从维护国家利益角度考虑，部委在向香港服务提供者扩大开放外商投资限制类、禁止类行业和业务时会十分慎重。

此外，香港的中小企业占据较大比重，而 CEPA 框架下开放的门槛较高。例如，"申请设立直销企业，应当有 3 年以上在境外从事直销活动的经验"相关规定，致使对港开放措施的惠及面较小。最新版《内地在广东省向香港开放服务贸易的具体承诺》中仍有 100 多项限制措施，集中在教育、金融、会计等专业服务领域，香港服务业 90% 以上的本土中小企业和青年创业团队享受不到该政策。

二是开放的模式问题：主要对商业存在开放，其他三种模式涉及较少。服务贸易是指：①跨境交付，从一方境内向任何其他成员境内提供服务；②境外消费，在一方境内向任何其他成员的服务消费者提供服务；③商业存在，一方的服务提供者在任何其他成员境内以商业存在提供服务；④自然人流动，一方的服务提供者在任何其他成员境内以自然人的存在提供服务。上述①②④统称为跨境服务。目前CEPA负面清单统一列明商业存在及跨境服务领域对港澳服务和服务提供者采取的与国民待遇不一致、市场准入限制、当地存在要求等特别管理措施，跨境服务方面的特别管理措施则较少，主要是通过正面清单的方式管理，影响外资进入服务贸易领域的进程，不利于服务贸易自由化。

三是开放后的实施路径问题：具体实操性的实施办法等落地少，影响CEPA的推进进程。根据CEPA附件5，在香港服务提供者为法人的情况下，为取得CEPA给予的待遇，申请者应提供香港工业贸易署出具的"香港服务提供者证明书"。从香港工业贸易署公布的数据看，截至2018年5月31日，香港服务提供者证明书累计签发仅3217份。这是因为，CEPA及其补充协定对行业的开放只作了简单的描述，具体实施的细则尚欠缺，这类问题很大程度上削减了港商来内地投资的热情和规模。《香港法律执业者和澳门执业律师在粤港澳大湾区内地九市取得内地执业资质和从事律师职业试点办法》（国办发〔2020〕37号）是一个很好的示范，该办法对于报名资格、考试规定、申请执业部门、业务范围、组织管理等进行了详细规定和说明，对于符合条件的香港法律执业者和澳门执业律师通过粤港澳大湾区律师执业考试，取得内地执业资质的，可以从事一定范围内的内地法律事务具有积极作用。

四是开放的授权问题：国家授权仍不充分，推进服务贸易开放创新难度较大。党的十九大提出，"赋予自由贸易试验区更大改革自主权"，但目前对地方自贸试验区下放具体权限特别是审批权限的比较多，而给予自主改革开放权限的比较少。例如，对于外商投资、对外投资等管理，仍然采用全国统一的管理办法，不允许地方开展自主探索。对中央直属机构（如海关、海事等部门）支持驻地机构配合自贸试验区推进制度创新、推动高水平开放的授权也较少。相关的容错机制也还未有效建立起来。这些都限制了地方的自主探索，使得对外开放政策沟通成本过高、程序过于复杂，最终导致自贸试验区的制度创新缺乏突破性、集成性。

五是和国际接轨的问题：与高标准国际服务贸易规则的对接存在障碍。CPTPP、USMCA、EPA 等协定，对服务贸易国际规则设定了更高的标准。USMCA 共包含 34 章内容，其中第 13 章政府采购、第 14 章投资、第 17 章金融服务、第 19 章数字贸易、第 20 章知识产权等专门针对服务贸易的各个领域作出了不同的细致规定。例如，条款 17.5 规定，任一缔约方不应对其他缔约方的金融产品或服务供应商设置包括分支机构数量、垄断性和排他性要求、交易金融、交易数量、吸纳就业人数等方面的限制。但这些限制性措施在CEPA 框架下仍然较多，相关国际规则的出现，无疑对中国服务贸易的发展提出了更高的挑战，需要进一步衔接国际经贸规则，促进与国际经贸规则接轨。

四 建议

第一，关于主体问题，建议跳出 CEPA 框架解决港资的国民待遇问题。《外商投资准入特别管理措施（负面清单）（2020 年版）》规定："《内地与香港关于建立更紧密经贸关系的安排》及其后续协议、《内地与澳门关于建立更紧密经贸关系的安排》及其后续协议、《海峡两岸经济合作框架协议》及其后续协议、中国缔结或者参加的国际条约、协定对境外投资者准入待遇有更优惠规定的，可以按照相关规定执行。在自由贸易试验区等特殊经济区域对符合条件的投资者实施更优惠开放措施的，按照相关规定执行。"因此，可在此前提条件下，尽快出台自贸试验区适用的跨境服务贸易负面清单（统一版）和跨境服务贸易负面清单（港澳版），其中港澳版的开放力度大于统一版本，适用对象仅限于香港永久性居民、香港本土企业，将香港外资企业排除在外。

第二，关于模式问题，建议通过一张清单体现跨境交付、境外消费、商业存在、自然人流动四种模式的限制性措施，使得外商投资者可以一目了然了解跨境服务贸易特别管理措施，提升政策透明度。建议加大从市场准入开放向制度型开放转变力度，推进内地与港澳的标准、规则和制度对接。推动粤港澳对接、以信用为基础的市场管理体系与资格互认体系。允许符合港澳标准和相关制度规定的服务业企业、具备相关职业资格的人员，在广东备案审核后直接开展相关业务活动。

第三，关于实施路径问题，建议加大协调力度，在相关负面清单出台后，后续制定一系列实施方案或者办法，并规定时限，促进框架下的政策具体可操作、可落地，促进港澳投资者在内地享受实实在在的优惠。建议选取前海等重点区域探索开展服务贸易对外开放的压力测试，支持试点区域的地方政府出台专项措施，推动在国际上处于领先地位的优势企业开展全球化布局，构建全球服务支持体系。以体制机制创新为重点，推动粤港澳服务体系全面对接。将"港人港税、澳人澳税"的政策覆盖整个大湾区，以税收为杠杆加强大湾区对港澳高端人才的吸引力。实现粤港澳通关监管服务一体化，货物"一次认证、一次检测、三地通行"，将人员"一签多行"政策覆盖广东全省，建设粤港澳通关电子平台，实现粤港澳信息互通和执法互助。探索设立粤港澳金融协调监管委员会，在互设金融机构、货币互换和汇兑机制、互相信用支持、金融信息交换、金融风险防范和合作监管机制等方面开展广泛的监管和服务合作。服务业市场开放程度不高是粤港澳服务业融合发展的重大障碍，因此建议：一是将自贸试验区探索成熟的开放政策等制度创新成果应用到整个粤港澳大湾区，实现对港澳服务业开放政策的地理范围扩容；二是提升广东负面清单制定过程中的参与度和自主权，在大湾区实施更加宽松的特殊市场准入政策；三是与港澳在旅游、金融、教育、文化娱乐、医疗健康等产业项下加大自由贸易创新探索力度。

第四，关于授权和接轨问题，建议进一步加强对推进服务贸易的指导。自贸协定的地方试验如何充分开展，对自贸区建设提出了新挑战和更高要求。建议中央部委加强对国际经贸协定在地方落地的指导，促进地方与高标准国际服务贸易规则对接。前海也需要加大对国际经贸规则的研究力度，加密和中央部委的汇报沟通频次，促进国际经贸规则与前海实际情况的结合。

B.8
迪拜国际金融中心金融法治建设
经验及对前海的启示

前海地方金融监管局课题组 *

摘　要： 迪拜国际金融中心通过构建国际化法治环境，推行民商事法
律体系转变和普通法规则移植，在国际金融中心的竞争中实
现后发崛起、"弯道超车"。本文通过对迪拜国际金融中心
金融法治建设方面成功经验的总结分析，提出前海深港国际
金融城法治建设方面的相关建议，实现高水平谋划、高标准
建设，探索国际金融规则对接、制度衔接，争取打造为深港
合作新标杆。

关键词： 迪拜国际金融中心　国际化法治环境　前海深港国际金融城

深圳市委、市政府出台的《深圳市建设中国特色社会主义先行示范区
的行动方案（2019～2025年）》（深发〔2019〕13号）及深圳市发改委发
布的《深圳市建设中国特色社会主义先行示范区重点工作计划（2020～
2022年）》要求，前海对标迪拜金融管理局有关做法，大力引进国际金融机
构，推动前海金融业集聚发展，打造前海国际金融城。深圳市委《关于制
定深圳市国民经济和社会发展第十四个五年规划和二〇三五年远景目标的建
议》将建设前海深港国际金融城列为"十四五"期间重点任务。2021年4

---

* 课题组成员：张平、赵娇、赵晨。执笔人：张平，前海地方金融监管局副局长；赵娇，前海
地方金融监管局主任；赵晨，前海地方金融监管局高级助理。

月，深圳市委主要领导调研前海深港国际金融城，对前海深港国际金融城建设提出了高要求、高期待，指出要将高质量发展要求贯穿金融城规划、建设全过程，重点集聚港澳和国际金融机构，建设更高水平的国际化深港合作平台，把空间用起来、人气聚起来、产业旺起来。

迪拜国际金融中心（DIFC）位于阿拉伯半岛中部，波斯湾的东南海岸，地处欧亚非商贸中心地带，毗邻迪拜国际机场、沙迦国际机场、阿勒马克图姆国际机场等三大区域航运枢纽，紧邻拉希德港、哈立德港、阿治曼港、杰贝阿里港、扎耶德港等中东重要海运节点，交通条件便利，区位优势显著。总体与前海位于珠江口东岸，临近香港国际机场和深圳宝安国际机场、背靠深圳港和香港港的区位条件相仿。

在国际金融中心的竞争中，建立于 2004 年的 DIFC 通过引入普通法规则，快速构建起接轨国际通行规则的法律体系，形成国际化法治环境，实现了后发崛起、"弯道超车"。在历届全球金融中心指数（GFCI）排名中，DIFC 最高位列第 8 位，成为当时中东和南亚地区唯一进入全球前十的金融中心。DIFC 是建立在伊斯兰法基础上的普通法特区，在阿拉伯世界和阿拉伯法系中开辟了一个金融创新发展的"绿洲"，主动融合全球金融资源，对接全球金融规则，十多年来不仅没有对本国金融秩序造成冲击，而是极大提升了迪拜乃至阿拉伯联合酋长国的国际影响力和竞争力。

综上所述，DIFC 在金融法治建设方面的成功经验，对于规划建设前海深港国际金融城具有很强的借鉴意义。

一　DIFC 构建国际化法治环境的路径

21 世纪初，伦敦、纽约、东京、中国香港等已经成为国际公认的金融中心，牢牢占据着全球金融产业的核心主导地位；同时期在阿拉伯联合酋长国内，阿布扎比、沙加作为联邦传统的金融中心，在客户资源、产品服务、人才储备等方面有非常明显的先发优势。在这种格局下，迪拜谋划建设国际金融中心必须超越传统路径，否则就会陷入"以己之短搏人之长"的不利局面，一种比较可行的办法是探索"制度超越"。因此，迪拜建设国际金融中心的核心思路就是划定法治特区，一方面推行民商事法律体系转变和普通法规则移植，另一方面实行司法制度再造，在划定的特区内实现金融规则、资源、标准等与全球对接。这一思路的具体工作路径如下。

第一步：修改宪法。阿拉伯联合酋长国联邦宪法第 121 条原本将金融制度的立法权限设定为联邦专属立法权，联邦各酋长国不能对金融领域事项立法。2004 年，修改后的宪法第 121 条规定，"阿联酋联邦拥有设立金融自由区以及决定区内法律适用豁免范围的专属立法权"。

第二步：联邦层面授权立法。首先，在联邦层面通过制定《阿拉伯联合酋长国金融自由区法》①（*The Financial Free Zones in the United Arab Emirates, Federal Law No. 8 of 2004*），允许阿拉伯联合酋长国通过联邦法令，在特定地点设立金融自由区，废除所有联邦民商事法律在金融自由区的适用，但联邦刑法及反洗钱法在金融自由区依然适用②，授权金融自由区可以在此基础上自由创设法律。此后，联邦政府通过法令正式成立 DIFC。2004 年 6 月，阿拉伯联合酋长国总统扎耶德签署联邦 35 号法令（Federal Decree, No. 35 of 2004），法令确定迪拜金融自由区的地点，确定其官方名称为 DIFC，并要求联邦各主管当局在自己的业务范围内支持 DIFC 建设。

第三步：地方层面授权立法。迪拜酋长国出台《迪拜国际金融中心基本法》（*The Law of the Dubai International Financial Centre, No.（9）of 2004*），明确 DIFC 的行政和财务完全独立；明确 DIFC 的基本组织架构，设

---

① 金融自由区法明确，阿拉伯联合酋长国内的金融自由区应当由联邦内阁依据该法设立。内阁在决定设立金融自由区时，应当明确金融自由区的地理位置和面积。内阁在决定设立金融自由区时，应当以 4 年为限。

② 金融自由区法第 3 条规定："阿拉伯联合酋长国内的金融自由区应当遵循联邦反洗钱法律和其他联邦法律，金融自由区可以对联邦民商事法律予以例外适用。"这是关于金融自由区最重要的条款设置，授予了金融自由区法律体系改革创新的权力。只要不违反联邦反洗钱及相关法律的规定，就可以自由创制金融自由区内的法律规则。

立"迪拜国际金融中心管理局"（DIFCA）①、"迪拜金融服务管理局"
（DFSA）② 和"迪拜国际金融中心司法管理局"（DIFC Judicial Authority）③
三个核心部门；宣布在特定条件下，免除迪拜酋长国法律和规则在 DIFC 的
适用，并授予 DIFCA 和 DFSA 制定立法草案的权利。2004 年 9 月，迪拜酋
长国出台《监管法》[*Regulatory Law*, *No.*（*1*）*of 2004*]，确定 DIFC 的金
融服务与监管架构，并赋予 DFSA 制定各类金融规则的权利（见图 1）。

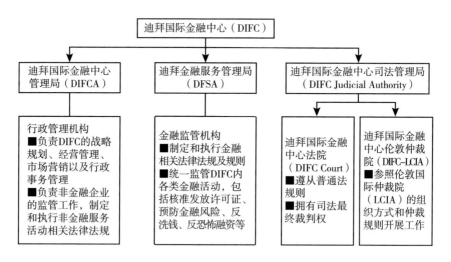

图 1　DIFC 的基本组织架构

第四步：创制新法。《阿拉伯联合酋长国金融自由区法》和《迪拜国际金
融中心基本法》免除了刑事和反洗钱之外的联邦法律、迪拜法律在 DIFC 的适
用，使得 DIFC 成为"法治特区"。DIFC 几乎是在法律完全空白的情况下，以

---

① 迪拜国际金融中心管理局（DIFC Authority，DIFCA）负责不受 DFSA 监管的非金融服务活
　动相关法律法规的制定和执行，另外还负责 DIFC 的战略规划、经营管理、市场营销以及行
　政事务管理。

② 迪拜金融服务管理局（Dubai Financial Services Authority，DFSA）相当于金融监管机构，负
　责金融相关法律法规规则的制定和执行，其权力包括核准发放许可证、预防金融风险、制
　裁金融违规行为等。

③ 按照《迪拜国际金融中心基本法》，迪拜国际金融中心应当设立如下机构：迪拜国际金融
　中心管理局、迪拜金融服务局和争议解决机构，其中争议解决机构也即迪拜国际金融中心
　司法管理局（DIFC Judicial Authority）。

普通法原则为基础，建立了一套与国际通行规则接轨的法律规则体系。

第五步：明确细化法律适用问题。阿拉伯联合酋长国议会制定出台《阿拉伯联合酋长国金融自由区法实施细则》（*On the Implementing Regulations of Federal Law No. 8 of 2004, Concerning Financial Free Zones Cabinet Resolution No. 28 of 2007*），作为一般法，进一步强调联邦所有经批准的金融自由区需要遵守反洗钱和反恐怖主义金融的联邦法律，补充规定了在 DIFC 内开展各类金融活动的首要原则。

总的来说，在设立 DIFC 之前，阿拉伯联合酋长国通过修订宪法以及在联邦和地方层面修法的方式，授予 DIFC 金融自由区特别定位，废除联邦和地方层面法律在 DIFC 的适用，授予 DIFC 特别立法权。此后，DIFC 以普通法原则为基础，效仿英格兰及威尔士法律模式，使外资企业不必遵守以伊斯兰教义为主要组成部分的民商事法律，并采用英语为官方语言，打造符合国际金融发展要求，并且符合迪拜特殊性的民事和商业法律法规，为金融服务和相关产业的发展提供了最佳的法律和监管框架。

二　DIFC 构建国际化法治环境的经验

从 2002 年迪拜王储宣布建设国际金融中心，到 2004 年 DIFC 正式成立，再到 DIFC 对全球金融资本形成强大的集聚效应，"迪拜模式"逐步成为世界关注的热点。"迪拜模式"除了"制度超越"，在技术层面实现法律体系的转变之外，深层次要素是对自由市场、财产和意思自治规则以及司法权威的尊重。

从"迪拜模式"的成功经验可知，国际金融中心建设需要有一流的法治环境，这种一流具体体现在立法、执法和司法三个环节。一是立法环节，要求关于金融发展和管制的立法必须科学合理、符合金融发展规律。二是执法环节，要求所有的金融监管措施不但要合法，而且要合理。合理的要求包括管制手段符合管制目的，管制程度符合最小伤害原则，管制裁量遵循行政指引。三是司法环节，要求司法必须是专业、高效且公正的。具体经验如下。

（一）立法先行，奠定 DIFC 法治基础

一是实际立法工作下放至迪拜国际金融中心管理局和迪拜金融服务管理局。DIFC 的民商事法律体系包括三个层次①，分别为迪拜国际金融中心法律（DIFC Law）②、迪拜国际金融中心法规（DIFC Regulations）③、规则指引（Rules）④，适用效力均被限定在 DIFC 内。按照立法权配置，迪拜国际金融中心法律（DIFC Law）的立法权归属于迪拜酋长国国王，但在实际运作中，这些法律草案几乎都是由迪拜国际金融中心管理局（DIFCA）和迪拜金融服务管理局（DFSA）起草。考虑到这些立法工作极强的专业性和封闭性，起草法律草案的权力几乎可以等同于事实上的立法权。因此，DIFC 的立法工作实际由 DIFCA 和 DFSA 承担，其起草主体为 DIFCA 和 DFSA 董事会。

二是专家立法和广泛的专业力量参与。一方面，立法人员具有极强的市场特性和专业特性。根据《迪拜国际金融中心基本法》和《监管法》规定，负责法律规则起草的迪拜国际金融中心管理局（DIFCA）和迪拜金融服务管理局（DFSA）董事会成员应当在金融服务、银行、保险和资本市场享有盛誉，并且具有丰富的从业经验。另一方面，DIFC 法律草案必须对外公布，且需征询 DIFC 内的金融机构、欧盟、国际标准制定组织、国际证监会组织（IOSCO）、反洗钱金融行动特别工作组（FATF）、国际保险监督官协会（IAIS）以及巴塞尔银行监管委员会等机构的意见。这种模式类似于"立法

---

① 联邦法律（Federal Law）和迪拜酋长国法律（Dubai Law）涉及的是刑事问题，因此并不属于 DIFC 民商事法律体系组成部分。

② 迪拜国际金融中心法律（DIFC Law）是由迪拜酋长国国王批准颁布，仅在 DIFC 区域范围内具有法律效力的酋长国法律。

③ 迪拜国际金融中心法规（DIFC Regulations）是由迪拜国际金融中心管理局董事会（the Board of Directors of the DIFCA）和迪拜金融服务管理局董事会（the Board of Directors of the DFSA）制定颁布的，一般是对 DIFC Law 的细化或对 DIFC Law 的空白领域进行补充立法。

④ 迪拜国际金融中心规则和指引（the Rules）是由迪拜金融服务管理局董事会（the Board of Directors of the DFSA）所制定的专门针对金融监管的规则和指引，适用对象限于 DFSA 的金融服务和监管事项。

公众参与制度"，不同的是，这种公众参与是排斥民主性的，它基于金融立法的"质量要求"而将参与范围限定在专业机构内。

三是注重接轨国际通行规则及创设宽松的法律环境。普通法规则在世界各金融中心具有相当高的认可度，为金融创新预留了充分的空间，且对金融投资者权益保护更具效率。DIFC 对普通法中的各类金融立法和判例进行了系统归纳，出台了《监管法》《信托法》《信托投资法》《集体投资法》《市场法》《伊斯兰金融业务法》等金融类法律，采用普通法规则，尽可能减少规则转换成本，为国际投资者提供国际化的法治环境。特别是《信托法》和《信托投资法》，DIFC 允许委托人、受托人和受益人根据客观条件选择法律适用，目的是创设尽可能宽松的法律环境，为 DIFC 打造财富管理中心提供制度支撑。这是打造前海深港国际金融城可借鉴的战略安排。

（二）统一规范执法，营造良好的金融发展环境

DIFC 金融监管主要由迪拜金融服务管理局（DFSA）负责，由《监管法》进行规范，它具有以下几个特点。

一是 DFSA 统一监管各类金融活动。DFSA 是根据《监管法》设立的独立监管机构，负责管理 DIFC 各类金融活动，监管范围包括资产管理、银行和信贷服务、集体投资基金、托管和信托服务、证券、保险、商品期货交易、伊斯兰金融、国际股票交易所、国际商品衍生品交易所等。此外，它还负责监督和执行反洗钱和反恐怖融资的规定，以及获迪拜国际金融中心公司注册处授权调查 DIFC 的公司和合伙业务事务。其权力包括核准发放许可证、预防金融风险、制裁金融违规行为等。

二是 DFSA 根据法律规定运作。DFSA 的组织架构、运行目标和职责权限等均由 2004 年迪拜酋长国出台的《监管法》规定，该法授权 DFSA 制定规则的权力；规定 DFSA 董事会和董事会执行主席的权力和职能；授予 DFSA 限制、制裁和处罚金融违法行为的权力，规定监管和调查人员的权力；规定公司或个人审批的标准和程序；同时规定 DFSA 各种信息披露的责

任和义务及决策程序。

三是规范 DFSA 权力运作。鉴于 DFSA 拥有相当大的权力，为确保其合法合理运作，《监管法》要求 DFSA 设立金融市场裁决处（Financial Markets Tribunal，FMT）。FMT 负责审查 DFSA 所做的各类决定，当事人对 DFSA 决定的合法性与合理性存在疑问的，可以要求 FMT 对相关决定进行合法性与合理性审查，这对提升 DIFC 整体的金融发展环境和投资者信心有至关重要的作用。

（三）强化司法保障，塑造一流的法治形象

在普通法系中，普通法法院所遵循的判例制度具有"造法"功能，因此司法制度配套较大陆法系更为关键。DIFC 的配套司法安排包括迪拜国际金融中心法院（DIFC Court）和迪拜国际金融中心伦敦仲裁院（DIFC-LCIA）两大部分。

一是迪拜国际金融中心法院。它对 DIFC 内的所有民事和商业纠纷和与中心内注册机构和公司有关的纠纷具有专属管辖权，采用原审法院和上诉法院两级架构。DIFC 法院具有两大显著特点：其一，遵从普通法规则，其庭审和文件全部使用英语，同时允许民商事纠纷主体自由选择适用 DIFC 法律以外的其他法律；其二，拥有司法最终裁判权，使得 DIFC 区内形成了从立法、执法到司法的完整链条。在执行方面，DIFC 法院通过与迪拜法院以及迪拜以外的阿拉伯联合酋长国其他地区法院签订执行协议或谅解备忘录的形式，使得其判决可以在阿拉伯联合酋长国其他法院得到执行。

二是迪拜国际金融中心伦敦仲裁院。它是伦敦国际仲裁院（LCIA）在 DIFC 设立的分支机构，成立于 2008 年，其最大特色在于几乎完全按照 LCIA 的组织方式和仲裁规则开展工作，目的是尽快与国际通行的规则接轨，同时借助 1892 年成立的 LCIA 在世界范围内享有的良好声誉和影响力，用最短的时间为 DIFC 树立一流的法治形象。

三 前海法治资源现状分析

一是立法方面，前海的有利条件在于，可以充分运用深圳经济特区立法权。根据 1992 年七届全国人大常委会第二十六次会议通过的《全国人民代表大会常务委员会关于授权深圳市人民代表大会及其常务委员会和深圳市人民政府分别制定法规和规章在深圳经济特区实施的决定》规定，深圳可以在遵循宪法规定以及法律和行政法规基本原则的前提下，对已有相关立法的具体规定作出变通规定①。

但前海存在的局限是，尽管深圳享有经济特区立法权，但这只是变通的权力，深圳不能制定或创设涉及中央事权的法律。而涉及金融的法律法规为中央事权，这与 DIFC 成立前迪拜所面临的困境是一致的。

二是执法方面，前海的有利条件在于，2018 年国务院《进一步深化中国（广东）自由贸易试验区改革开放方案》明确提出，"探索在前海蛇口片区开展金融综合监管试点，在依法合规的前提下，实施以合作监管与协调监管为支撑的综合监管"。2020 年 8 月，深圳市人大常委会审议通过《深圳经济特区前海蛇口自由贸易试验片区条例》《深圳经济特区前海深港现代服务业合作区条例》，授予深圳市前海地方金融监督管理局在前海合作区（自贸片区）行使市级地方金融监督管理职权，规定其可以开展以合作监管与协调监管为支撑的金融综合监管试点。但这与 DIFC 设立独立监管机构迪拜金融服务管理局（DFSA）、统一监管 DIFC 各类金融活动相比，在监管对象及范围上还存在较大差异。

三是司法方面，前海的有利条件在于，深圳前海合作区人民法院②、深

---

① 同时，国务院《前海深港现代服务业合作区总体发展规划》中写明："全国人大常委会授予深圳经济特区立法权。深圳根据授权在金融、专业服务等现代服务业领域率先进行了立法探索，积累了立法经验。前海可充分利用经济特区立法权，进行先行先试和制度创新，营造适合服务业开放发展的法律环境。"
② 深圳前海合作区人民法院除了管辖前海区内一审案件外，还集中管辖深圳市一审涉外、涉港澳台商事案件，前海法院受理的涉港商事案件数量位居全国法院第一，积累了大量的涉外法律纠纷审判经验。

圳金融法庭①、最高人民法院第一巡回法庭②及第一国际商事法庭、深圳国际仲裁院构建起了"三审级双终审"格局。全市金融案件二审、全市一审涉外、涉港澳台商事案件统一由落户在前海区内的法院管辖,为处理金融纠纷及涉外法律纠纷积累了大量的审判经验。同时,前海正致力于高标准建设国际法务区,落实《粤港澳大湾区发展规划纲要》提出的"联动香港打造国际法律服务中心和国际商事争议解决中心",法治配套设施将进一步完善。

但前海面临的障碍在于,前海不具备司法制度安排创新权力,根据《立法法》,司法制度等事项属于中央绝对保留事权,有关司法制度的所有安排设计,都只能由全国人大及其常委会通过法律形式作出,前海无法探索实行普通法法院制度,这是与 DIFC 司法体制存在的最大区别。同时,前海直接引入国际仲裁机构在法律上无可行性。服务贸易总协定(GATS)对服务贸易采用"正面清单"模式,也即除非一个国家在其"减让表"中公开将某项服务列入,否则此项服务就不对外开放。考虑到涉及主权问题,中国加入 WTO 时并未承诺开放外国仲裁机构在中国内地从事商事仲裁服务贸易。

四 相关建议

借鉴 DIFC 构建国际化法治环境的路径和经验,建议首先从立法方面寻求突破,推动全国人大及其常委会授予深圳市人大及其常委会对金融及金融相关税收的法规制定权。实现立法突破后,由深圳市人大及其常委会有针对性地制定在前海合作区实施的金融相关法规规则,同时积极探索创新前海深港国际金融城体制机制。具体如下。

---

① 根据深圳市编委的批复,深圳金融法庭为副局级建制,主要审理深圳市辖区内除基层人民法院管辖范围之外的第一审金融民商事案件、不服基层人民法院审理的第一审金融民商事案件裁判的上诉案件,并履行对辖区基层法院金融民商事审判指导职能,系专门的金融审判机构。

② 其作为最高人民法院派出的常设审判机构,主要审理广东、广西和海南三省区跨行政区划的重大行政和民商事案件。

（一）推动中央层面进行立法授权

探索推动全国人大及其常委会进行立法授权，授予深圳市人大及其常委会对金融及金融相关税收的法规制定权。深圳市人大及其常委会出台"前海深港国际金融城条例"，明确前海深港国际金融城的定位、运行机制、规则体系，先行先试与国际接轨的金融及金融相关税收规则。

该模式有立法先例，具有一定的可行性。2021 年 6 月 10 日，《海南自由贸易港法》由第十三届全国人民代表大会常务委员会审议通过，开创了新的授权立法模式。根据《立法法》相关规定，在涉及"基本经济制度以及财政、税收、海关、金融和外贸的基本制度"等内容时，只能由全国人大及其常委会制定法律。而《海南自由贸易港法》① 授予海南省人大及其常委会贸易、投资及相关管理活动法规的制定权，在海南自由贸易港范围内实施。前海深港国际金融城可借鉴此立法模式，通过推动全国人大及其常委会进行立法授权，将涉及国家层面法律保留和应当由国务院制定行政法规的金融事项立法权授予深圳市人大及其常委会。

（二）构建与国际接轨的金融规则体系

深圳市人大及其常委会根据授权制定前海深港国际金融城相关法规规则，构建接轨国际金融通行规则的制度体系。

一是在立法技术上，建议引入普通法规则。普通法系所确立的金融规则是在国际商业惯例基础上演化而来，具有普遍的适用性。随着经济全球化的发展，在世界范围内已经形成一种"全球市场文化"。跨国法律规则在这种"全球市场文化"基础上得以迅速发展，世贸组织所确立的基本法律原则正在逐步成为全球化贸易的法律基础，法律的国际性特征日益明显。因此，前

---

① 《海南自由贸易港法》第 10 条规定："海南省人民代表大会及其常务委员会可以根据本法，结合海南自由贸易港建设的具体情况和实际需要，遵循宪法规定和法律、行政法规的基本原则，就贸易、投资及相关管理活动制定法规（以下称海南自由贸易港法规），在海南自由贸易港范围内实施。"

海可以通过借鉴或移植，积极参与全球化竞争。考虑到迪拜已经对普通法中的各类金融立法和判例进行了系统归纳，同时香港实行普通法规则，前海建设深港国际金融城规则体制时，可以将迪拜、香港作为规则引入的中转通道。

二是在立法内容上，建议从信托和财富管理领域着手进行立法。一方面，毗邻香港的区位优势以及粤港澳大湾区庞大的社会财富，使前海具备建立跨境财富管理中心的物质条件，信托制度可以为庞大的社会财富找到一个出口，满足建设前海深港国际金融城最迫切、最紧要的发展需求。同时，纵观金融中心的发展历史，英国以后发优势超越巴黎，以及 DIFC 以后发优势跻身国际金融中心，两者有一个共同之处在于对信托制度的创新与完善，信托制度对于国际金融中心发展至关重要。另一方面，普通法关于信托制度的规则出现了成文法编纂趋势①，信托的司法判例不断被吸纳进成文法，为法规编撰提供了非常有利的条件。

（三）探索创新金融城体制机制

借鉴 DIFC 的基本组织架构，设立前海深港国际金融城行政管理机构、综合监管机构和司法协调机构。行政管理机构、综合监管机构在全国人大及其常委会授予深圳市人大及其常委会对金融及金融相关税收的法规制定权后，具体承担相关法规的起草工作。其中行政管理机构相当于 DIFC 的迪拜国际金融中心管理局，负责前海深港国际金融城的战略规划、经营管理、形象维护、招商引资以及行政事务管理，以及非金融服务活动相关法规的起草工作。综合监管机构相当于 DIFC 的迪拜金融服务管理局，探索整合现行银

---

① 如英国针对信托业发展先后出台了《受托人法》（*The Trustee Act*）、《司法受托人法》（*Judicial Trustee Act*）、《公共受托人法》（*Public Trustee Act*）、《公共受托人报酬法》（*Public Trustee Fee Act*）、《受托人投资法》（*Trustee Investment Act*）、《慈善受托人社团法》（*The Charitable Trustee Incorporation Act*）、《国家信托机构法》（*The National Trust Act*）、《地方当局的股票投资公司信托法》（*Local Authorities' Mutual Investment Trust Act*）、《信托承认法》（*The Recognition of Trust Act*）、《慈善信托确认法》（*The Validation of Charitable Trust Act*）、《信托变更法》（*The Variation of Trust Act*）等十几部成文法律。

行业、保险业、证券业监管部门以及地方金融监管部门的监管职权，对金融城内各金融业态实行综合监管，负责金融类法规的起草工作，出台规范金融活动的各类规则指引。司法协调机构类似于 DIFC 的迪拜国际金融中心司法管理局，负责提升金融司法环境，加强金融法治和基础设施建设，可与前海国际法务区建设统筹推进。

司 法 建 设

Judicial Construction

B.9

前海法院创新构建跨境
商事纠纷化解体系

深圳前海合作区人民法院课题组 *

摘　要：　前海法院努力建设司法公信力、法治竞争力、改革创新力、
国际影响力卓著的先行示范法院，营造国际一流市场化、法
治化、国际化营商环境。前海法院完善国际化多元纠纷化解
平台与机制，深化国际化专业化精细化诉源治理新模式，积
极推动建立契合开放型经济发展的规则衔接体系，不断创新
与港澳民商事司法互助和交流新机制，依托智慧法院建设不
断提升跨境纠纷解决便捷度，为新时代全面深化前海合作区
改革开放提供坚实的司法保障。

---

　*　课题组成员：谢雯、刘星雨、潘泽玲、潘隽吉。执笔人：谢雯，深圳前海合作区人民法院法官；刘星雨，深圳前海合作区人民法院法官助理；潘泽玲，深圳前海合作区人民法院法官助理；潘隽吉，深圳前海合作区人民法院法官助理。

关键词：　营商环境　跨境纠纷　规则衔接　司法交流

前海法院自成立以来，始终坚持以习近平新时代中国特色社会主义思想为指导，认真学习贯彻习近平法治思想，深入学习贯彻党的十九大和十九届二中、三中、四中、五中全会精神，深入学习贯彻习近平总书记"七一"重要讲话和对广东、深圳系列重要讲话、重要指示批示特别是关于横琴、前海开发开放的重要论述精神，增强"四个意识"、坚定"四个自信"、做到"两个维护"，立足粤港澳大湾区、中国特色社会主义先行示范区、前海自贸区的区位特色，不断强化包容、开放、平等保护的司法理念，通过建设域内外联动的国际商事纠纷化解平台、促进规则衔接、人才培育共享等措施，公正、便捷、高效解决跨境纠纷。

《粤港澳大湾区规划纲要》要求，前海要联动香港打造国际商事争议解决中心。前海法院立足集中管辖深圳市第一审涉外涉港澳台商事案件实际，强化平等保护、开放、公平等司法理念，高标准对接国际经贸规则，积极推动粤港澳三地规则衔接与机制对接，完善国际商事纠纷化解平台与机制，为深圳高水平对外开放提供有力的司法保障。前海法院《满足"一带一路"新需求　探索商事解纷新路径》《创新跨境商事争议多元解纷体系　实现全面提速增效》两个案例总结先后入选最高人民法院《人民法院司法改革案例选编》。2021 年 6 月，前海法院涉外涉港澳台案件审判团队被最高人民法院授予"人民法院涉外商事海事审判工作先进集体"荣誉称号，涉外涉港澳台商事审判工作得到最高人民法院肯定。前海法院坚持服务大局、司法为民、公正司法，充分发挥法治固根本、稳预期、利长远的保障作用，积极推动营造市场化、法治化、国际化营商环境，助力中国的营商环境指标持续大幅提升。

一　前海法院管辖涉外涉港澳台案件的基本情况

前海法院集中管辖诉讼标的额 5000 万元以下（不含本数）的深圳市第

一审涉外涉港澳台商事案件，2015年2月2日至2021年6月共受理涉外涉港澳台商事案件（以下简称"四涉商事案件"）12393件，占民商事案件总数的29.94%。受理的四涉商事案件中，涉港案件8392件，占比67.72%；涉澳案件148件，占比1.19%；涉台案件1153件，占比9.30%；涉外案件2700件，占比21.79%。

前海法院2015年2月至2021年1~6月分别受理四涉商事案件611件、1583件、1600件、1775件、2183件、2421件、2220件。四涉商事案件数量呈现逐年上升态势。前海法院受理的四涉商事案件共涉及165个案由，案件类型复杂多样，以国际商事交易引发的纠纷为主。截至2021年6月，前海法院共受理涉外涉港澳台民间借贷案件4026件，占四涉商事案件总数的32.49%；受理涉外涉港澳台金融商事纠纷1869件，占四涉商事案件总数的15.08%，其中：涉小额贷款公司等借款合同纠纷533件、金融借款合同纠纷413件、信用卡纠纷430件、追偿权纠纷121件、融资租赁合同纠纷77件。

前海法院积极优化与外向型经济相适应的司法管辖制度，积极行使涉外涉港澳台司法管辖权，有效维护中国国家司法主权，为域内外当事人提供及时有效的司法救济。

一是在平行诉讼案件中平等保护当事人合法权益。在一件涉港保证合同纠纷案中，被告陈某以本案纠纷已由香港特别行政区高等法院作出判决、前海法院无管辖权为由提出管辖异议。前海法院依据平行诉讼的相关规定对案件管辖权进行审查后认为，陈某签署的保证书中约定，愿受香港法院"非专有司法管辖权约束"，该约定为"非排他性管辖"，因此法院认定本案不属于《最高人民法院关于内地与香港特别行政区法院相互认可和执行当事人协议管辖的民商事案件判决的安排》调整的范围，原告无法通过适用该安排向内地人民法院申请认可和执行在香港高等法院的判决。据此，前海法院依法驳回了被告提出的管辖权异议，并且在本案审理过程中准确适用香港法判决，平等保护了域内外当事人的程序和实体权利。

二是积极行使涉外涉港澳台司法管辖权。在中国台湾地区的刘某和陈某两夫妻与香港某信托公司商事案件中，被告认为其为台湾地区居民，且该经济纠纷案件发生在香港，本案的任何纠纷环节都没有发生在深圳，以前海法院为"不方便法院"为由，提出管辖权异议。前海法院审理后认为，依据《民事诉讼法》第265条之规定，因合同纠纷或者其他财产权益纠纷，对在中华人民共和国领域内没有住所的被告提起的诉讼，如果被告在中华人民共和国领域内有可供扣押的财产，可以由可供扣押财产所在地人民法院管辖。本案被告刘某、陈某在深圳有可供扣押的财产，故前海法院对本案有管辖权。另外，本案所涉及的主债务以及担保债务的当事人虽然约定了香港特别行政区法院对相关争议有管辖权，但其约定的香港特别行政区法院享有的管辖权为"非专属性管辖权"，该约定并未排除香港特别行政区之外其他有管辖权的法院对相关争议行使管辖权。因此，本案中当事人关于本案由香港特别行政区法院非专属管辖的约定不影响本院对本案行使管辖权。据此，前海法院驳回了被告提出的管辖权异议。前海法院基于不方便法院原则的核心价值取向，判断是否适用"不方便法院原则"，进而为域内外当事人提供公正有效的纠纷解决途径，依法保护当事人合法利益和实现公平正义。

二 平台建设：构建国际化的多元纠纷解决平台与机制，助力建设国际商事争议解决中心

（一）完善国际化多元纠纷化解平台与机制

打造开放合作的国际商事纠纷多元化解平台。成立前海"一带一路"国际商事诉调对接中心，与深圳市前海国际商事调解中心、中国国际贸易促进委员会深圳调解中心等39家调解组织建立合作关系，与香港和解中心、粤港澳调解联盟等9家域外调解机构建立沟通联络机制；聘请164名域内外特邀调解员参与案件调解，积极推动大湾区调解规则的统一和调解员的共享流动，提升调解国际化专业化水平。截至2021年6月，前海法院多元化纠纷解决中心共受理案件24825件，共成功调解案件10508件，调解成功率42.3%。

完善促进调解机制和"诉非衔接"机制。探索适宜调解的特定类型案件立案前调解、中立第三方评估、防范与惩戒虚假调解等促进调解机制。从专业角度明确案件适用香港法的内容及可能的判决结果,引导当事人选择和解或以其他合理方式解决纠纷,实现纠纷的多元高效化解。在一件涉港案件中委托香港专家出具评估报告,原告根据报告申请撤诉,使纠纷得到有效化解。完善无争议事实记载、无异议调解方案认可等诉调对接机制,促进调解与诉讼顺畅衔接。

(二)深化国际化专业化精细化诉源治理新模式

制定《前海"一带一路"国际商事诉调对接中心调解规则》和实务指引,明确调解工作流程及诉前调解配套机制,充分尊重和体现粤港澳各地的参与度和话语权。与深圳市贸促委调解中心等六大专业机构开展合作,成立六个多元化纠纷解决中心分中心,努力打造前海特色诉源治理新模式,为"双区"建设和前海发展提供有力的司法保障。

一是联动合作,多位一体。创新建立多方联动纠纷化解机制,与深圳市贸促委调解中心、蓝海法律查明和商事调解中心、深圳市前海国际商事调解中心、深圳市小微企业发展促进会、深圳市商业保理协会、深圳市前海公证处共六家机构合作,充分发挥行业组织、企事业机构在多元解纷中的能动作用,推进人民法院调解平台与社会化解纠纷平台的集成融合,打造共商、共治、共享的诉源治理新路径。

二是面向国际,融通规则。立足前海法院集中管辖深圳市第一审涉外涉港澳台商事案件的实际,充分发挥各分中心在跨境调解方面的经验优势,吸收借鉴《纽约公约》《新加坡调解公约》的商事纠纷调解理念、域内外先进商事调解经验和粤港澳大湾区纠纷化解经验,促进域内外国际商事调解规则衔接,搭建粤港澳大湾区调解规则衔接和机制对接的有益平台,打造具有鲜明国际化特色的前海诉源治理新模式。

三是类案类调,最优配置。深入贯彻最高人民法院繁简分流改革精神,以"调解业务分类管理、调解员分级管理"为重要抓手,创新一站式多元解纷工作。合理分配案件，将调解案件分为国际贸易、国际投资、新兴金融等不同类别，分别委派给不同的分中心开展调解工作；各分中心自行调解的案件，可以在前海法院申请司法确认，巩固提高调解成效。科学配备人员，指派专业对口、经验丰富的法官和协办助理在各分中心挂点指导，确保纠纷解决专业高效；以个人自愿原则为基础，将前海法院在册的148名特邀调解员分配至六个分中心，分中心可聘任在册特邀调解员为其调解员，实现调解资源共享。

四是党建引领，完善职能。深入贯彻落实习近平总书记关于"坚持把非诉讼纠纷解决机制挺在前面"的重要要求，以强化联合党建为抓手，通过党建聚力推进各分中心开展专业培训、专项调研、法律咨询、司法建议制作、典型案例选育等多项工作，推动前海法院多元化纠纷解决中心与六大分中心互相促进、优势互补、共同提高。

三 规则衔接：积极推动建立契合开放型经济发展的规则对接体系

（一）准确适用国际公约与惯例

前海法院充分遵循开放包容、平等保护、契约自由等国际商事规则和裁判理念，积极探索粤港澳大湾区规则衔接机制，积极推动建立与国际通行规则相衔接的制度体系，准确理解与全面遵循国际公约，恪守条约义务。截至2021年6月，适用《联合国国际货物销售合同公约》等国际公约审结涉外涉港澳台商事案件13件。坚持依法平等保护不同国家、地区市场主体的合法权益，在适用《联合国国际货物销售合同公约》等公约审结涉外案件中，充分体现了意思自治、平等保护原则，增强了中国企业"走出去"和域外投资者投资中国的信心。准确理解与全面遵循国际公约、国际条约和国际商事惯例，适用《蒙特利尔公约》审结"美特高公司诉环行货运公司国际货物运输合同纠纷"等案件，以公正高效审判提升中国司法国际区际公信力。

（二）积极推进粤港澳诉讼规则衔接

一是建立涉港案件当事人转交送达制度。借鉴英美法系当事人主义诉讼模式，制定《关于涉外、涉港澳台民商事案件司法文书送达的若干规定（试行）》《关于涉港民商事案件司法文书转交送达的实施细则》，委托原告或律师将程序性法律文书送达被告，拓展送达途径，破解涉港案件"送达难"问题，提高域外送达效率和成功率。二是建立律师费转付制度。借鉴香港地区胜诉方的律师费由败诉方支付的规则，制定《关于正确裁判律师费用　推进诚信理性诉讼的若干规定》，明确法官可以根据案件情况，裁量律师费用全部或部分由存在过错的一方当事人承担。通过加大非诚信诉讼行为的违法成本，阻遏虚假、恶意诉讼，引导当事人在诉讼中尽到谨慎注意和诚实协作的义务，推动社会诚信体系构建。三是建立律师调查令制度。借鉴英美法系证人传唤令状制度，制定《关于完善涉外案件审前程序　促进当事人加强诉讼合作的工作规程》，对律师调查令的申请条件、使用范围、使用保障等作了详细规定。促进律师积极参与取证，有效收集证据，缩短诉讼周期，提升审判质效。

（三）不断完善域外法律查明体系

在涉外涉港澳台案件中，依法适用域外法裁判案件，既有利于公正解决纠纷、维护当事人合法权益，又有利于增强公众对区域共同体的认同感、对中国法治的信心，进而促进区域经济融合发展。前海法院率先建立全面系统的域外法律查明与适用体系，发挥了示范引领作用。一是规范域外法查明和适用程序。制定《关于审理民商事案件正确认定涉港因素的裁判指引》，明确30多项涉港因素，实现香港法适用最大化；制定《域外法查明办法》，明确规范查明的内容、主体、途径、程序等，确保域外法律"认得全"。二是拓宽域外法查明渠道。充分发挥香港地区陪审员和国际商事专家委员会委员在域外法查明中的作用，与研究机构及第三方查明机构深度合作，构建

"法官自主查明 + 第三方机构查明 + 专家辅助查明"立体化路径，确保域外法律"查得明"。

（四）构建域外法律全过程适用机制

一是整合域外法律资源。立足国家级域外法查明基地，建设具有国际影响力的港澳台和外国法律数据库、资料库和案例库，制定《适用域外法案件裁判指引》，建立涉港案件中立第三方评估机制，确保域外法律"用得准"。二是在执行案件中依法准确适用域外法。在一起涉港执行案件中，法院依法适用香港法律认定香港清盘企业和破产个人的合法代表人并向其送达司法文书，提升司法送达和执行效率，及时帮助申请执行人兑现合法权益。截至 2021 年 6 月，前海法院适用域外法审理案件共 110 件，其中，适用香港法审理 90 件，包括适用香港法调解案件 12 件、判决 46 件，是全国适用香港法裁判案件最多的基层法院。在"D 银行诉 L 公司融资租赁合同纠纷"案中，适用香港法调解结案，该案被社会评价为"前海法治'一小步'，推进企业信心'一大步'"，增强商事主体投资前海的信心。

四　专业共享：不断增强粤港澳大湾区
司法互助与互信

（一）建立专业化审判团队

一是建立专业化涉外审判团队。选任一批具有国际法专业学习背景、外语能力突出、涉外审判经验丰富的法官组建专业化涉外审判团队，成立国际商事专家委员会，建立"专业法官 + 港澳地区专家陪审员 + 国际商事专家"审判模式，推动案件审理专业化、精品化。二是大力提升涉外司法审判能力。准确把握涉外审判发展需求，着力从语言、国际化视野、对接国际规则能力等方面打造一支复合型、专家型人才队伍。组织干警到英国、德国、香港中文大学等域外司法机构、高校交流学习，参加常态化英语培训，培养和储备涉外法治人才；开展 8 期"普通法裁判思维研修班"、普通法裁判实务系列培训以及模拟法庭等活动，邀请新加坡、中国香港法律专家学者、退休法官等讲授普通法裁判实务，打造粤港澳三地司法制度比较研究平台，提升法官国际化视野和涉外审判能力。

（二）引入境外法律人才参与案件办理

一是率先建立规范化的香港地区陪审员制度。建立规范化的香港地区陪审员制度，选任 19 名具有金融、知识产权等专业背景的香港地区陪审员参与涉外涉港澳台商事案件审理，建立"专业法官 + 香港地区专家陪审员"审判模式。截至 2021 年 6 月，香港地区陪审员共参审案件 566 件，有效提升涉港案件审判专业水平和国际区际司法公信力，消除域外当事人因不同司法体制、法律文化造成的司法认同差异。二是建立国际化的调解队伍。建立国际化的调解队伍，聘任 16 名外籍和港澳台地区调解员，并与广州南沙、珠海横琴自贸区法院共享外籍和港澳台地区调解员名册。探索"香港地区调解员 + 内地调解员"以及"香港地区调解员 + 调解法官"等联合调解模式。截至 2021 年 6 月，香港地区调解员成功调解商事纠纷案件 639 件，澳门地区、台湾地区调解员以及外籍调解员成功调解商事纠纷案件共 35 件。

（三）加强与港澳地区法律交流合作

一是强化与港澳司法交流合作。前海法院充分发挥对外、对港澳台交流的平台和窗口作用，促进增强司法互助与互信。英格兰及威尔士高等法院 4 名法官、中非法律人才交流项目考察团、迪拜国际金融中心法院院长、香港终审法院首席法官、澳门终审法院院长、香港律政司司长、香港律政司前司长等专业人士先后来访，就司法理念、审判机制等方面开展深入交流。自成立以来，共有港澳台及外国专业人士 12 批 117 人次来前海法院交流。二是强化与港澳学术交流合作。依托最高人民法院"一中心两基地"，承办"最高人民法院法律查明与适用研讨会"，举办"前海法智论坛"以及"国际商事调解论坛"，聚合域内外法律智慧，推动跨地跨界法律研究与交流合作，实现司法交流常态化。自 2016 年以来，"前海法智论坛"已成功举办五届，成为前海聚合智慧、开放交流的"法治名片"。

五　科技增效：依托智慧法院建设不断提升跨境纠纷解决便捷度

（一）跨境授权委托"云见证"

率先开通跨境授权委托在线见证服务，为法官、当事人和诉讼代理人提供突破时空限制的授权见证服务，使域外当事人可通过跨境视频连线方式完成在线确认身份与授权行为，彻底改变了线下授权见证工作模式，解决了涉外涉港澳台案件当事人委托诉讼代理人程序烦琐、成本较高、耗时过长等问题。截至 2021 年 6 月，前海法院授权委托面签"云见证"达 210 人次，全流程最快仅需 5 分钟。

（二）调解案件"云管理"

一是创新线上调解模式。积极对接国际 ODR 先进经验，探索跨境商事纠纷"线上＋线下"调解模式，成功尝试由香港地区调解员先在线调解、再组织双方当事人在香港达成和解，快速化解涉港纠纷，提升调解的便捷度。二是建立调解案件线上管理机制。依托深融平台实行"互联网＋"调解模式，调解员可在线查阅案件、调解沟通、一键申请司法确认，"智慧化"提升调解效率。截至 2021 年 6 月，已安排线上调解案件共 13976 件。三是加强"线上调解＋在线司法确认"对接途径。前海法院与深圳市前海国际商事调解中心等多家特邀调解组织建立线上链接，为当事人提供便捷高效的线上诉调对接途径。当纠纷诉至法院时，由法院委派调解组织进行诉前调解，当事人通过在线视频调解达成和解协议后在线申请司法确认，法院经审查出具调解确认裁定书。线上调解与在线司法确认的"无缝衔接"，有效发挥了法院、调解组织专业化职能，减轻了当事人诉累，实现了司法确认案件线上闭环管理。

（三）商事案件"云审判"

为进一步为域外当事人在本院参加诉讼提供便利，规范高效解决涉外涉港澳台商事纠纷，前海法院制定《关于进一步健全便利域外当事人参与诉讼机制的规定》《关于进一步健全涉外涉港澳台商事案件线上诉讼的若干规定》，对网上立案、面签、开庭、调解、质证、送达等作出全面规定。利用"深圳移动微法院"小程序、"粤公正"系统对涉外涉港澳台商事案件实现全流程网上办案，为域内外当事人提供普惠均等、智能精准的司法服务，进一步拓展了互联网司法的制度创新空间。

六 跨境商事纠纷化解体系的未来展望

2020 年 8 月，深圳市人大常委会通过了《深圳经济特区前海蛇口自由贸易试验片区条例》《深圳经济特区前海深港现代服务业合作区条例》，对于保障构建开放型经济新体制、营造国际化法治化营商环境具有重要意义。2020 年 11 月，最高人民法院发布《关于支持和保障深圳建设中国特色社会主义先行示范区的意见》，为前海法院开展试点改革提供了依据和指引。前海法院将坚决贯彻执行党中央决策，严格落实市委、市人大的工作部署，根据最高人民法院、广东省高级人民法院和深圳市中级人民法院的安排要求，紧密围绕依法扩大司法管辖权、扩大域外法适用、完善港澳地区特邀调解员、陪审员制度等方面创新探索，积累更多创新示范经验。

习近平总书记强调："营商环境只有更好，没有最好。"接下来，前海法院将始终坚持以习近平新时代中国特色社会主义思想为指导，认真学习贯彻习近平法治思想，担当作为、勇于创新，积极开展综合授权改革试点工作，深化司法体制综合配套改革，不断完善跨境商事纠纷化解体系建设，着力提升审判质效，努力建设司法公信力、法治竞争力、改革创新力、国际影响力卓著的先行示范法院，为营造世界一流的市场化、法治化、国际化营商环境提供坚实的司法保障。

B.10
2018~2020年深圳涉港
刑事案件调研报告

赵丹丹　谭巧灵*

摘　要：　深港两地地理相邻、文化相亲，随着政策推进、经济发展，粤港澳大湾区进一步融合，两地联系亦将更加紧密。本文通过对深圳市2018~2020年涉港刑事案件犯罪趋势及特征的比对分析，立足长远，从法律层面提供了犯罪预防的配套措施，有利于进一步探索、优化涉港案件的刑事案件办理模式，积极服务于粤港澳大湾区法治建设。

关键词：　深港　刑事犯罪　监管

一　2018~2020年深圳市涉港刑事
案件数据统计分析

通过对2018~2020年深圳市涉港1261个刑事案件法律文书进行调研审查，从案件数量、案件发生地、涉外因素及案件类型等方面进行数据统计分析并形成本报告。2018~2020年深圳市涉港刑事案件主要数据如下。

---

* 赵丹丹，深圳前海蛇口自贸片区人民检察院第一检察部副主任；谭巧灵，深圳前海蛇口自贸片区人民检察院第一检察部检察官助理。

（一）案件数量基本持平且略有下降趋势

2018～2020 年深圳市涉港刑事案件共计 886 件，1658 人。其中，2018 年深圳市涉港刑事案件 394 件，623 人；2019 年深圳市涉港刑事案件 340 件，681 人；2020 年深圳市涉港刑事案件 152 件，354 人（见图 1）。受数据截取时间限制，2020 年深圳市涉港刑事案件数据并未在本次调研中被完全摘录，但比较往年增长趋势，预估 2018 年至 2020 年深圳市涉港刑事案件年均维持在 300 件以上，呈略微下降趋势。

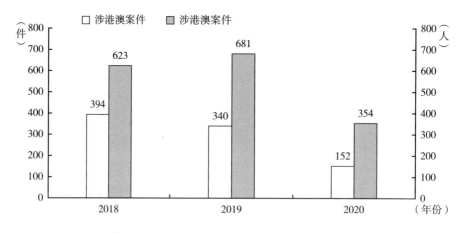

图 1　2018～2020 年深圳涉港刑事案件数及人数

（二）案件多发生在福田区及罗湖区

2018～2020 年全市涉港刑事案件多发生在福田区及罗湖区，分别占比 38% 及 26%，两区发生案件数量超过案件总量的 60%（见图 2）这与福田区及罗湖区经济较为发达、高薪高科技行业较多等老城区有较高关联性。同时，两区口岸数量众多，地理位置便利。例如，福田区有福田、皇岗口岸及西九龙高铁口岸，而罗湖区则有罗湖、文锦渡、莲塘及沙头角口岸。

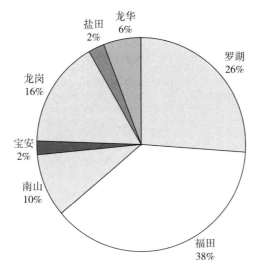

图2 2018～2020年深圳涉港刑事案件发生地分布

（三）被告人文化程度较高

通过整理比较被告人文化程度，发现文化程度为初中的占比最高，占48.8%，其次为中专及高中、专科及以上文化程度，分别占比22.6%、14.5%、13.7%（见图3）。2018～2020年深圳市涉港刑事案件中，被告人文化程度均较高。

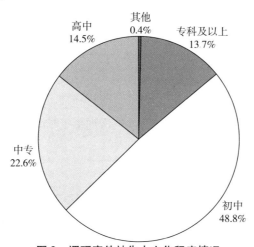

图3 调研案件被告人文化程度情况

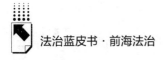

（四）涉港因素多为主体涉港

通过数据比对发现，2018～2020年深圳市涉港案件中案件涉港因素多为主体涉港，占全部案件的77%。其他因素涉港仅占23%（见图4）。

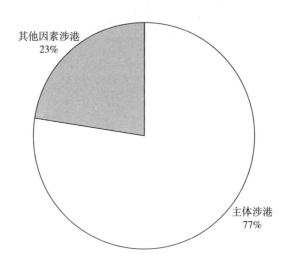

图4　2018～2020年深圳市涉港案件涉港因素分布

（五）被告人大多不存在过往行政处罚及刑事犯罪纪录

2018～2020年深圳涉港刑事案件中，大部分案件罪名集中在毒品类犯罪及走私类犯罪，部分罪名存在犯罪构成与违法次数挂钩等情况。本文就被告人是否存在过往行政处罚记录以及过往刑事犯罪记录进行了统计分析。统计发现，86%及90%的被告人不存在过往行政处罚及刑事犯罪记录，有5%的被告人存在一次行政处罚记录，有7%的被告人存在一次刑事犯罪记录（见图5、图6）。

（六）案件委托辩护比例稍高

统计数据表明，2018～2020年深圳涉港刑事案件中仅有27%的被告人无辩护律师，73%的被告人均有律师为其辩护，其中45%为委托辩护，28%为指定辩护（见图7）。

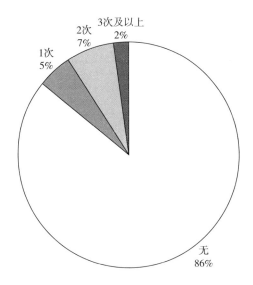

图5　调研案件中被告人过往行政处罚记录情况

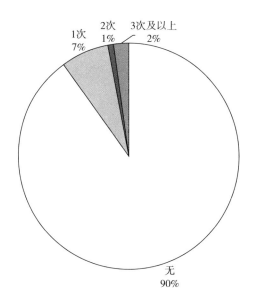

图6　调研案件中被告人过往刑事犯罪记录情况

法治蓝皮书·前海法治

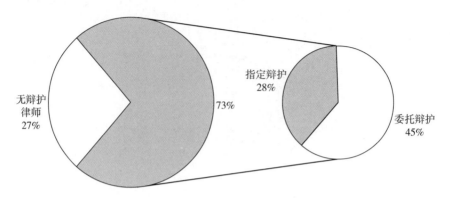

图7　调研案件中被告人委托律师辩护情况

（七）涉案金额以50万元以下居多

通过对涉案金额的统计发现，50万元以下金额的占比最大，占比51%，其次为51万~500万元，占比29%。涉案金额501万~1000万元、1001万元及以上的占比为9%、11%（见图8）。

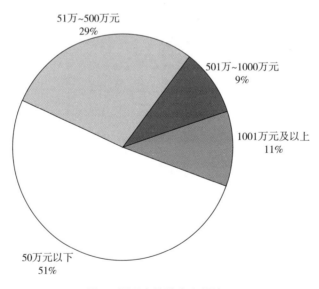

图8　调研案件涉案金额情况

（八）共同犯罪占比较高

在 2018～2020 年深圳市涉港刑事案件中，共同犯罪占比较高，占比 59%。非共同犯罪占比稍小，占 41%（见图9）。这与涉港刑事案件中走私类犯罪及毒品类犯罪占比高有较大关联，因一般走私及毒品类犯罪多以团伙作案、以共同犯罪形式实施犯罪。

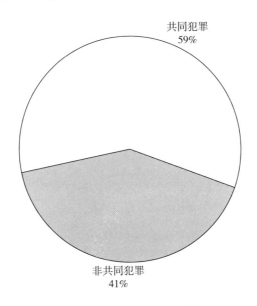

图9 调研案件犯罪形态情况

（九）量刑种类主要为有期徒刑

在量刑种类统计中，有期徒刑以占比 64% 居首位。拘役位于第二，占比 33%。仅有极少数被判处无期徒刑、死刑（见图10）。

（十）审查起诉多在30日内完成

深圳市各级人民检察院在 2018～2020 年对涉港刑事案件的审查起诉期限多控制在 30 日以内，占比 76%。18% 的案件审查起诉期限在 30～45 日，仅少数案件审查起诉期限超过 45 日（见图11）。

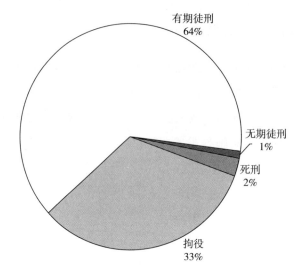

图 10　调研案件量刑种类情况

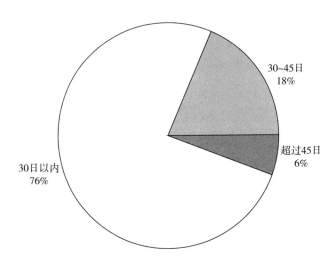

图 11　调研案件审查起诉期限

（十一）案件主要集中在毒品类犯罪及走私类犯罪

2018～2020 年全市涉港刑事案件排序前十的罪名中，走私、贩卖、运输、制造毒品罪及走私普通货物罪分别占据第一、第二，占比 29% 及 28%（见图 12）。

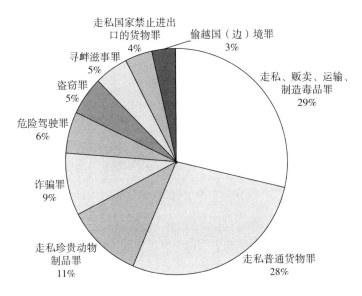

图 12 调研案件罪名前十名情况

按类别区分，走私类犯罪在排序前十的罪名中共占比 34%，毒品类犯罪占比 29%。

二 2018~2020年深圳市涉港刑事案件特点

（一）涉港刑事案件走私物品种类多为电子产品、日用品等

在涉港澳走私类犯罪中，走私物品多为日用品及电子产品，占比超过一半，部分走私普通货物的案件为团伙作案，涉案金额超过千万元人民币。其次为珍贵动物制品，多为穿山甲、蛇胆等在广东存在旺盛市场需求的动物制品（见图 13）。在本次统计中，3% 的走私类案件为职业水客走私，6% 的走私类案件被告人年龄均超过 60 岁。

（二）涉港刑事案件毒品种类以可待因居多

在涉港澳刑事案件毒品类犯罪中，可待因是最为常见的毒品种类，占比

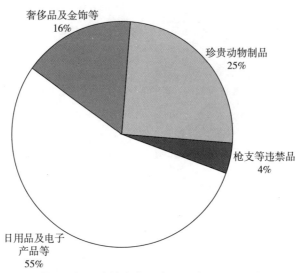

图 13　调研案件中走私类犯罪走私物品种类

44%，且此类案件中 99% 含有可待因物质的物品为止咳水。其次是冰毒，占比 26%（见图 14）。可待因作为阿片类物质，可刺激神经中枢，在大量服用的情况下会产生欣快感及幻觉，长期服用易产生依赖、易成瘾，属于管制类药物、亚毒品。

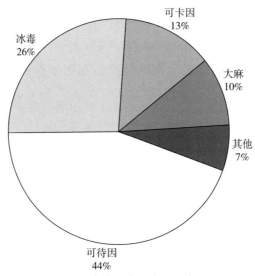

图 14　调研案件中毒品类犯罪毒品种类

三 发现的问题及其成因

（一）水客盛行、民众法律意识淡薄导致走私类犯罪猖獗

"水客"自20世纪伊始出现，于香港回归后呈现猛增趋势，并于后期逐步职业化、团伙化。其犯罪模式可大致分为两种：第一种水客受雇于走私团伙，以偷带物品进出境，赚取"过路费"等作为酬劳；第二种为"水客"走私集团，其直接通过境外购置、关口通关及境内销售三个环节形成完整走私链①。疫情之前，香港特区政府为促进内地与香港人员经济往来，进一步放松了对个人的出入境管理管制，如个人通过一年多次香港个人旅游签注申请，每自然周可最多往返香港一次。这一政策使得香港旅游行业飞跃式发展的同时，也为"水客"走私职业化提供了政策上的可能。

1. 走私利润空间巨大

2018~2020年深圳市涉港刑事案件走私类犯罪中，偷逃税款超过千万元的占比15%，此类案件线索多在深圳海关开展使命系列专项活动时发现。例如，任某某等人走私普通货物一案，其犯罪模式为多个团伙联合作案，通过公司接受货主委托，以保税走私方式转包其他公司走私进出口，最终法院查明该案偷逃税款高达一亿多元人民币。

"水客"在海关缉私部门的不断打击下仍屡禁不止，与境内外商品存在明显差价有关。香港作为自由贸易港，对进出境的绝大多数货物均免征关税，且可在港区范围内自由进行货物储存、包装加工等一系列活动；而在内地，存在保护性贸易政策、进出口税规定等各种原因，导致了同种商品境内外存在明显价格差。近年来，随着中国经济发展水平、人民收入水平不断提高，消费者对于高品质消费的需求也不断提高。根据贝恩咨询的统计数据，

---

① 参见韦昱舟《"水客"走私犯罪案件侦查研究》，中国人民公安大学硕士学位论文，2020，第5~7页。

中国籍消费者在奢侈品领域无论是消费量还是消费增幅都占首位,2018 年中国消费者对奢侈品的消费金额约占全球的 33%。虽然中国海关也在逐步调整对内地进境物品完税价格,根据《海关总署公告 2019 年第 63 号》规定,"水客"走私较为常见的日用品(如烟酒、化妆品)、奢侈品(如高档手表)等税率从 2016 年的 60% 调低至 50%,但这依旧相对高额的税率形成境内外商品的可观差价,成为刺激"水客"犯罪的"兴奋剂"之一。

2. 犯罪成本较低

根据现行法律法规,倘若被查获次数少于 3 次且涉案总值不超过 10 万元,"水客"将仅受行政处罚。部分"水客"在进行走私活动时明确知晓自己的走私行为可能带来何种处罚,还依据处罚力度调整走私活动,仔细权衡犯罪成本及收益。目前内地海关边检对"水客"的处罚多为没有构成犯罪则只需补缴税款并处以一定数额的罚款,对"水客"的出入境资格及信用体系等方面并未产生较大影响①。

而走私犯罪集团在实践中多通过网络平台寻找没有被标记过的跨境人员,通过部分跨境人员未充分了解海关相关规定、没事赚小钱的心态招募临时"水客"带货。这部分人如被海关查处两次,走私犯罪集团则即对其弃用。然而,即便"水客"在被雇用期间查获,也会因走私集团内部组织严密、分工细密而难以搜寻锁定到组织上层人员、难以抓住犯罪上游人员,切实打击犯罪。

3. 民众法律意识淡薄

"当某种犯罪在人们看来不可能对自己造成损害时,它的印象就不足以激发起对作案者的公共义愤。走私罪就是如此,与己无关的后果只给人留下一些极淡薄的印象,因而人们看不出走私对自己有什么损害,甚至还经常从中受惠。"② 因深港两地相邻、过关便利,许多过关人群因长期往返两地而

---

① 参见韦昱舟《"水客"走私犯罪案件侦查研究》,中国人民公安大学硕士学位论文,2020,第 10 页。
② 〔意〕贝卡利亚:《论犯罪与刑法》,黄风译,中国大百科全书出版社,1996,第 80 ~ 81 页。

逐渐忽视两地税收机制存在不同，且税收机制被破坏实质上并不能具体显现到民众日常生活中。故时有部分学历层次较低、不熟悉两地相关法律法规的被告人认为，带货过关仅是举手之劳，为追逐一点蝇头小利帮人带价值高昂的货品过关，并未认识到犯罪行为的严重性。例如，施某走私珍贵动物制品罪一案，被告人为300元代工费携带1700余颗蛇胆及3千克燕条入境，涉案金额超过500万元，最终被判有期徒刑6年并处罚金人民币10万元。

对于消费者而言，相较于正规渠道通关入境的商品，走私商品因免除赋税成本有天然的价格优势，在品质几乎相同的情况下，消费者会因受逐利心理的影响去追寻较低价格。在买到自认为"物美价廉、性价比高"的商品后，不仅不会主动举报销售走私货物的不法商家，还会萌生出继续消费的想法。这导致了合法经营者受到不平等竞争、影响其合法利益，还增加了违法者的争议化与自我认同感，削弱了法律执行的社会积极效应，出现了公权与私权直接对抗的异常现象。

囿于当前内地相关法律法规不完善、犯罪成本相对较低、海关监管难度大，一般民众法律观念又较为淡薄、消费者认识不到位，且深圳毗邻香港、出入境口岸众多等诸多因素导致深圳海关无法对其进行真正有效、彻底的打击。专项打击行动更多时候只能换来口岸的暂时平静，待"水客"于各大口岸"漂移"度日、躲避严打后，随之而来的是"水客"们更加凶猛的"反扑"①。但走私类犯罪极大损害了中国国家税收、扰乱国家经济秩序，不仅严重影响国计民生，还让境内相关产业的合法报关企业及经营者蒙受损失，所以势必要通过各执法部门联动，采取各种手段积极开展工作，解决疑点、难点。

（二）对药物管制不统一导致含可待因类毒品犯罪占比高

香港曾因青少年滥用止咳水问题于2005年修订法例，而2006年香港特

---

① 参见韦昱舟《"水客"走私犯罪案件侦查研究》，中国人民公安大学，硕士论文，2020，第53页。

区政府曾被立法会要求提供关于管制及滥用含有可待因药物人群相关情况的数据，其中包括在《药剂业及毒药条例》修改后，当局是否有增强巡查以及是否有对滥用可待因药物人群进行统计研究。内地则在 2015 年将含可待因类复方口服液体列入了管制类药物。由此可见，遏制滥用可待因药物人群的增长是两地政府共同努力的目标之一。但即便如此，在对 2018 ~ 2020 年深圳市涉港刑事案件毒品类犯罪的统计中，可待因仍是出现最多的毒品种类，犯罪模式多为从香港单次代购一定数量（大部分不多于 10 只）的止咳水，通过随行行李过关运送到内地进行交易。

1. 两地对含可待因的药物购买渠道管控宽严不一

香港在 2005 年对《药剂业及毒药条例》修订时明确，含可待因的止咳水只限于有注册药剂师监督的药房出售，含量高于 0.1% 及低于 0.2% 的止咳药水，药房需记录每宗交易；含或高于 0.2% 可待因的止咳药水，须经医生处方才可购买。次年，香港卫生署发言人就可待因药物管制这一问题，向香港新闻媒体发表了政府看法。发言人表示可待因作为咳嗽的抑制剂，有其正当用途，政府虽需因控制其滥用而限制供应，但亦应有渠道让将该药用于正当途径的市民方便取得。香港通过法例对含量不同的含可待因止咳水进行分类管控，对该类止咳水的非法使用加强执法并依法检控违例者，但对其正常使用者并不作过度管控。

而在内地，原国家食药监总局、公安部等部门于 2015 年根据《麻醉药品和精神药品管理条例》的有关规定，将含可待因复方口服液体列入第二类精神药品管理进行监管，并对其处方及零售作出比香港更为严格的限制。

如此一来，因两地监管法规不一，相比之下香港地区含可待因的止咳水存在价格低廉、购买方式较内地更为便利等"优势"，造成了内地原滥用成瘾人群自然转向香港寻找购买渠道。

2. 对含可待因药物滥用及相关进出境禁止性措施宣传不到位

通过对 2018 ~ 2020 年深圳市涉港刑事案件数据进行统计发现，含可待因类毒品犯罪中存在一部分对相关进出境禁止性措施知晓度不高或心存侥幸等法律意识淡薄的被告人。大部分港籍被告人携带止咳水入境，的确系通过贩卖含可待因类止咳水进行牟利，但仍有部分被告人携带系因对含可待因类止咳水在内地具有亚毒品属性及对相关进出境禁止性措施知晓程度低，低估了在内地含可待因类止咳水的社会危害性。

内地作为药品输入地虽进行了一系列禁毒运动并对含可待因类药物进行更为严格的管控，但这仅使公众对传统毒品及其危害有一定认识，对于能使人成瘾、与其他普通药物包装一致的含可待因类药物仍然存在药物危害宣教力度不够、民众认识不足等问题。内地加强对可待因药物监管的方式多为通过部门网站公告并逐级落实，并未借助当下新媒体技术，充分运用新媒体平台对可待因类药物性质及危害进行宣传，亦未充分利用学校教育这一传统桥梁对青少年进行正确引导。据国外学者统计，55%的可待因止咳水依赖患者并不认为滥用止咳水是一件危险事情，其开始接触止咳水的途径多为好奇或者同伴怂恿。倘若对含可待因类药物滥用这一社会问题还未有清晰认知，那由此导致的后果不亚于传统毒品泛滥。如何不枉不纵地办理此类案件，形成海关、检察院两点紧密联系、顺畅衔接机制将成为重要命题。

四　对策探讨

事前预防的重要程度与事后救济系一体两面、不可分割。毕竟"一个良好的立法者关心预防犯罪，多于惩罚犯罪，注意激励良好的风俗，多于施用刑罚"①。针对2018～2020年深圳市涉港刑事案件多为走私类犯罪及含可待因类毒品犯罪，笔者有以下三点对策，对策以事前预防为主、事后救济为辅，希望借此抛砖引玉。

（一）防于未萌，扼制走私罪继续泛滥

1. 设立数据警戒线，做好侦检衔接

当前中国走私犯罪的情报信息共享机制仍有欠缺，不同执法力量存在因

---

① 〔法〕孟德斯鸠：《论法的精神》，张雁深译，商务印书馆，1978，第83页。

诸多因素而形成的壁垒、难以打破。为应对当前日益严峻的"水客"走私犯罪，可将海关缉私部门的缉私案件及公安内网资源作为底层数据，以银行、边检等职能部门信息数据为支撑桥梁，建立沟通顺畅的大数据建模情报共享平台。同时加强多部门协商讨论，对如旅客一定期限内过关次数、每次补税金额条件等形成相应的平台警戒数值，一旦超过数值则系统直接推送到平台检察机关相应端口，让检察机关提前了解相关证据基本情况，预判整个案件，跟踪干预整个办案过程，提高案件起诉前的质量，缩短相关诉讼期限。

2. 将自主申报频率及程度作为量刑幅度调整的依据之一

当前学界有学者发声认为，应通过物联网技术就征税旅客征税流程进行简化，分别给予旅客在过关前、智能自助设备系统报警系统报警后海关查处前、没有被系统查报但需被海关抽查前三次自主申报机会[1]。

作为检察机关，可通过上文海关对旅客自主申报频率及程度的记录，对被告人进行适度量刑及处罚。在多次出入境被告人中，对虽然相关行政处罚记录超过三次，但其余过关记录均为主动申报的部分被告人，可以在量刑幅度范围内从轻处理并作不羁押措施处理；对部分相关行政处罚记录超过三次，且有多次进出境记录、15 天内亦多次未按实际申报购买额的被告人则可以在量刑幅度范围内从重处理。

3. 检察机关主动履职进行普法宣传

因深圳地邻香港、口岸众多，仅在口岸进行普法宣传并不能形成有效全面覆盖。前海作为深港两地青年交流的聚集地，拥有超过 1.3 万港资注册企业、超过 5000 名香港居民。随着政策进一步开放，未来将有更多的香港居民到前海发展，前海或成为香港青年的又一聚居地。如此一来，在深圳口岸众多或香港人聚居等特定区域开展渠道多元化的普法很有必要。以前海为例，在前海接驳口岸直通车的座椅后背塞入宣传折页，以已判案例评析等形式提醒跨境居民切勿以身试法；借助与前海梦工场、深港青年

---

① 张章：《罗湖海关"水客"查验方式研究》，中国人民公安大学硕士学位论文，2020，第 49 页。

基金小镇等平台合作，以宣讲形式为跨境居民宣传当前法律法规相关规定，增加跨境居民了解内地法律法规的渠道；还可与前海区域范围内的运营商多方协作，以短信形式提示前海区域内的港人切勿违反相关法律规定。

（二）张弛有度，有效管控含可待因类药物

1. 继续坚持案件快办模式，降低审前羁押率

2018年深圳海关联合深圳市人民检察院、深圳市中级人民法院开创了"走私微量软性毒品案件快速审结"模式（简称"快办模式"），并在3年内不断探索、发展，形成了衔接顺畅、联结紧密的有效运行机制，有效降低了审前羁押率。

"无犯意而无犯人"，《刑法》第347条规定的是其本身有传播毒品供他人滥用、满足瘾癖的行为。若为满足自身瘾癖滥用，则应作违法行为处理，若作为医疗用途应属于合法行为。

诚然，含可待因止咳水被国家列入第二类管制精神药物后被纳入刑法调整范畴，但倘若司法实践一味忽视其本身的药物疗效、只紧盯其社会危害，恐难以达到刑法谦抑性的要求。故应当对行为人携带含可待因类止咳水的出入境行为的动机及目的进行甄别、分类处理，同时鼓励行为人主动申报。若通过香港执业医生有效处方、核查止咳水数量、行为人出入境记录及申报情况等方式等可相互印证该行为人系自用，则应在登记医生处方用药信息及用药时长后予以放行。一方面，防止行为人在用药期间被海关多次拦截而对司法机关产生抵触情绪，减少社会对立；另一方面，则是防止部分医生违背医德、沦为犯罪分子的作案工具。对于非自用的人群，则应以判断其含可待因类止咳水数量是否合理，有无藏匿、伪装，有无规避调查等行为，结合行为人的职业、健康、进出记录及行政处罚、有无主动申报等，综合评估其社会危害性。此类人群可适用警告、没收及依据相关法律法规规定等梯级分类进行教育或处罚，力求对未构罪的进行教育、惩治；构罪的亦做到宽严适度、罪行相当，

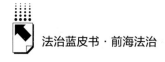

少用慎用刑事追究司法程序，进一步增进社会和谐、增强两地居民对内地法律的认同感，维护国家长治久安。

2. 积极普法，在辖区学校进行警示教育

禁毒工作事关国家安危、民族兴衰、人民福祉。助力青少年进一步认清"毒品是万恶之源"，对任何形式的毒品坚决说"不"，检察机关应勇于在前，一手抓罪犯，严惩向青少年售卖毒品或亚毒品的犯罪分子；一手抓教育，让检察官走进校园，以案释法，开展预防毒品警示教育，携手家庭、学校、有关部门和相关方面，尽最大努力让孩子们远离毒品、健康成长。

唯有重视解决未成年人涉毒问题，为广大青少年健康成长筑起"保护墙"，才可能实现"坚持关口前移、预防为先，在全社会形成自觉抵制毒品的浓厚氛围"的最终目标。

（三）提前介入，对特大涉走私、涉毒跨境案件引导侦查

从犯罪学理论角度出发，当前经济形势良好，随着社会财富积累，犯罪行为将进一步增加。根据办案实际，目前的案件特别是重特大走私、毒品跨境犯罪案件，犯罪模式更加多元化、犯罪团伙头目及成员反侦查能力更强。侦查实践中出现的如规范执法意识不强、侦查取证多关注有罪供述等问题，都与检察机关介入侦查时期限已近届满、检察机关只能介入侦查而无法发挥引导侦查的作用有较大关联，故应以检察机关提前介入引导侦查，强化证据意识、重构侦检关系新格局作为主要解决思路之一。

检察机关与侦查机关应先理顺提前介入的最优时间点。例如，发挥审查逮捕阶段的天然时机优势，对重特大走私、毒品跨境犯罪可采取检察官联席会议研讨形式，就个案批准逮捕、提起公诉的标准，检察官间相互交换意见；通过对案件定性、量刑的深入沟通、形成统一意见后，向侦查机关提出引导侦查意见。同时，还可联合辖区内侦查机关就提前介入引导侦查制定相关规定，区分必须以提前介入为前置程序的案件类型、规定介入时间及工作方法、制作提前介入台账等，如有条件还可建立类案证据标准指引的方法。如此一来，检察机关可在提前介入引导侦查的过程中，保证侦查机关在取证

过程中多管齐下、有的放矢，确保证据效力的同时，充分保证案件捕得了、诉得出。

借助提前介入引导侦查，加强侦检衔接，有利于提升侦查人员的侦查、取证固证能力，可前置解决批捕及公诉前案件出现的问题，保障办案思路一致、工作方法同步，有效形成打击犯罪合力，让犯罪分子无可乘之机。

B.11
对新型专门法院建设进行检察监督的探索与挑战

宋继江　王永城　李当杰*

摘　要：　随着审判机关审判专业化、精细化的发展趋向，在一定区划范围内对某类案件集中归口管辖日益增多。由于该类法院具有专业性、跨区域性和探索性等特点，本文将其定义为新型专门法院。如何适应其发展并开展有效监督，既给检察机关带来了现实挑战，也提供了革新监督理念和实践进路的切入口。本文从基层检察机关针对某专类审判的专项监督入手，对新型专门法院开展检察监督提出思考和建议。

关键词：　专门法院　检察监督　检察机关

深圳前海合作区人民法院（以下简称"前海法院"）设立以来，集中管辖深圳市第一审涉外、涉港澳台（以下简称"涉外"）民商事案件。对应审判管辖，深圳前海蛇口自贸区人民检察院（以下简称"前海检察院"）逐步推进全市涉外一审案件的法律监督工作。

2019年4月，前海检察院对前海法院办理涉外案件情况开展专项调研。在书面审查前海法院2139件判决文书（含35件适用香港法审理的判决文书）的基础上，提出"关于试点聘请港澳籍专业人员参与办理涉外民商事

---

* 宋继江，前海检察院党组书记、检察长；王永城，前海检察院第三检察部主任；李当杰，前海检察院第三检察部检察官助理。

诉讼监督案件的请示"，按要求逐级层报至最高人民检察院。2021 年 2 月，最高人民检察院下发有关批复，充分肯定了该项工作，认为"（该项工作）可以兼顾不同法域的多样性，提升检察机关服务和保障粤港澳大湾区建设的水平，是民事检察工作的创新，也是促进深圳社会主义先行示范区的有益探索"。

值得一提的是，作为根据中央要求和深圳前海"中国特色社会主义法治建设示范区"功能定位打造的新型法院①，前海法院的受案范围专注于民商事领域，不含刑事审判业务。

一　厘定新型专门法院的内涵

（一）专门法院的历史沿革与实践探索

专门法院又被称为专门人民法院。1951 年 9 月，中央人民政府委员会发布的《人民法院暂行组织条例》第 2 条第 3 款规定："专门的人民法院之设立与组织另定之。"1954 年 9 月 21 日，第一届全国人民代表大会第一次会议通过《人民法院组织法》，从法律层面确立了专门人民法院的组织形式，该法第 1 条第 1 款第 2 项对此作出了规定。

在宪法层面，《宪法》第 129 条规定：中华人民共和国设立最高人民法院、地方各级人民法院和军事法院等专门人民法院。这是在国家根本法层面对专门法院建设的强调和认可。

传统上，最为人熟悉的专门法院是军事法院和铁路法院，专门管辖军队内部或铁道沿线发生的相关案件。随着时代的变迁，国家管理体制发生变化，如原铁道部也调整为国家铁路集团有限公司，实行企业化的运营和管理。另外，一些林区、矿区因为封山育林或者资源枯竭暂停开发或者转保育

---

① 《深圳前海合作区人民法院正式揭牌　前海法院"新"在哪?》，http：//www. chinatrial. net. cn/news/5146. html。

为主。设立专门的铁路法院或林区、矿区法院的必要性已经不大。

随着时代的变迁和法治社会建设发展，专门法院的概念和内涵也在发生调整变化。2006年修订的《人民法院组织法》第2条只明确了军事法院作为专门人民法院。这是由于党的十八大以来，随着国家治理体系的全面深化改革，审判体制机制也发生了较大调整。一个重要的转折点是2014年党的十八届四中全会。十八届四中全会是党的历史上第一次专题研究依法治国有关事项的中央全会，推动法治成为国家治理的基本方式，使得党和国家的改革、发展、稳定各项事业都在法治轨道内运行。党的十八届四中全会公报提出："探索设立跨行政区划的人民法院和人民检察院。"这是党对优化司法职权配置的重大举措和改革探索。跨行政区划司法机关意味着不局限于单个行政区划内案件的管辖，而是对一定范围内跨行政区划案件的管辖。

近些年，司法改革表现出明显的专业化取向特征，往往按照某一案由或者案件类型进行专门法院集中管辖的制度安排，这是在中央全面深化改革这一精神的指引下作出的战略安排。在2018年《人民法院组织法》的修改中，新型专门法院的设立得到了法律制度层面的回应。例如，2018年3月28日，中央全面深化改革委员会第一次会议审议通过了《关于设立上海金融法院的方案》。同年4月27日，全国人大常委会通过《关于设立上海金融法院的决定》。8月20日，上海金融法院正式揭牌成立，负责审理金融领域民商事案件。与司法改革相呼应的是，法律制度层面也体现出亦步亦趋的及时变革。2018年修订的《人民法院组织法》明确，专门人民法院包括军事法院和海事法院、知识产权法院、金融法院等。这是在多年审判实践的基础上，法律制度对司法实践的吸收和回应。除金融法院以外，近年国家层面还统一部署并推动建设了知识产权法院和互联网法院等新型专门法院。

在地方层面，各地结合自身实际，探索推动各具地方特色的新型专门法院建设。例如，中国环境资源司法保护的基本形式经历了设立环境资源专业法庭、"多审合一"试点，再到跨区域集中管辖的发展历程，呈现专业化不断加强的态势，司法保护成效逐步显现①。

在深圳地方层面的大力推动下，前海合作区人民法院集中管辖深圳全市基层法院一审涉外、涉港澳台商事案件。这是立足前海深港现代服务业合作区作为深港合作的重要平台这一背景作出的部署。前海深港现代服务业合作区与中国（广东）自由贸易试验区前海蛇口片区相重合，是国内对外开放程度最高的窗口和门户，也是开展"一带一路"国际合作的重要战略支点。在此背景下，前海法院有不少创新探索，如争议双方可以自由选择香港法或域外法作为裁判依据，最高人民法院也在前海设有"中国港澳台和外国法律查明研究基地"。这意味着，前海法院作为新型专门法院，其审判活动与一般的地方法院相比有很大特色。立足检察机关视角，新型专门法院的这些特点对法律监督工作提出不小挑战。相较于人民法院在办案集约化道路上的快速发展，检察机关因为受法律监督业务开展前端与后端的制约，设立新型专门人民检察院的仍然较少。

（二）专门法院的概念

从字面理解，新型专门法院与专门法院的关系，即体现范围上的囊括与重叠，又反映了发展上的承继与延伸。据《法学词典》对专门人民法院的解释，专门人民法院是中国在特定部门设立的审理特定案件的法院。与一般人民法院不同，专门人民法院不按行政区划设立，也不受理一般民事刑事和行政案件。

实际上，随着时代的变迁和司法实践的进步，相较于原有的专门法院，这一概念的内涵和外延已经有了不小变化。笔者认为，从强化检察监督职能角度看，金融法院、知识产权法院乃至深圳盐田法院、龙岗法院、前海法院都可以被认作新型专门法院。毕竟，现行《人民法院组织法》或相关法律制度、最高人民法院都没有明确提出专门法院的定义。新型专门法院指的

---

① 范永龙：《从专业法庭到专门法院——论设立环境资源法院的现实考量与机制构建》，《山东法官培训学院学报》2019 年第 5 期，第 56～66 页。

是：为实现案件审判专业化、类型化的目标，根据上级审判机关的指定，对一定区域范围内的某一类案件进行集中管辖的法院。

从专门法院的沿革可以发现，其一，专门法院是专属的法定的概念。它是中国统一审判体系——人民法院体系中的一个组成部分，它和地方各级人民法院共同行使国家的审判权。专门法院与地方法院的区别主要在于：首先，它是按特定的组织或特定范围的案件建立的审判机关，而非按照行政区划建立的审判机关；其次，它管辖的案件具有专门性，受理案件的范围具有特定约束；最后，它的产生及其人员任免等组织形式不同于地方法院。其二，专门法院的范畴是发展的概念，不是一成不变的。从原来的军事、铁路发展到金融、知识产权等类别，都是适应经济社会发展、时代变革应运而生的。

（三）新型专门法院的类别

新型专门法院与专门法院从概念到实践皆有异同。其共同点在于"专门"，即特定类案的集中管辖。不同点在于：专门法院是由宪法、组织法明文规定的；而新型专门法院更多是根据审判实践需要，基于上级法院指定管辖而产生。新型专门法院是基于社会经济发展和专业化审判需求持续增长而不断建设和发展的，体现了极强的实践性。根据笔者在深圳司法机关工作的经验，立足于相关司法实践，新型专门法院可以根据其管理的案件专业化、集中化程度高低，分为专业单一型和专业叠加型两类。

一是专业单一型。典型代表是广州互联网法院和深圳前海合作区人民法院。广州互联网法院是中央全面深化改革领导小组为全面发挥司法在推动网络经济创新发展、保障网络安全、构建互联网治理体系方面的职能作用而增设的，审级属于基层法院。该院对广州全市辖区内特定类型涉互联网第一审案件进行集中管辖，探索建立与互联网时代相适应的审判模式，推动起诉、调解、立案、庭审、判决、执行等诉讼环节全程网络化。

与广州互联网法院设立的背景类似，深圳前海合作区人民法院（以下简称"前海法院"）的设立目的是服务国家发展战略布局，为自贸区与合作区发展提供有力的司法保障；致力于综合性司法改革示范法院建设，为全国法院全面深化司法改革提供实践样本。前海法院的受案范围是，对深圳全市范围内的涉外、涉港澳台商事案件，以及前海合作区范围内的民事案件进行管辖，审级属于基层法院。

广州互联网法院和深圳前海法院具有很多相似性。从目的性来说，设立之初就肩负着一定的国家战略任务，探索互联网数字经济时代或者国家化自由贸易时代的审判新规律新经验。从审级上来说，都属于基层法院，审理相关的一审案件，并没有突破《民事诉讼法》等其他法律对于审级的要求。这类法院都是民商事或者民事行政法院，没有办理互联网或涉外相关刑事案件。

二是专业叠加型。新型专门法院还有另外一种表现形式：在各地司法实践中，基于编制或案件量等实际因素，未必有条件成立独立的专门法院。地方往往将一类案件通过请示上级并指定的方式集中到某一行政区法院管辖，这类专门法院可以定义为"专业叠加型"法院。

所谓专业叠加是指，这些法院本来就是该行政区的基层审判机关，本身并无任何独立性和特殊性，与全国任何一个基层法院本质上并无二致。但随着审判工作的专业化、精细化发展，或者为满足某个领域的审判工作需要，经所在地中级人民法院层报至最高人民法院同意，对一定范围内的一类案件进行集中管辖。以深圳为例，盐田区人民法院（以下简称"盐田法院"）集中管辖全市一审行政诉讼，包括行政非诉执行；龙岗区人民法院（以下简称"龙岗法院"）集中管辖全市环境资源类民事、刑事、行政一审案件，包括相应案件执行和产生的非诉执行。这就是所谓的"辖区内发生的应由基层法院管辖的一般案件"再叠加"某一类型的专业化案件"。

正如前文提及，盐田法院对深圳市内所有应当由基层人民法院审理的行政案件进行集中管辖。对行政诉讼案件进行集中管辖的原因很好理解，就是出于防止"司法地方化"的需要，尽量减少行政力量对司法的干预。龙岗法院对全市范围内应当由基层人民法院审理的环境资源类民事、刑事、行政案件进行集中管辖，目的就是最大程度提高环境资源类案件的审判专业化水平和执法公正性，为守护深圳的青山绿水提供更高水准的审判保障。值得一提的是，基于审判专业化的不断推进和"新法优于旧法"原则，在龙岗法院对环境资源类民事、行政、刑事案件进行集中管辖以后，盐田法院就不再对相关的行政案件进行集中管辖了。

（四）新型专门法院的特征

新型专门法院一般体现以下几种特点。一是专业性特点，往往按照某一主题将某一类型的案件进行集中管辖。目的是统一裁判标准和裁量尺度，集约化开展司法鉴定，锻造一支专业的审判队伍。

二是跨行政区划特点。案件当事人、纠纷发生地、标的物所在地可能都不在一个地方，往往可能与管辖的新型专门法院驻地相距甚远，甚至可能要审理跨法域纠纷的案件。这样做的最大好处是尽量减少司法地方化的问题。

三是具有一定改革试验性质。"新型"专门法院处理的是与一般地方法院不同的专业化、类型化案件，往往体现探索的使命特征。在审判组织、审判权运行、司法责任制承担、绩效考核和案件质量评价等方面均可开展改革试点，更符合审判专业化的规律。

二 对新型专门法院的法律监督探索

正如前文所述，全国范围内新型法院近年来如雨后春笋般出现，已经成为审判机关进行审判体制改革的有力抓手，极大地促进了审判专业化和司法去地方化。对于金融法院、知识产权法院和互联网法院，各地的设置模式和具体安排不尽相同。同时，基于审判权运行的新体制新机制，也对检察机关的法律监督工作提出了新的要求。基于司法实践，笔者选取了国内深圳市前海法院作为法律监督工作的观察样板，该法院是依照授权对该市范围内对涉外涉港澳台商事案件进行集中统一管辖的基层法院。通过对该法院审判活动进行深入观察，总结出基层法院进行涉外商事审判活动的规律性认识，以实务的视角分析审判活动存在的问题，探索检察机关对某一专业领域新型专门法院的监督存在的困难。

（一）涉外专门法院的制度安排及司法实践

要深入把握涉外案件审判集中的发展规律，首先要对相关案件集中管辖的制度安排进行了解，掌握其制度变迁的发展脉络。涉外民商事案件集中管辖的安排，背景是 21 世纪初中国加入世界贸易组织，对外交往和对外贸易数额大幅增加，涉外民商事纠纷自然而然大幅增加。同时，在国际交往和经贸往来中，由于对中国经济制度和社会制度不熟悉，域外主体对原有的审判体系产生一定的疑惑。加之改革开放不久，国内掌握国际规则能从事涉外审判的人才还很短缺，为保障审判质量，提高涉外交往中纠纷解决的公信力，最高人民法院先后出台了两个司法解释，实现对涉外民商事案件审判的集中管辖。

2002 年 2 月，最高人民法院发布《关于涉外民商事案件诉讼管辖若干问题的规定》（以下简称《规定》），将部分涉外民商事案件的一审管辖权集中到国务院批准的经济技术开发区人民法院，省会、自治区首府、直辖市所在地的中级人民法院，经济特区、计划单列市中级人民法院和最高人民法院指定的其他中级人民法院，从而取消了绝大多数基层人民法院和中级人民法院受理第一审涉外民商事案件的权限。

这一制度安排在推出以后即面临实务困境：经济发达地区因涉外案件众多，具有涉外民商事案件管辖权的法院负担太重，影响了案件处理的质量和效率，而到远离双方住所地的法院进行诉讼也给当事人带来很多不便。为解决这些问题，2004 年 12 月，最高人民法院调整思路，发布了《最高人民法院关于加强涉外商事案件诉讼管辖工作的通知》（以下简称《通知》），规定由各高级人民法院在调研的基础上，确定其辖区内可以审理集中管辖涉外民商事案件的中级人民法院名单，报请最高人民法院审批；在此基础上，还进一步授权广东省和各直辖市的高级人民法院根据实际工作需要指定辖区内基层人民法院管辖本区的第一审涉外、涉港澳台商事案件，明确基层人民法院与中级人民法院的案件管辖分工，并将指定管辖的情况报最高人民法院备案。可见，《通知》在《规定》的基础上进行了大幅放权，但同时《通知》也强调，指定管辖一审涉外商事案件的法院要设立专门的涉外商事审判庭或者合议庭，配备足够的审判力量，确保审判质量；需要管辖第一审涉外商事案件但暂不具备条件的，要加强法官培训，待符合条件后再报请指定。

按照最高人民法院《关于涉外民商事案件诉讼管辖若干问题的规定》及《关于加强涉外商事案件诉讼管辖工作的通知》的精神，对涉外涉港澳台案件的基本审判思路是集中管辖。随着办案量的增大和涉外庭法官办案经验、知识和水平的积累提升，全国范围内涉外涉港澳台案件集中管辖的法院数量也不断增长。据笔者调研："截止到 2014 年 10 月底，全国共有 203 个中级法院、204 个基层法院具有一审涉外商事案件管辖权，覆盖了开放水平较高的沿海省份、自治区、直辖市的大部分中基层法院，中西部地区的涉外商事案件管辖权也有了适度拓展。"[①]

在法治基础较好的东南沿海省份，许多基层法院也根据最高人民法院的授权对该市或一定范围内的涉外涉港澳台民商事案件进行集中管辖。例如，根据广东省高级人民法院 2018 年 8 月的批复，广州市范围内原由广州市基层法院受理的第一审涉外涉港澳台民商事案件调整为由越秀区人民法院和南沙区人民法院（广东自由贸易区南沙片区人民法院）分别集中审理[②]。值得一提的是，在各地司法实践中，涉外民商事审判权的集中行使往往和服务保障自贸区建设等战略结合在一起，形成了审判机关对涉外纠纷解决的"组合拳"式方案。例如，福建自由贸易试验区分为厦门、福州、平潭三个片区。为了更好地将审判服务支持自贸区开发开放和增强涉外审判专业性和独立性结合起来，2015 年 6 月，最高人民法院向福建省高级人民法院下达了批复，同意指定平潭综合实验区人民法院、厦门市湖里区人民法院

---

① 罗沙：《全国法院 4 年来审结涉外商事海事案件超 28 万件》，中国法院网，https：//www.chinacourt.org/article/detail/2014/11/id/1487743.shtml。

② 根据广东省高级人民法院关于《中共广州市中级人民法院党组关于对广州市基层法院一审涉外、涉港澳台商事案件实施集中管辖的请示》的复函，越秀区、海珠区、荔湾区、白云区、花都区、从化区辖区内的第一审涉外涉港澳台民商事纠纷案件由越秀法院集中管辖，天河区、黄埔区、番禺区、南沙区、增城区辖区内相关案件由南沙法院集中管辖。

和福州市马尾区人民法院管辖辖区内和自贸区范围内的涉外、涉港澳台民商事案件。基于此,厦门市中级人民法院进一步明确了厦门市范围内"涉自贸区案件",并就诉讼标的额根据湖里法院和中院的受案范围进行了划分。

(二)前海法院管辖涉外商事案件的基本特点

深圳市前海法院是课题组选取作为观察对象的新型专门法院观察样本。之所以选取该法院作为观察对象,主要考虑到案件受理的集约化程度高,受案量大,具有较强的代表性。深圳是中国改革开放的前沿阵地,对外交往多,对外贸易额高,涉外民商事案件的收案量长期位居全国前列。与厦门情况类似的是,深圳也有自由贸易试验区,经过最高人民法院批复同意,前海法院管辖全市范围内应由基层法院管辖的一审涉外涉港澳台商事案件(以下简称"四涉"案件),以及发生在深圳自贸区范围内的民商事以及一般的知识产权案件①。

对该法院审判活动进行观察的方式主要有两种。一是文献阅读。对该法院的年度审判白皮书、官方网站、工作报告等文件进行收集、查阅、比对,从中提炼出近年来该院审理"四涉"案件的情况及审判发展规律。二是审查判决文书。通过中国裁判文书网搜索该院近年审理案件的裁判文书,了解其"四涉"案件审判中存在的瑕疵和问题。通过统计分析案由、案件标的、裁判结果等判决关键性要素,该院从事"四涉"案件审判主要有如下几个特点②。

一是随着对外交往的不断扩大,案件数量近年平稳上升。2016年该院受理"四涉"案件1583件,2017年受理1600件,2018年受理1775件,2019年受理2183件,2020年截至7月就受理了1711件。数据呈现逐年增长趋势,但是增幅并不明显,每年递增不超过10%。

---

① 即除专利、植物新品种、集成电路布图设计、技术秘密、计算机软件、涉及驰名商标认定纠纷案件及垄断纠纷案件之外的第一审一般知识产权民事案件。

② 根据该院公开披露信息,该院相关案件数据统计截至2020年7月30日。

二是案件涉及的法域较多。截至 2020 年 7 月，该院共受理涉外商事案件 1756 件，占全部"四涉"案件总数的 18.56%。2015 年至 2019 年的四年间，受理数分别为 90 件、192 件、284 件、340 件、400 件，2020 年 1~7 月的涉外商事受案量为 450 件，超过了过去五年任何一年的数目。案件当事人涉及的国家或者地区有美国、英国、日本、加拿大、韩国、德国、法国、俄罗斯、新加坡、澳大利亚、新西兰等 88 个。当事人涉及的国家和地区不断增加，反映了中国对外经贸活动范围不断拓宽，程度不断加深。其中涉及"一带一路"沿线国家和地区达 34 个，说明有越来越多的国家支持响应中国"一带一路"倡议，经贸商业往来愈加频繁。

三是案由复杂多样，近年来新类型纠纷增多。该院受理的"四涉"商事案件共涉及 165 个案由，以国际商事交易引发的纠纷为主，涉及跨境交易、离岸交易、跨境运输等领域，包括买卖合同纠纷、运输合同纠纷、借款合同纠纷、委托合同纠纷、信用卡纠纷、股权转让纠纷等，此类案件占"四涉"商事案件总数的 67%。除上述传统的商事纠纷外，新类型纠纷逐年增多，案件类型涉及行业领域广，涵盖了融资租赁、商业保理、互联网金融、跨境电商等领域。

四是存在调解结案多、撤诉结案多、缺席审判多、审理期限长"三多一长"特点。前海法院官方发布的审判白皮书显示，该院 2015 年至 2020 年 7 月，从"四涉"商事案件的结案方式看，调解结案 974 件，占比 13.41%；撤诉结案 1824 件，占比 25.11%；两种方式的结案数超过总数的三分之一。对该院裁判文书的审查结果显示，2016~2018 年审结的 2139 件"涉外"商事案件中，缺席审判的有 1264 件，缺席审判率达 59.1%。同时，案件审理期限偏长，6 个月以内审结的案件仅有 436 件，占比 20.3%。这说明涉外涉港澳台案件跨法域、远距离的基本情况大大制约了法庭上的抗辩行为，对庭审实质性造成了不小的挑战；同时，基于外国法查明、域外送达和办案数量压力等原因，前海法院的案件审判周期明显较长，增加了当事人行使诉权的时间成本。

（三）前海法院审理涉外案件存在的问题

一是域外证据采信标准不统一。根据最高人民法院《关于民事诉讼证据的若干规定》第 11 条，"凡在国外（域外）形成的证据，没有经过公证，或者没有履行按照双边条约中规定的证明手续的，均不能作为证据使用"。但是在判决书审查过程中发现，前海法院存在对域外形成的证据未经公证手续即作为判决依据而被采信的情形。

二是冲突规范及准据法适用论证不够充分。根据裁判文书审查情况，前海法院"四涉"商事案件大部分未能充分论证法律冲突的识别，对冲突规范的适用往往缺少论证，对法律适用过程和理由着墨往往不多。另外，还存在遗漏应当援引的《涉外民事关系法律适用法》及司法解释名称引述不全的情形。

三是文书说理不够清晰。具体来说，部分文书对案件管辖权的论证不足。判决书并未涉及管辖权问题，而是直接讨论法律适用。还有一部分判决书对引用域外律师开具的"法律意见书"的审查和适用说明比较随意，部分判决书只是原文载明该"法律意见书"的内容，并未从专业性、客观性、完整性、关联性等方面对"法律意见书"进行分析，从而论证对其应予采纳的意见。适用域外法律作为判决依据也基本是引用其他生效裁判文书所查明的外国法内容，原告提交的"法律意见书"流于形式。

四是文书制作不够规范。前海法院不同的法官对援引域外法律的写法不一：有的写"《中华人民共和国香港特别行政区〈放债人条例〉》"，有的写"香港特别行政区《放债人条例》"，有的写"香港特别行政区条例第 163 章《放债人条例》"，有的写"香港条例第 163 章《放债人条例》"。对援引的判例表述不统一。还有一些"四涉"商事案件判决书中存在案号标注、文书标题表述、标的额计算等错误，在一定程度上影响了裁判文书的严肃性，并可能引发当事人对程序问题的质疑。

（四）检察机关对相关涉外案件的法律监督探索

一是大量的调解结案、缺席审判制约了法律监督入口。根据前文选取的前海法院作为涉外专门法院的观察样本，撤诉方式结案的案件数超过总数的1/4，而以调解方式结案的案件数超过总数的1/8。即使是判决结案的案件中，又有超过60%的案件是在一方当事人缺席的情况下作出的判决，这意味着该涉外专门法院审理的案件多数是缺乏庭审对抗和实质质证的。究其原因，这是涉外审判的案件特点造成的，跨地域跨法域的案件审判固然可能大大增加了当事人的诉讼成本，但也有不少情况是一方当事人出于逃避承担法律责任而逃往域外一走了之。而检察机关法律监督程序的启动，往往需要当事人主动申请，证明存在法院应当再审而没有再审的情形，或者证明调解书有损害国家利益、社会公共利益的情况存在，才能依法向同级法院发出再审检察建议或者提请上级人民检察院提出抗诉。面临超过60%的缺席审判比例，检察机关的法律监督是被动的。

二是审判和检察资源的错位造成协调性不足。相较于法院系统近年在全国各地大量设立新型专门法院，探索设立专门的新型检察院的司法实践则很少见，其原因在于刑事检察案件占据了检察机关的主要精力，民事行政检察毕竟受制于办案量少，几乎没有可能专门设立独立的检察机关去对口监督一所新型专门法院。无论是人才储备、业务知识还是审判经验，一般的检察机关都较难以承担起新型专门审判的监督任务。这反映了审判、检察机关队伍司法办案专业化的资源投入差距，如何优化检察监督资源，做好纷纷设立的新型专门法院的监督工作是检察机关面临的课题。

三是审判和检察机关对涉外案件的处理思路有区别。据笔者的经验，近年来审判机关通过聘请港澳台人士担任人民陪审员等途径参与涉外审判的司法实践屡见不鲜。根据《人民陪审员法》，中国港澳台地区人士参与庭审，甚至成为人民陪审员并无法律障碍。在珠海、深圳、厦门、漳州等地，基于毗邻港澳台并有大量的涉港涉澳涉台案件，这些地方的审判机关办理相关案件时都探索聘请港澳台人士担任人民陪审员并取得了不错的效果。以深圳前海法院为例，该院 2015 年选出了首批 13 名港籍陪审员。考虑到前海蛇口自贸片区新类型案件集中的特点，设置候选人重点考虑其专业背景，一般需要具有金融保险、知识产权、互联网、现代物流或融资租赁等方面的专业知识或从业经验。基于第一批港籍陪审员参与司法的良好效果，2018年该院又选取了第二批 19 名港籍陪审员。其中，有 12 名为普通港籍陪审员，7 名专家陪审员。"港籍陪审员分为普通陪审员和专家陪审员两大类，其中专家陪审员 20 名，按照金融、贸易、财会、股权、知识产权等类别分为 5 个组。""建立了专业法官 + 港籍陪审员 + 行业专家的专门审判机制，采取分类管理 + 随机抽取的模式，对疑难复杂的涉外涉港澳台案件，或者是法官认为需要邀请港籍专家陪审员参审的案件，根据案件需要按照专业分类从对应的专家库内随机抽取，确保公开性和专业性。"① 反观检察机关，虽然在 2016 年 7 月司法部会同最高人民检察院出台了《人民监督员选任管理办法》，最高人民检察院单独出台了《关于人民监督员监督工作的规定》；广东等地方也出台了《关于深化人民监督员制度改革的实施意见》，明确港澳台人士可以担任人民监督员，但实际上该制度的落实效果至今缺乏考核、评价。在检察机关司法实践中，少有港澳台籍人民监督员参与办案，参与监督的案例，与审判机关的相关工作还有较大差距。

三　新型专门法院检察监督存在的挑战

新型专门法院的设立一定程度上能提高审判质量、统一裁判标准、提升审判效率，增强中国在国际社会的司法话语权，增强司法公信力。但同时，立足检察机关角度，这一改革也大大增加了法律监督的难度，给检察机关的

---

① 刘畅：《强化深港司法交流与合作　提升国际区际司法公信力，深圳前海法院推进港籍陪审员制度成绩斐然》，中国法院网，https://www.chinacourt.org/article/detail/2019/09/id/4478782.shtml。

法律监督工作提出了很高的要求。总体来看，案件类型化集中管辖牵涉的司法文件多，各地的做法差异较大，改革正处在不断深化推进的过程中，检察机关目前尚未形成成熟、定型的法律监督模式。另外，这些案件的专业性和对抗性强，牵涉利益广、争议标的额大，很多是跨国企业和著名企业之争，社会关注度高，舆论影响范围广，法律监督工作需要比一般案件更加慎重。总体来说，对新型专门法院的法律监督工作存在以下三方面的挑战。

（一）监督能力不足的挑战

新型专门法院设立的目的，就是更好地完成知识产权、金融等专业性极强的审判工作，对司法办案人员的素质提出了很高的要求。北京知识产权法院审理的案件中，就有涉网络安全、肿瘤治疗、医学造影、喷墨打印等高科技核心技术、专业性强的案件。上海金融法院审理了一批新型案件，如涉及融资租赁合同、独立保函、私募基金、非银行支付机构网络支付、网络借贷、互联网股权众筹等新型金融民商事纠纷。深圳前海法院审理的涉外涉港澳台案件中，除传统商事纠纷外，新类型纠纷逐年增多。案件类型涉及行业领域广，涵盖了融资租赁、商业保理、互联网金融、跨境电商等领域，部分案件发生在自由贸易试验区内，带有一定的自贸特质。

复杂的案情不仅要求承办检察官有深厚的法律功底和渊博的法律知识，还要有强大的检索能力和学习能力，能尽快掌握某一领域的专业知识。例如，野生动物保护案件中，有林林总总的国际公约、保护名录、指导细则需要查明。知识产权案件监督，则可能要引用国际法作为法律渊源。中国在乌拉圭回合谈判达成的《与贸易有关的知识产权协议》（TRIPS）首次规定了成员提供知识产权执法程序的具体义务。涉外的案件监督，要求承办检察官具备一定的法律查明能力。前海法院 2015 年建院以来，多次依法适用国际公约和域外法律审理商事案件，依据《联合国国际货物销售合同公约》《蒙特利尔公约》等国际公约审理案件 10 件；依托最高人民法院港澳台和外国法律查明研究基地的力量开展外国法查明，并适用域外法律审理案件 98 件。总之，要把案件办好，不仅要通晓刑法、民商法、宪法行政法、诉讼法和法理学，甚至可能要掌握国际法、域外法律、国际公约、国际规则、部门规章、国家标准等等。

（二）监督机制不全的挑战

这里指的是新型专门法院审理的跨区域纠纷案件给检察监督带来的办案机制方面的挑战。以广州知识产权法院为例，一方面整体承接了广州市中级人民法院知识产权审判职能，同时依照规定集中管辖除深圳外广东其余地市的所有专利等专业技术性较强的知识产权民事和行政案件的一审诉讼。而专业性不太强的一般涉知识产权民事和行政纠纷，仍由各地市基层法院和中级法院进行一审、二审。

检察机关面临的新问题如下。A 地检察院对 A 地新型专门法院的审判和执行行为进行监督，但这一案件本身属于跨行政区案件，纠纷当事人的住所地分别在 B 地和 C 地，侵权行为发生在 D 地。如果基于民事案件审理进而开展刑事立案监督和行政执法监督，则应当由何地检察机关向何地公安机关和行政执法机关展开？如果由 A 地检察机关展开监督，权力来源和法理依据并不明确。如果 BCD 当中有一地是域外，所引发的问题就更复杂了。如果 A 地只有法院而没有检察院，则应该由何地何种层级的检察机关履行对 A 法院的监督职责？在个案指定管辖的基础上，是否能形成相应的工作机制，据此解决检察环节类案集中管辖的问题？

（三）监督体制不畅的挑战

这里指的复合型案件是指跨"四大检察"多个领域的监督案件。对于"民刑交叉""民行交叉"类型的案件，意味着承办检察官不仅需要考虑民事检察中判决、执行是否恰当的问题，也需要考虑刑事检察中是否构成刑事立案监督的问题，还可能需要考虑是否涉及行政机关执法不到位产生的行政检察问题，甚至是侵犯社会公共利益而可能产生的公益诉讼问题。也就是说，面对新型专门法院管辖的专业化案件，监督工作要打破检察机关各内设机构之间的藩篱，探索一种新的监督办案体制。

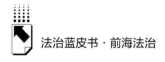

知识产权民事侵权和侵犯知识产权犯罪的基本界限是明确行为人主观因素和判定涉案标的大小。以往管辖权的问题会影响知识产权案件的审理，或导致知识产权刑事和民事案件的审理发生冲突，甚至在某些情况下会出现一种尴尬局面，即基层法院的刑事判决认定被告人构成犯罪，但中级法院的民事判决可能认定被告的行为达不到侵权标准。目前通过类案集中管辖，一定程度上已经缓解了这一问题。但北上广成立的知识产权法院仅仅审理民事行政案件，相关刑事案件仍需分庭审理，对于不同审理中证据重复质证认证，以及刑事诉前强制措施和证据保全制度不相协调等问题仍未获得根本解决。

四　多措并举做好对新型专门法院的检察监督工作

新型专门法院建设是司法体制改革新的探索，大大增强了审判的专业性和集约性，也对法律监督工作提出了新的更高要求。面对专业化、跨领域的监督要求，首先要更新监督理念，创新监督思维。针对案件集中管辖、跨层级审判、跨地域执行等一系列新情况新问题，如果拘泥于原有的层级、规则和既有的工作方式，是难以挖掘出深层违法问题的，甚至可能造成程序空转。为此，必须更新监督理念，以服务"国家治理现代化"的高标准和严要求，转变监督思路，实现向社会提供更多优质检察产品的"供给侧结构性改革"，实现法律监督工作的转型升级。

（一）要加强对新型专门法院的调查研究

纵观全国新型专门法院改革，既有中央统一部署，又有地方自发探索；既有知识产权主题，又有金融、互联网领域的集中；既有"一张蓝图绘到底"，也有不断调整变化。应当认识到，对于新型专门法院这一新的审判体系，检察人员的认识还不够深入。要开展好对新型专门法院的法律监督工作，首先就是加强调查研究。还要进一步认识到，各地各层级新型专门法院的设置不同，需要提供不同的法律监督方案。基于"一把钥匙开一把锁"的思路，鼓励各级检察机关开展专项检察监督方案研究。例如，最高人民检察院"前海知识产权检察研究院",就可以涉知识产权案件集中管辖的法律监督为切入点,立足广东省、深圳市和广州知识产权法院以及省内各地市"三审合一"改革的审判实践,梳理出改革共性和各地特征,探索新型专门法院检察监督的"广东模式""前海方案"。

(二)要建立适应新型专门法院体系的检察体制

一是坚持符合办案实际需要的几点原则。首先符合司法规律原则。各地的司法实践不同,监督需要也不尽相同,对于新型专门法院的法律监督职能的行使,必须依法进行。例如,基于司法权是中央事权,关于新型专门法院的受案范围和对应的检察机关的监督权限,必须按照《立法法》《人民法院组织法》《人民检察院组织法》等法律的要求,按程序由最高人民法院或最高人民检察院指定,地方党委或政法委即使要推动集中管辖等改革,也不能在地方性法规或地方政府规章中规定,也不能通过党委政府发红头文件就确定。其次,立足实际需要原则。虽然新型专门法院的建设如火如荼,但并不意味着检察机关的设立也要一一对应,毕竟,监督案件的受案量远不如诉讼案件。如果确有一定数量的检察环节集中管辖的案件,设立专门的检察机关予以对应也未尝不可,或者指定同层级的某检察机关行使监督权。最后是因地制宜原则。正如上文所提及的,各地的司法实践不同,要坚持"一把钥匙开一把锁",根据因地制宜、因城施策的原则探索符合当地监督办案实际需要的检察体制改革方案。笔者认为,本地方的检察监督体系构建,应主要由省级检察机关统筹考虑,牵头形成一个符合本省实际的建制方案。

二是要完善上下一体化办案相关机制。针对跨层级、跨区域类型案件的集中管辖,开展上下一体化办案是有必要的。例如,某基层法院依照授权对全市范围内知识产权案件进行"三审合一",如果检察机关未予及时回应,就会造成该地基层检察院面临大量的知识产权类案件的审判监督需求,从人手或知识储备方面都难以应付,需要市一级检察机关通过上下一体办案或者抽调力量方式予以支持。再比如,当事人对广州知识产权法院审理的发明专利等一审民事行政案件不服,跨越高级法院审级直接上诉到最高人民法院。

对于这类案件的监督，从广州市检到广东省检，再到最高检，应该以什么样的办案组织进行案件办理，需要认真规划、及时回应。

三是探索完善办案组织。可以了解、研究某些地方检察机关的做法，针对跨业务领域案件，创新办案组织形态。例如，长沙市人民检察院率先在全国省会城市创建知识产权检察局，首创"三检（刑事、民事、行政）合一"和"四项职能（批捕、起诉、监督、预防）融合"办案模式，实行案件的专业化办理①。对于同一案件中出现"民行合一""民刑交织"等情况，可以组建跨检察业务领域的检察官办案组，由刑事检察、民事检察等多个领域的办案人员参与案件办理。监督案件经过初步的审查，如果涉及民事检察以外的监督领域，如需立案监督或行政监督等，则交由该部门的检察人员继续办理。

四是要发挥好研究中心、司法鉴定机构作用，引进外脑支持。针对新型专门法院审判的都是"专、新、难"案件，强化技术支持，争取形成掌握专业知识、国家标准、行业规范、实务操作的专家库，为检察办案人员提供案件以外的专业知识支撑。

（三）要形成符合新型专门法院审判特点的检察监督机制

一是要完善相关法律法规。针对跨区域集中审判管辖，包括有审执分离、跨级上诉等情况，简单地适用原有的一般行政区检察机关对审判机关的监督模式，恐怕不能很好地适应要求。针对"三审合一"中可能出现的跨地域、跨部门、跨层级刑事立案监督、行政执法监督、执行行为监督、侵犯公共利益行为监督等特殊情况，三大诉讼法和检察机关的诉讼监督规则应在修改中予以回应。

二是要构建法检两院沟通协调机制。正如前文所述，各地区各层级新型专门法院的制度创设和具体安排不一，难以形成全国统一的监督模式和工作

---

① 参见曹丹、余菁《知识产权检察监督模式的新探索》，《人民检察》2015 年第 17 期，第 56~59 页。

方案。随着类案集中管辖的不断推进，监督要求也在不断提高。有必要通过构建两院沟通协调机制，加深对双方工作动态的了解把握，增强对跨领域案件审判规律的认识，使法律监督工作跟上审判工作变化的步伐。

三是要形成复合型人才培养机制。要培养一批既懂法律又懂专业知识的复合型检察人才，通过定向选调、挂职锻炼等方式使办案人员掌握专业知识，更了解行政监管部门的执法实务。在检察机关内部通过跨四大检察领域数个岗位的锻炼，培养其综合业务素养，锻造一支视野开阔、能力全面、素质过硬的法律监督工作者队伍。

B.12
推动金融审判新发展
建设金融司法新高地

深圳金融法庭课题组 *

摘　要：　深圳金融法庭作为一家专业化金融审判机构，在金融审判工作方面加大办案力度，努力打造精品，取得了明显的成效。深圳金融法庭致力于维护金融秩序，在服务保障创业板改革并试点注册制、优化营商环境、防范化解金融风险等方面进行了有益的探索。积极开展审判机制创新，在证券期货、中小投资者保护等领域进行了有益的探索，建立符合金融司法规律的审判机制。以人才培养、调研为切入点，在机构建设方面取得了长足进步，努力建设一流金融审判机构。

关键词：　深圳金融法庭　金融审判　机制创新

金融秩序本质上是法治秩序，规范的秩序是金融市场健康稳定发展的基本前提，人民法院通过司法裁判，对金融市场发挥着积极的引导、规制作用。在深圳这片热土上，深圳金融法庭勇于探索创新，积极打造法治名片，在金融审判领域形成了许多具有复制推广意义的深圳经验。金融业是深圳市重要的支柱产业，金融业发展状况对于深圳经济社会发展具有重大意义，中央赋予深圳在金融发展创新方面的重要使命，这既是深圳无上的光荣，同时

---

* 课题组负责人：袁银平，深圳金融法庭庭长。课题组成员：刘茹、秦拓、单静、陈鹏飞、周亚东。执笔人：单静、陈鹏飞、周亚东，深圳金融法庭法官。

也是无比艰巨的重任。

深圳是中国改革开放的窗口，也是重要的金融中心城市，处于金融发展与金融创新的前沿，有丰富的案源案例优势研究金融审判前沿问题，也孕育出了一个优秀的金融审判机构——深圳金融法庭。深圳金融法庭作为全国第一家金融法庭，主要负责审理深圳市辖区内除基层法院管辖范围之外的第一审金融民商事案件、不服基层法院审理的第一审金融民商事案件裁判的上诉案件，并对全市金融审判工作进行监督指导，参与金融风险防范化解等工作。根据最高人民法院的授权，在创业板以试点注册制首次公开发行股票的上市公司所涉证券合同纠纷和证券侵权责任纠纷第一审民商事案件也由深圳金融法庭试点集中管辖。深圳金融法庭根植于深圳，充分发挥司法审判对金融业的规范、保障与引导功能，为深圳市金融业发展提供有力的司法保障。作为重要的金融审判机构，深圳金融法庭敢于先行先试，积极探索金融审判机制创新，不断优化司法资源配置，努力提升审判专业化水平。通过司法审判，着力防范化解重大风险，为促进资本市场健康发展营造良好的法治环境。经过三年的发展，深圳金融法庭打造了一批有影响、有价值的精品案件，带出了一支想干事、能干事的人才队伍，形成了一套专业化、规范化的审判机制，具备了自身优势，产生了品牌效应，在经验积累、审判能力、机制建设等方面成果斐然。

一　围绕办案第一要务，审判工作再创佳绩

办案是深圳金融法庭的第一要务，也是作为一个高水平金融审判机构的集中体现。深圳金融法庭成立以来，克服巨大的人案矛盾压力，致力于提升审判质量和审判效率，输出高质量的金融司法产品，取得了明显的成效，是中国金融司法领域一支重要的力量。

（一）加大审判工作力度

2019 年，深圳金融法庭共受理各类案件 2683 件，审结各类案件 1584

件。2020 年，共受理各类案件 3287 件，其中新收案件 2188 件，同比上升 45%；审结 1987 件，同比上升 25%；法官人均结案 221 件。2021 年上半年，深圳金融法庭受理案件数量达到 3537 件，同比增长 76.1%，已经超过上年全年的受理案件总数，法官人均结案达到 107.2 件，位居全院各审判部门前列。

（二）全力打造精品案件

收结案数量不断创新高的同时，案件质量也有明显提升，在办案中注重发掘精品案件，打造金融审判的亮点品牌。近三年来，先后有 2 个案例被评为全市法院年度典型案例，1 个案例被评为全国法院优秀案例，1 个案例入选全国法院年度十大商事案例。深圳金融法庭先后审结了涉中车时代公司票据系列案，解决了期前提示、线下追索的效力等疑难问题，对于该类问题的处理思路获上级法院充分认可；审结了涉银信评估公司证券虚假陈述系列案，明确了证券虚假陈述责任纠纷中存在过错的中介机构如何承担责任这一极具争议性问题，准确区分了中介机构的过错性质和责任性质，对于惩戒违法违规行为、维护证券市场秩序、保障金融中介行业发展具有重要意义，在业内产生了重大影响；受理《证券法》修订后全国首例人数确定的代表人诉讼案件，办结全国首例无行政前置程序的证券虚假陈述责任纠纷案件，还在全国首次探索适用"支持诉讼＋示范判决"模式，不断运用新型机制化解纠纷，继续在证券审判领域保持领先地位。此外，深圳金融法庭还在私募基金、期货、资管等领域继续开拓空间，审结了一批复杂程度高、疑难问题多的案件，持续对外输出"深圳经验"。

二 依法维护金融秩序，保障经济社会发展

金融审判工作的目的在于解决纠纷，防范化解风险，保障金融业规范有序发展。深圳金融法庭始终秉持金融服务实体经济的导向，准确界定法律关系，正确认定合同效力，通过司法裁判规范金融秩序，降低实体经济融资成

本，促进经济社会健康发展。作为中国乃至于世界重要的金融中心城市，深圳金融业规模庞大，新模式、新业态层出不穷，在带来金融业高度繁荣的同时，也面临诸多难题。深圳金融法庭坚持依法行使审判权，坚决维护金融秩序，引导更多金融资源优化配置。

（一）服务保障创业板改革并试点注册制

为统一裁判标准，保障创业板改革并试点注册制顺利推进，深圳金融法庭主动向省高院、最高法院请示报告，并获最高人民法院授权，对在创业板以试点注册制首次公开发行股票并上市的公司所涉证券合同纠纷和证券侵权责任纠纷第一审民商事案件试点集中管辖。联动最高院、省高院和本院三级法院分别出台实施意见，为创业板改革并试点注册制提供了充分的司法保障，同时还入选"2020年度深圳十大法治事件"。深圳金融法庭牵头出台了《深圳市中级人民法院关于服务保障创业板改革并试点注册制的实施意见》，提出了30条具体举措，涵盖刑事、民事、行政审判等各个领域，贯穿立案、审判、执行等各个阶段，兼顾市场、监管与司法各方关系，就防范金融系统性风险、依法提高市场主体违法违规成本、切实保护投资者合法权益进行了全面的制度安排。同时，也确立了创业板注册制首发公司相关合同和侵权案件由深圳中院一审集中管辖机制，将极大提升深圳作为金融证券纠纷解决中心的地位，有利于司法裁判标准的统一，有力助推深圳打造国际一流的营商环境和司法环境，实现法治示范城市目标。坚持把投资者保护作为根本任务，涵盖刑事、民事、行政全领域，贯穿立案、审判、执行全流程，提出可操作、可复制的创新举措。为证券市场群体性纠纷多元化解，探索以"示范诉讼为主导、以特别代表人诉讼为补充"的深圳方案；探索"首恶负责制＋其他责任主体限额补充责任"的深圳经验，以促进创业板市场行稳致远。

（二）积极服务优化营商环境建设

通过依法审理各类金融民商事案件，充分发挥司法裁判对金融市场的规制作用，促进金融法治建设，努力优化营商环境。坚持、贯彻金融服务实体经济的导向和理念，对于金融借款、融资租赁等纠纷中通过咨询费、管理费等名目变相提高融资利率的，依法进行调减，对搭售保险等违规行为坚决予以否定，切实降低实体经济融资成本，维护金融秩序。审结涉沃特玛票据追索权纠纷系列案件，经与银保监局、市内主要银行沟通，妥善处理该系列所涉及的一系列商业汇票疑难复杂问题，加快建立稳定、公平、透明、可预期的营商环境。深圳金融法庭关于商业保理公司、融资担保公司、融资租赁公司等机构从事金融业务不适用民间借贷司法解释的裁判理念与一贯做法，得到最高人民法院的肯定，成为规范金融市场具有重大影响的新规则。参与全国营商环境评价工作，安排专人全程参加动员培训、现场填报、后方支援、总结报告、访谈整改等工作，先后整理、提供各类材料 50 余件，高质量完成"获得信贷""保护中小投资者"等指标的评价工作。

（三）着力防范化解重大风险

防范化解金融风险特别是防止系统性金融风险，是中央确定的一项重大政治任务。最高人民法院院长在考察深圳金融法庭时提出，深圳金融法庭要充分发挥司法裁判对金融市场的规制作用，维护金融秩序，防范金融风险，促进金融法治建设，推动深圳金融业持续健康发展，努力营造稳定、公平、透明、可预期的营商环境。为做好金融审判工作，深圳金融法庭依法审慎处理涉及面广、当事人众多、可能影响社会稳定的金融纠纷案件，切实防范个案处理失当引发区域性、系统性风险。近年来，P2P 网贷平台、私募基金领域相继出现大面积风险，市委高度重视金融风险防范处置工作，本院也成立了以院长为组长的金融维稳工作领导小组，领导小组办公室设在金融法庭。金融法庭协同院相关业务部门和基层法院，多次组织召开专题会议，研究法院参与金融风险处置的司法政策，协调涉诉案件需要把握的立案审查和裁判标准，并多次派员参加市委、市委政法委和相关金融风险处置专班的会议，提出的法律意见得到市委、市委政法委的充分肯定，推动依法依规开展金融维稳工作。维护金融秩序、防范金融风险，是深圳金融法庭的重要使命，先后妥善审结涉"保千里"证券虚假陈述责任纠纷系列案、涉"深圳石油交易所"合同纠纷系列案等涉及数百名中小投资者的群体性纠纷案件，未发生重大金融安全和重大信访事件。贯彻加强金融监管的政策和理念，审慎对待各种金融创新，依法否定逃避监管等违法违规、危害金融市场秩序的行为，引导资本良性运作。支持金融监管部门依法监管，安排骨干力量参加监管部门联席会议，从司法角度为依法监管提供协助。支持依法处置 P2P 网贷平台工作，截至 2020 年 12 月份，全市累计 200 余家 P2P 网贷平台自愿退出且声明结清网贷业务，处置工作成效显著。为发挥内部合力，深圳金融法庭推动成立了市中级法院金融维稳工作小组，由院长担任工作小组组长，深圳金融法庭负责工作小组办公室日常工作，每月召开例会，研究司法对策，切实整合力量，防范化解重大金融风险。

（四）主动延伸金融审判职能

推动深圳证券交易所将上市公司及其高管"送达地址确认"纳入上市公司承诺书，已经与深圳证券交易所、监管部门就该项工作达成共识，进一步完善上市公司诚信体系，也有利于化解"送达难"问题。在审判过程中，发现金融机构存在制度漏洞、风险隐患的，及时就改进工作、防范风险提出建议。针对金融业务中存在的问题、漏洞，向监管部门、行业协会发出司法建议 5 份，提出多项建议全部获得采纳，有力促进金融业完善与发展。先后 30 余次与金融机构、监管部门座谈、调研，了解金融业发展情况和司法需求，共同完善金融市场规则。

三　积极开展探索创新，完善金融审判机制

创新是深圳的基因与发展动力，也是深圳金融法庭的内在品质。金融法庭的设立，本身是一项重大的制度创新。金融法庭的工作职责，除了办案之外，就是加强金融审判领域新情况新问题的研究，探索建立符合金融司法规律、契合现代信息技术发展形势的金融审判机制，为经济社会发展提供更有

力的司法保障，为全国法院提供更多可复制可推广的经验。因此，深圳金融法庭并非单纯的办理案件，同时也在探索完善金融审判机制创新，对内统一裁判标准，对外输出智慧成果。在总结提炼审判经验的基础上，先后出台了多项创新性成果，形成一系列可复制、可推广的新机制。

（一）深入推进证券期货审判机制创新

证券期货审判是深圳金融法庭的优势领域，审理了涉"保千里""任子行""美丽生态"等一大批具有重大影响的证券类案件，积累了丰富的审判经验，也锻炼出了一批专业化审判人才，在证券审判领域具有相当影响力。当前，我国证券市场尚处于发展过程中，违法违规行为呈高发态势，随着监管力度的逐步加大和投资者维权意识的不断提高，以证券虚假陈述为代表的群体性证券侵权民商事纠纷爆发式增长，给审判工作带来了极大挑战。为有效应对新的挑战，深圳金融法庭在对既往证券审判经验进行全面、系统总结的基础上，建立了"15233"工作体系（1个前置程序，5大审理机制，2项重点内容，3种简化处理模式，3类不同情形），是金融审判领域的重大机制创新。"15233"工作体系是在证券期货审判形成的"七项机制"基础上进一步系统化、制度化的重大成果，形成了一整套解决群体性证券期货民事纠纷的系统化方案，这也是全国首个针对群体性证券期货民事纠纷而构建的新型审判工作体系，是金融审判机制的重大创新。"15233"工作体系的建立，产生了广泛的影响，《证券时报》等多家主流媒体进行了采访报道，学界也针对"15233"工作体系进行了专门研究。"15233"工作体系还入选深圳经济特区40周年法治创新案例和2020年度深圳治理现代化"法治保障"优秀案例，最高院、省高院也予以高度肯定。

（二）探索中小投资者权益保护新路径

通过金融审判保护中小投资者合法权益，深圳金融法庭开展了很多富有成效的机制创新，探索出了一条新路径，在这一领域走在了全国前列，在2018年就专门出台了保护中小投资者合法权益的裁判指引。《深圳市中级人民法院关于依法化解群体性证券侵权民事纠纷的程序指引（试行）》充分体现了加强投资者特别是中小投资权益保护的精神，并作出了完整的制度设计，极大方便了投资者维权，降低维权成本。2020 年 10 月份，深圳金融法庭公开开庭审理了全国首宗由投资者权益保护机构支持诉讼并作为示范案件的证券虚假陈述责任纠纷案件，中证中小投资者服务中心作为支持诉讼方派员出庭支持诉讼。依据"15233"工作体系的制度安排，依法启动调解程序，当事人在充分协商的基础上自愿达成调解协议。在新《证券法》颁布实施的大背景下，该案的圆满办结，标志着"支持诉讼 + 诉前调解 + 示范案件"模式正式破冰，并验证了"15233"工作体系的可操作性与有效性，是探索新型投资者权益司法保护机制的重大突破，能够更加高效、权威、多元、便捷地保护中小投资者合法权益，也为今后进一步深入探索积累了经验。此外，深圳金融法庭还积极落实代表人诉讼制度，受理了一批普通代表人诉讼案件，通过代表人诉讼机制为投资者提供最大程度的便利，目前该批案件正在审理中。为更加专业、有效地保护中小投资者合法权益，深圳金融法庭与中证中小投资者保护中心建立了良好的合作关系，通过落实支持诉讼等机制，为中小投资者提供专业的法律帮助。

（三）建立金融专家咨询制度

金融纠纷专业性强、新型疑难问题多，为进一步加强金融审判专业化建设，提高金融审判工作质效，深圳市中级人民法院出台了《金融业务专家咨询工作规程（试行）》，首批聘任了 20 名金融业务专家咨询委员，既有来自金融实务部门的业界专家，也有来自高等院校、科研院所的资深学者，涵盖了银行、证券、基金、期货、票据、债券、金融科技等多个金融专业领域，建立了金融业务专家咨询制度。作为"外脑"和"参谋"，专家委员将就金融审判领域新型疑难问题提供专业咨询，还可以针对课题研究、裁判成果提炼等事项提供论证意见。专家咨询委员会成立以来，在期货、证券、资管等领域为审判人员提供了大量高质量的专家意见，有效提升了金融审判专业化水平。

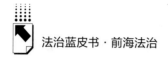

（四）落实繁简分流机制改革

根据繁简分流改革试点实施细则要求，深圳金融法庭组建了专门的金融速裁团队，采用了"1 + 2"组织模式（1 名法官 2 名辅助人员），实行二审金融案件简案快审、集中审理的审判模式，推动金融审判全面提速。速裁团队正式运作一年多以来，审结率超过七成，结案周期也大幅度缩短，多数速裁案件可在 30 日左右审结。为进一步优化繁简分流机制，深圳金融法庭积极推动金融速裁案件准确标识，建立绿色通道，实现速裁案件快速办结。

（五）打造金融纠纷多元化解品牌

坚持专业化调解，与多家监管部门、行业协会、社会调解组织等单位建立合作关系，签订合作备忘录，共同推进金融纠纷化解。深圳两级法院与一百多家金融监管部门、行业协会、社会调解组织等机构建立合作关系，共同推进金融纠纷化解。充分发挥专业调解组织的专业与经验优势，充分发挥中国证券期货业协会、深圳市银行业消费者权益保护促进会等组织的专业优势，与深圳金融法庭共同开展金融纠纷调解工作，努力把争端解决在诉前。依托自主研发的"深融多元化平台"，促进纠纷化解与信息技术深度整合，实现阅卷、调解、司法确认、转立案全部在线办理，发挥在线调解辅助系统积极作用。经过两年多的努力，已经建立起了高水准的多元化解体系，充分发挥各个主体的功能作用，调动各方积极性，取得了显著的成效。2021 年以来，深圳金融法庭共受理涉新纶科技证券虚假陈述责任纠纷案件 500 余件，通过"示范判决 + 调解"机制成功调解 293 件，诉前委派调解 87 件，在纠纷化解、诉源治理方面取得了显著的成效。

（六）创新审判指导机制

深圳法院金融案件占比较大，且呈逐年上升趋势，占民商事案件总数的四分之一左右。2021 年第一季度，在部分金融类案件并案立案的情况下，金融案件仍是深圳市法院的重要增长源，新收金融案件增量接近民商事案件增量的27%。但深圳市基层法院多数都没有专门的金融审判机构，金融案件分散在多个部门办理，专业化审判水平不高，不同法院、同一法院不同业务部门裁判标准不统一的问题较为突出。加之金融审判业务面临的新情况、新问题特别多，有些法律问题争议很大，导致法官办案时难以决断。为提高深圳法院金融审判的整体水平，加强对下监督指导，一是完善合议庭专业化分工。深圳金融法庭对三个合议庭进行了专业分工，并按照各自的专业方向，加深对某一类问题的研究，既着力培养专业性人才，也便于统一裁判理念和标准，分别在相应领域有所侧重。对合议庭进行相对分工，有利于有效应对金融商事纠纷类型复杂、新型疑难问题多的挑战，提升办案质量，同时还有利于培养专业化法官。二是创新业务指导模式。制定《深圳金融法庭关于进一步加强和改进对基层法院业务监督指导工作的实施意见》，坚持依法监督指导、维护审级独立、监督与指导并重、上下级法院双向互动的原则，建立合议庭对口指导与专业化指导相结合的业务指导机制。近两年来，先后出台各类裁判指引及相关文件5件，发布裁判要点、注意事项十余次，并建立了两级法院金融审判业务交流平台。三是规范个案请示工作。基层法院依照相关规定需要对个案请示的，根据业务或案件类型，交由相应的专业合议庭提出意见，必要时组织召开专业法官会议进行讨论。三年多来，先后6次召开专业法官专题讨论会议，帮助基层法院解决法律适用疑难问题。

四　加强自身能力建设，打造一流审判机构

一是加强队伍建设。先后制定审判管理、队伍管理等方面规章制度11项，用制度管人管事管案。建立部门业务培训制度，法官、辅助人员作为主讲人轮流登台讲课，并选派法官作为主讲人为深交所、投服中心、人行深圳中心支行、光明区人大等单位授课20余次，1名干警被评为全市审判业务专家。建立部门学习制度，定期开展民法典、司法解释培训。积极引进"外脑"，借助本院金融业务专家、金融机构的经验优势，为深圳金融法庭提供专业的培训，邀请深圳证券交易所、市证监局、银行机构等单位到深圳

金融法庭授课、宣讲，举办"金融创新、风险防范与司法应对主题研讨会"，有效地拓展了专业视野。着眼于两级法院金融审判能力整体提升，举办了两场面向全市法院的培训，培训内容涉及私募基金、电子证据等新领域。

二是加强调研工作。在金融法庭内部成立调研指导组，由业务骨干担任组长，其他法官和部分法官助理参与。近两年来，先后完成省高院重点调研课题 1 项，调研报告被评定为优秀等次；完成市中院重点调研课题 2 项，调研报告分获全市法院优秀调研成果一、二等奖；1 篇论文获第 32 届全国法院学术讨论会二等奖，1 篇调研报告获全市政法系统优秀调研论文评选三等奖。2021 年 5 月，深圳金融法庭承接最高人民法院委托的供应链金融业务调研任务，全体法官共同攻坚，会同相关机构，在供应链金融这一新兴领域开展了系统深入的研究，完成了两万余字的调研报告，在全国范围内具有首创意义。先后完成省高院重点调研课题"证券市场虚假陈述责任纠纷疑难问题分析及解决路径的调研""私募基金法律风险防控"，分别获评全市法院重点调研课题一等奖、全省年度重点调研课题评选第一名，还完成了本院重点调研课题"中级法院专业化法庭职能定位和专业化建设研究"等。深圳金融法庭干警撰写的《证券群体性纠纷示范判决既判力的效力扩张与程序再造》获全国法院系统学术讨论会二等奖，还有多篇调研报告、学术论文获评多个奖项。

立足深圳、面向湾区、放眼世界，建设世界一流的专业化审判机构，既是成立深圳金融法庭的初心，也是建设深圳金融法庭的使命。在建设中国特色社会主义先行示范区和粤港澳大湾区的背景下，深圳金融法庭使命崇高、任务艰巨，深圳金融法庭将继续锐意进取、勇于担当，在探索金融审判新发展的道路上不断前行，把公平正义落实在每一个司法案件中，打造金融司法新高地，努力把深圳金融法庭建设成为司法公正高效、品牌效应突出、审判水平卓越、专业人才辈出的世界一流金融审判机构。

知识产权保护

Intellectual Property Protection

B.13

中国（深圳）知识产权保护中心的知识产权创新实践与探索

中国（深圳）知识产权保护中心课题组 *

摘　要： 依托中国（深圳）知识产权保护中心（以下简称"深圳保护中心"）建设的国家海外知识产权纠纷应对指导中心深圳分中心（以下简称"深圳分中心"），是全国首批十家地方分中心之一，也是深圳首个国家级的公益性海外维权综合服务平台，于2020年4月27日正式落户前海。成立以来，深圳分中心建立海外布局预警—案件监测响应—纠纷应对指导—意识能力提升—资源整合共享"五位一体"海外维权工作体系，聚焦"事前"布局预警、"事中"精准指导、"事后"总结提

---

* 课题组成员：宋洋、邓爱科、刘凯怡、祝铁军、黄丽。执笔人：邓爱科，中国（深圳）知识产权保护中心副主任；刘凯怡，中国（深圳）知识产权保护中心海外维权部部长；祝铁军，中国（深圳）知识产权保护中心行政部副部长；黄丽，中国（深圳）知识产权保护中心海外维权部工作人员。

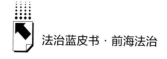

升等环节，优化全流程海外知识产权服务，为深圳"走出去"的企业保驾护航。

关键词：　海外维权　布局预警　监测响应

随着知识经济的蓬勃发展，知识产权日益成为国家发展的战略性资源和国际竞争力的核心要素。进入新发展阶段，通过知识产权制度来激励创新、保护创新，营造良好的营商环境，提升产业竞争优势，助力构建新发展格局战略支点，对深圳实现高质量发展和科技自立自强至关重要。

近年来，深圳坚持把知识产权工作融入全市经济社会发展大局，充分发挥知识产权对内激励创新、对外促进开放的积极作用，为深圳打造高质量发展高地、营商环境高地、对外开放高地和创新活力高地提供有力保障。2020年，深圳专利申请量、授权量，商标申请量、注册量稳居全国首位，PCT国际专利申请量连续17年领跑全国，营商环境评价的知识产权考核指标位居全国首位，专利质押融资金额居全国第二位，在第22届中国专利奖评选中，获奖101项，其中金奖5项，连续多年位居全国前列……深圳知识产权成绩得到各级领导高度肯定。

一　深圳海外知识产权发展背景

深圳是中国改革开放的前沿城市和重要窗口，一大批深圳企业成为中国开拓海外市场的先驱，它们主动学习国际贸易和知识产权规则，最早与西方企业开展深度合作和激烈角逐，积累了丰富的海外知识产权实务经验。近年来，中美贸易摩擦持续升级，中国企业在海外遭遇的知识产权纠纷与摩擦愈加频繁，深圳作为中国科技研发高地和对外开放枢纽，是国内受影响最大的城市，海外维权形势严峻而复杂。

（一）创新能力突出，企业出海需求旺盛

深圳知识产权创造、创新能力走在全国前列。2020年，深圳专利申请量、专利授权量、商标申请量、商标注册量稳居全国首位，每万人口高价值发明专利量达54.42件，PCT国际专利申请量占全国总量的30.19%，连续17年领跑全国，在美国、欧洲、日本、韩国的发明专利公开量遥遥领先国内其他城市。在国家知识产权战略的引领和推动下，深圳科技创新和产业发展突飞猛进。2020年，深圳GDP达2.77万亿元，居亚洲城市第五，其中，战略性新兴产业增加值占比达37.1%，成为经济高质量发展的重要增长极。研发投入占GDP比重超过4.9%，处于世界领先水平。国家高新技术企业达到18650家，数量和密度居于全国前列。国家创新型城市创新能力评价报告显示，深圳创新能力位列榜首。对外贸易出口规模连续28年位居全国首位，外贸对经济发展的支撑作用显著，企业开拓海外市场的动力和需求强劲。

（二）贸易摩擦升级，海外维权形势严峻

近年来，以美国为首的西方国家通过技术封锁、贸易壁垒、关税打压、知识产权制裁等多种手段，不断加强对中国企业特别是高科技企业的打压态势。深圳作为对外开放先锋和连接国内国际双循环的新枢纽、出海口和风向标，面临的海外知识产权挑战与日俱增。据统计，2019年到2021年7月，美国对中国发起的337调查案件有66件，涉及深圳企业的有26件，深圳企业涉案比例高达39.4%。2018年到2020年，美国地方法院专利诉讼案件涉及中国企业的有537件，涉及深圳企业的有315件，深圳企业涉案比例高达58.7%；美国地方法院商标诉讼案件涉及中国企业的有699件，涉及深圳企业的有288件，深圳企业涉案比例高达41.2%，深圳成为美国知识产权制裁的重灾区，企业海外维权意识和能力弱、海外纠纷应对成本高等问题空前严峻。

（三）企业力量薄弱，两弱两难问题突出

深圳 90% 的企业为民营企业，其中又有 90% 的企业为中小企业，企业海外知识产权维权意识弱、企业海外知识产权业务能力弱，寻找资源难、维权过程难的"两弱两难"问题十分突出。一方面，中小创新型企业，甚至许多技术领跑行业的独角兽企业对产品、技术和品牌缺乏保护意识，知识产权投入不足，企业内部没有专门的知识产权管理机构和有效的知识产权保护机制，遭遇海外纠纷后，缺乏专业能力、专职人员和实务经验，纠纷应对能力弱，往往以败诉收场。另一方面，知识产权工作专业性强，国外法律环境错综复杂，各国政策和法律制度各不相同，企业难以在短时间内获取法律信息、律师和实务案例等优质资源，形成有效应对策略，一旦遇到海外纠纷便束手无策。同时，海外维权成本高、周期长，企业面对海外知识产权纠纷时压力巨大，很多企业直接放弃维护自身权益，许多实力较强的大企业也疲于应对。

（四）维权力量分散，综合平台亟待建立

受传统知识产权管理体制影响，深圳市海外知识产权保护资源主要分散在商务局和市场监督管理局，缺乏标准化、规范化的工作机制和综合性、集成化的服务平台，多头分散管理导致工作机制不规范，信息收集不及时，服务力量不集中，专业队伍不稳定，部门衔接配合不顺畅，难以提供高质量的海外维权服务。政府对企业的支持一般仅停留在资金资助层面，企业一旦涉诉，无法提供针对性的指导和跟踪服务，不能解决企业的深层次需求。随着深圳创新驱动发展不断深化、国际竞争力持续提升和外向型经济高位增长，深圳企业对海外知识产权维权援助服务的需求呈现井喷式增长，以往的体制机制和工作方式已无法满足新形势需要，亟须建立综合性服务平台，提升企业的信任度、获得感和满意度。

二 国家海外知识产权纠纷应对指导中心及深圳分中心介绍

为更大力度促进知识产权保护的国际合作，指导和服务企业在海外维权，普及海外知识产权信息，帮助企业全面了解和充分尊重他国知识产权制度规则，2019 年，国家知识产权局联合中国国际贸易促进委员会共同推动设立国家海外知识产权纠纷应对指导中心，并于 2020 年起在全国重点省市建立一批地方分中心，着力构建海外知识产权纠纷协调解决机制，为企业防范海外风险、应对海外纠纷提供指导和服务。

（一）国家海外知识产权纠纷应对指导中心简介

国家海外知识产权纠纷应对指导中心在国家知识产权局知识产权保护司指导下成立，旨在聚焦海外知识产权纠纷应对中存在的难点和痛点，构建国家层面海外知识产权纠纷信息收集和发布渠道，建立中国企业海外知识产权纠纷指导与协调机制，提高企业"走出去"过程中的知识产权纠纷防控意识和纠纷应对能力。推动建立地方分中心，截至 2021 年 7 月，已在全国重点省市建设 2 批共计 22 家地方分中心，进一步强化海外维权整体力量，推动海外纠纷应对指导优质资源向地方辐射，积极服务区域经济发展。

（二）深圳分中心简介

1. 中心简介

深圳分中心是以深圳保护中心为依托，为公众提供公益性海外维权服务的综合性平台。在国家知识产权局、国家海外知识产权纠纷应对指导中心的指导下，深圳分中心通过建立海外风险监控机制、海外纠纷信息共享机制、海外维权服务机制，为深圳"走出去"的企业提供更加高效、便捷的海外

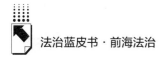

知识产权风险防范和纠纷应对服务。

2. 建设历程

2020年1月10日，深圳保护中心正式向国家知识产权局提交建设国家海外知识产权纠纷应对指导中心深圳分中心的申请。

2020年4月8日，国家知识产权局印发《国家知识产权局办公室关于同意设立第一批（10家）国家海外知识产权纠纷应对指导中心地方分中心的通知》（国知办函保字〔2020〕249号），正式批复同意在深圳保护中心的基础上建设国家海外知识产权纠纷应对指导中心深圳分中心。

2020年4月27日，深圳分中心在前海蛇口自贸片区设立5周年建设情况介绍会上正式挂牌，成为全国首批10家地方分中心之一，也是深圳首个国家级、公益性的海外知识产权纠纷应对指导综合服务平台。

2020年10月，深圳保护中心正式设立海外维权部，配备十余名专职海外维权工作人员。

2021年6月，深圳市委编办正式批复同意深圳保护中心新增海外维权部内设部门，并为海外维权工作增配工作人员。

3. 工作体系

深圳分中心聚焦"事前"布局预警、"事中"精准指导、"事后"总结提升等环节，建立海外布局预警—案件监测响应—纠纷应对指导—意识能力提升—资源整合共享"五位一体"全流程海外知识产权维权工作体系，打造深圳企业海外维权的"服务器"、海外规则的"扩音器"和知识产权国际化能力提升的"助推器"。

三　海外维权工作成果

自成立以来，深圳分中心紧密围绕深圳创新主体需求，搭建海外维权服务平台，创新海外维权工作机制，建立专业化海外知识产权人才队伍，提升服务能力和水平，海外维权工作不断取得新进展、迈上新台阶。

（一）聚焦"事前"海外布局，助力企业抢占海外市场先机

1. 开展海外知识产权分析预警

主动对接迈瑞、科曼等呼吸机、额温枪等防疫产品制造和出口企业，针对其主要出口国家美国、意大利等，编写海外专利分析预警报告，帮助企业抢占全球防疫产品市场先机。开展第三代半导体产业海外专利分析预警，为重点产业领域和关键技术环节的海外知识产权布局提供指引，助力深圳突破科技研发"卡脖子"难题。开展重点企业海外商标预警，选取深圳100家典型企业，建立重点国家商标预警档案，针对其中30家重点企业开展定制化监测预警，帮助企业逐一排查海外商标侵权风险。

2. 鼓励海外知识产权布局

鼓励企业开展PCT国际专利申请、海外发明专利授权、境外商标注册等海外知识产权布局，累计为1.8万家深圳创新主体提供4.8亿元资金支持，鼓励和支持深圳企业特别是中小微企业开展海外知识产权布局，提升企业海外知识产权布局意识，筑牢知识产权"护城河"。修订《深圳市知识产权领域专项资金操作规程》，通过丰富和完善知识产权配套奖励项目类型、优化知识产权专项资金项目的核准形式等举措，形成更有针对性、更加公正透明的专项资金管理政策，提升知识产权专项资金使用绩效，更好地发挥知识产权专项资金对激励科技创新、促进高水平对外开放的作用。

3. 打通海外专利布局快速通道

探索"快速预审＋PPH"海外专利布局快速通道，充分发挥专利快速预审优势，将海外知识产权布局周期从普通渠道的3年以上缩短至1年以内，大大提高海外专利布局效率。截至2021年7月，累计已有350件预审案件快速完成海外布局。依托"快速预审＋PPH"通道，速腾聚创关于"激光雷达"技术的发明专利，6个月内获得美国专利授权，比亚迪关于"刀片电池"技术的发明专利，1年内获得美国和欧洲专利授权，旭宇光电关于"LED散热封装"技术的发明专利，5个月内获得美国专利授权，1年内获

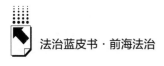

得日本专利授权。

4.发布海外维权系列实务指引

加强海外知识产权法律法规和申请程序研究，提取海外知识产权布局和维权实务精要，累计编写海外知识产权系列《维权指引》6本，内容涵盖美国、欧盟等热门国家和地区的电子商务、美国NPE、美国337调查、生物医药产业等热点话题。组织人员研究分析重点国家和地区的专利申请、商标注册、版权登记、商业秘密保护、知识产权诉讼等实务操作流程，累计发布《关于美国多方复审（IPR）程序的分析报告》《关于德国商标注册流程的分析报告》《关于泰国版权登记程序的分析报告》等专业分析报告12篇，并用可视化方式制作"一图看懂"系列，借助公众号和官网广泛发布，为"出海"企业提供参考。

（二）聚焦"事中"精准指导，提供高水平海外维权援助服务

1.建立常态化的案件监测跟踪机制

针对热点地区和重点行业，建立海外知识产权纠纷常态化监测机制，对337调查、专利、商标、版权、商业秘密等纠纷多发领域的案件进行动态分类追踪。截至2021年7月，已累计监测深圳企业涉337调查案件19件、涉美国地方法院知识产权案件156件（其中专利55件，商标69件，版权4件，商业秘密2件，同时涉及商标和版权18件，同时涉及专利和商标5件，同时涉及专利和商业秘密1件，同时涉及版权和商业秘密1件，同时涉及专利、商标和版权1件），第一时间通知180家企业，帮助企业抢占应诉先机。

2.打造多层次的海外纠纷应对体系

深入剖析海外知识产权纠纷案情，为企业提供精准有效的应对指导。截至2021年7月，已为65家涉案深圳企业提供"一对一"应对指导，推动十余件涉外案件取得实质性进展。

（1）案件分级分类指导

根据涉案主体、金额及案件影响等不同因素，分重大案件、一般案件和

简单案件 3 个层级为企业提供分级分类应对指导，最大限度发挥海外维权资源作用，提高纠纷应对效率。在美国关于植绒拭子的 337 调查案件中，深圳分中心积极协调海外法律专家和技术专家，召开专题研究座谈会，从同意令、和解策略、规避方案和联合应诉等方面为企业提供应对建议，并在 10 个工作日内为涉案企业出具专利无效和侵权分析报告，推动案件取得积极进展。

（2）市区两级联动指导

联合市场监督管理局各辖区分局，建立市区两级联动机制，发挥各辖区分局深入基层、靠近企业的优势，第一时间联系涉案企业，与企业沟通案件情况，为企业提供诉前指导，助力企业抢占应诉先机。在美国关于应急启动电源 337 调查案件中，深圳分中心监测到本案申请人前期存在错告情形后，联合相关辖区知识产权局走访涉案企业，并建议企业委托律师积极向申请人说明事实情况，成功将涉案深圳企业数量从 34 家减为 12 家。

（3）海外分中心合作指导

依托国家海外知识产权纠纷应对指导中心，联合兄弟分中心，推动信息互换、资源共享，形成海外维权工作合力。在某商贸有限公司涉及的美国版权诉讼案件中，原告公司为宁波某公司在美国的子公司，且原被告双方均有和解意向。深圳分中心了解到该情况后，立即对接国家海外知识产权纠纷应对指导中心宁波分中心，共同协调双方和解事宜，两地分中心分别与本辖区内涉案企业取得联系，进一步了解企业诉求，积极推动案件和解。

（4）内外部专家协作指导

依托内部技术力量和外部专家资源，建立国内与国外、应对与反制相结合的海外维权服务机制。一方面，主动提供技术支撑、协调服务资源、推送法律信息等服务，为多家深圳涉案企业出具 12 份海外专利无效分析报告，为 18 家企业推荐海外知识产权专家，支持企业提起无效抗辩，积极应对"337 调查"和海外诉讼，帮助企业应对海外知识产权纠纷、开拓海外市场、参与国际竞争。另一方面，依托深圳市知识产权

"一站式"协同保护平台，鼓励企业利用国内知识产权布局优势，通过申请行政保护、提起国内诉讼、申请海关边境保护等渠道作出针对性反制。

3. 实施针对性的重点事件跟踪服务

聚焦海外知识产权重点事件和热点问题，积极协调相关资源支持深圳企业及时化解海外知识产权风险。2021年6月，美国专利商标局对某代理公司涉嫌非正常商标申请开展调查。深圳保护中心组织人员与涉事代理机构和深圳企业取得联系，从代理机构应对机制、商标授权情况、企业所涉行业及产品、企业需求等方面深入摸底。结合企业的实际诉求，组织开展美国商标申请与风险防控专题座谈会，邀请知识产权专家针对美国商标制度、美国商标申请实操指引以及企业甄选商标代理机构的评判标准等问题进行讲解。针对亚马逊大规模对"刷单"跨境电商卖家实施"封号"整治事件，深圳保护中心依托系列沙龙活动，组织开展企业出海知识产权合规管理专题座谈会，邀请跨境业务头部企业代表分享合规经验，与跨境电商中小企业面对面探讨"出海"企业商标保护和培育、企业法律合规风险与误区、亚马逊运营"合规难题"的破解等实务要点。

4. 提供普惠性的海外维权资源支持

搭建知识产权海外维权服务机构库，征集海外信息导航、法律代理、公证评鉴、金融转化等服务机构入库；搭建海外维权专家库，征集国内外海外维权专家；建设海外维权案例库和法律信息库，收集热点国家和地区的政策、法律法规、典型案例、海外当地服务机构及政府资源信息，编撰美欧日韩及"一带一路"国家知识产权法律法规清单及法律环境概览。目前，已征集国内外维权专家199名、海外服务机构27家、海内外典型案例109件，面向有需求的企业开放，提供普惠性的海外维权资源支持。

（三）聚焦"事后"总结复盘，提升企业海外维权意识和能力

1. 复盘海外纠纷案件

开展"走企业·助出海"调研行动，回访涉美国337调查和地方法院

诉讼企业，引导企业在海外纠纷完结后总结应对实务经验，自 2020 年底开展回访活动以来，已累计回访涉案企业 15 家。集结各方资源与力量，成立专案工作小组，赴涉案企业调研，倾听记录企业应诉经历，讨论分析纠纷应对要点，引导企业从联合应诉、寻求政府支持、调整专利布局和完善知识产权风险管理方面进行诉后分析，以便在后续另案诉讼中攻防有备地制定海外知识产权纠纷应对策略。

2. 编写专题研究报告

复盘 2020 年深圳企业涉美国 337 调查和美国地方法院诉讼整体情况，出具重点分析报告，归纳应对实务策略。深层次剖析 2020 年广东和深圳企业"337 调查"涉案状况、深圳企业涉美知识产权诉讼情况、深圳主体美国商标注册情况等，撰写《2020 年深圳企业"337 调查"涉案状况分析报告》《2020 年广东省企业"337 调查"涉案状况分析报告》《2020 年深圳企业涉美知识产权诉讼报告》《关于深圳主体美国商标注册量大幅增长的分析报告》《关于深圳企业美国地方法院知识产权案件高频被告的研究分析报告》等海外知识产权，并从企业、行业协会和政府机构等维度提供相关建议和解决方案。

3. 举办宣传培训活动

开展多层次、全方位宣传活动，提升企业海外知识产权意识和能力。举办海外知识产权培训，邀请专家围绕 RCEP 解读与知识产权风险分析、"一带一路"国家知识产权制度与解析、海外知识产权纠纷仲裁与调解等热点话题进行讲解。截至 2021 年 7 月，累计举办培训 14 场，培训企业近 1300 家。开展"论道"沙龙活动，组织深圳各行业头部企业围绕海外 NPE 纠纷应对实务经验、突破跨国公司 IP 壁垒、企业出海知识产权合规管理等话题分享海外维权实务经验，搭建经验分享和交流合作平台，以点带面促进中小企业维权能力提升。截至 2020 年 7 月，累计举办沙龙 7 场，200 余家企业参与活动。

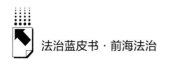

四　未来工作思路

（一）打造一个平台

打造海外知识产权信息化服务平台。充分发挥"互联网＋大数据＋区块链"作用，打通知识产权创造、运用、保护、管理、服务全链条，构建国内与国外、线上与线下、公益与市场相结合的综合化保护体系。开展海外知识产权纠纷信息的收集、整理、分析工作，帮助企业提高海外知识产权布局及风险应对能力，满足创新主体对于"快保护"的强烈需求。建设知识产权海外维权服务机构库、专家库、案例库和法律信息库。针对深圳市企业在海外知识产权纠纷频发的热点地区，收集海外知识产权纠纷热点国家和地区的政策和法律信息纠纷典型案例，遴选熟悉该地区法律和纠纷处理的专家团队，实现对企业应对纠纷的快速支持。

（二）巩固两个支撑

发挥深圳分中心的组织协调功能，在国内以推动海外纠纷频发的行业建立专利联盟为支撑，联合龙头企业，构建产业专利池，共同应对海外纠纷诉讼，降低企业维权成本，提高维权成功率。在美欧日韩等深圳企业知识产权纠纷发生热点地区，以建立海外知识产权纠纷服务工作站为支撑，对企业海外知识产权纠纷就地开展应对指导、推荐当地律师事务所及知识产权服务机构，协调专家资源及沟通联络等工作。

（三）完善三个体系

探索建立海外知识产权事前风险预警分析、事中国内外多层级资源协调支撑和事后意识提升的全链条海外维权服务体系。建立深圳海外知识产权风险预警分析体系。针对知识产权保护重点行业，跟踪发布知识产权信息和竞争动态，制定完善贸易调查应对与风险防控指南，开展重点行业海外市场占有率、销售额占比、知识产权布局状况、海外案例发生信息调查，运用大数据技术提前为龙头企业和行业发布风险提示。建立国内外多层级资源协调支撑体系。充分发挥深圳市知识产权"一站式"协同保护平台作用，对不同类型、不同影响的纠纷提供更为及时有效的资源支持，发挥节点作用，协调政府、法院、海关、企业海外分支机构资源，形成多元化的纠纷应对解决机制。搭建海外纠纷应对意识提升体系。加强对重大知识产权案件的跟踪研究，针对企业海外知识产权保护形势、知识产权布局、海外知识产权纠纷应对、国际贸易中的知识产权风险防控等，开展海外知识产权保护意识提升培训。

B.14
知识产权司法保障的前海经验

黄忠顺　刘宏林*

摘　要： 前海合作区被称为"特区中的特区"，知识产权案件呈现总量多、增速快、疑难案件多、涉外案件多等特点。深圳知识产权法庭与前海合作区法院肩负着前海片区知识产权司法保护的艰巨任务。在党的领导下，以服务国家重大发展战略为方向，构建起多元、协调、有力、有效的知识产权司法保护大体系。积极探索三审合一体制，加快推进繁简分流，并采取"先行判决＋临时禁令"创新做法，实现权利快保护；落实惩罚性赔偿制度，加大刑事打击力度，倾斜性分配诉讼权利义务，增加侵权成本，实现权利强保护；综合运用各种信息技术，降低当事人诉讼成本，便利当事人诉讼维权，并规范网络空间治理，实现权利新保护。展望未来，深圳市法院将继续深化知识产权审理的体制机制改革，构建多元化和群体性纠纷解决机制，进一步破解举证难问题，加强两岸联系，形成更大格局、更快速度、更强力度、更新技术的知识产权司法保护生态。

关键词： 知识产权司法保护　"三审合一"　繁简分流　临时禁令惩罚性赔偿

　　创新是引领发展的第一动力，保护知识产权就是保护创新。司法保护是

---

* 黄忠顺，华南理工大学博士生导师，教授；刘宏林，华南理工大学研究生。

知识产权保护工作的重要一环和最后防线，在知识产权保护中具有主导作用。人民法院的知识产权审判工作，事关创新驱动发展战略实施，事关经济社会文化发展繁荣，事关国内国际两个大局，对于建设知识产权强国和世界科技强国具有重要意义①。深圳，这座被称为"中国硅谷"的城市，在波澜壮阔的改革开放 40 年里一直都是创新创造的"排头兵"，在这里，平均每平方千米有 8.5 家国家级高新技术企业，平均每天有 71 件发明专利获得授权②。前海，作为"合作区""自由贸易试验区""保税港区"三区叠加之地，是新时代中国改革发展的一张名片，在深圳历经 40 年风口更迭、世事流转之际，前海这片"特区中的特区"，继续发扬改革创新精神，依托深圳知识产权法庭和前海合作区法院，构建起了一套有力、有效的知识产权司法保护体系，以知识产权保护推动深圳市创新驱动发展战略实施，为促进新时代的深圳更高质量更可持续发展提供了"前海模式"。

一　知识产权案件的深圳特点

深圳作为首批全国知识产权示范城市，是科技成果和知识产权的创新高地。2020 年，深圳市国内专利授权 222412 件，商标注册 362942 件，均居全国首位。前海合作区作为深圳的缩影，各种创新要素活跃，各类科技服务产业、新兴文创产业集聚快速发展。同时，知识产权案件数量也长期保持高位运行，呈现一定的前海特点。

1. 案件总量多，增长速度快

《2020 年度深圳法院知识产权司法保护状况白皮书》显示，深圳两级法院全年共新收各类知识产权案件 69661 件，同比增长 63.3%，审结知识产权案件 69602 件，同比增长 69.74%。而仅深圳知识产权法庭就新收各类知

---

① 参见中共中央办公厅、国务院办公厅《关于加强知识产权审判领域改革创新若干问题的意见》。

② 参见王攀、刘红霞、周科、孙飞、刘劼《从"中国速度"到"中国高度"——深圳特区启示录》，《新华每日电讯》2020 年 8 月 27 日，第 4 版。

识产权案件就超过深圳全市的 10%，达 7699 件，增速达 179%。其中，民事案件 7593 件，同比增长 199.88%；刑事案件 103 件，同比增长 10.76%；行政案件 3 件，同比增长 50%。审结各类知识产权案件 5612 件，同比增长 112.5%，其中民事、刑事、行政案件分别为 5517 件、92 件、3 件，同比分别增长 177.89%、减少 12.38%、减少 25%。前海合作区法院 2020 年第一季度受理知识产权案件 342 件，审结 142 件[①]。

总体来看，全国法院 2020 年新收和审结各类知识产权案件 525618 件、524387 件，同比增加 9.1% 和 10.2%。在全国增速有所放缓的背景下[②]，前海片区法院受理的各类知识产权案件依然保持高速增长，在一定程度上反映了前海合作区创新业态发展良好，权利人的创新积极性和维权热情大幅提升。在各类知识产权案件中，民事案件数量最多、增量最大，民事审判在知识产权司法保护中的主渠道作用进一步凸显。从横向比较来看，同期，上海知识产权法院共受理各类知识产权案件 5279 件，审结 5789 件，分别同比增长 111.5% 和 122.23%[③]；广州知识产权法院受理知识产权案件 13738 件，审结 12169 件，分别同比增长 6.53%、减少 6.29%[④]。前海片区法院受理和审结的知识产权案件总量、增幅在全国较为突出。

2. 疑难案件多，涉外案件多

作为中国改革开放、先行先试的前沿阵地，前海片区吸引了一大批国内外知名企业落户扎根，随之而来的，是发生在这些市场主体之间的知识产权案件，审理难度大，社会影响广。2020 年，前海片区法院成功审理了一大批疑难、新颖和具有社会影响的典型案件。前海合作区法院审理阿里巴巴文化传媒有限公司诉腾讯音乐娱乐（深圳）有限公司等侵害作品信息网络传播权纠纷案，有效保护网络环境下的知识产权，优化互联网营商环境。深圳

---

① 参见《深圳前海合作区人民法院自贸区知识产权司法保护状况白皮书（2016～2020）》。
② 参见最高人民法院《中国法院知识产权司法保护状况（2020）》。
③ 参见《上海知识产权法院知识产权司法保护状况（2020）》。
④ 参见《广州知识产权法院收、结、未结案对比统计表（2020 年 12 月）》，广州知识产权法院网，http：//www.gipc.gov.cn/front/content.action？id＝501005e79549469ea0a25c0e3efdab16。

知识产权法庭审结晋江力绿食品有限公司与广东喜之郎集团有限公司、深圳市人人乐商业有限公司擅自使用有一定影响的商品特有包装、装潢纠纷案，有力保护了权利主体的品牌价值，有利于激励市场主体培育品牌意识。审结腾讯（科技）有限公司诉烟台通路网络科技有限公司、烟台通六路软件技术有限公司、力普森公司不正当竞争纠纷案，严厉打击一批在微信等互联网平台刷流量行为，规范确立互联网市场公平竞争规则。此外，随着互联网时代的到来，知识产权侵权形态呈现多样化、隐蔽化、动态化的特点，侵权行为的认定、证据的取得、法律适用等方面都面临新的难题。

前海合作区与港澳台和国外经济交往频繁，涉外案件较多。坚持平等保护理念，立足服务粤港澳大湾区建设，2020 年，深圳全市共审结涉外案件 845 件、涉港澳台知识产权案件 837 件，为境内外主体提供平等的知识产权保护。深圳知识产权法庭和前海合作区法院，致力于平等充分保障外方当事人的合法权益，打造国际知识产权保护"优选地"，判决了一批有国际影响力的案件，增进了境外当事人对中国知识产权司法保护状况和争端解决能力的信任。同时，深圳知识产权法庭、前海合作区法院积极加强与港澳两个特别行政区的合作，引入港籍陪审员参与涉港澳台知识产权案件审理，加强同粤港澳调解联盟、知识产权仲裁中心等域内外专业机构合作，展示了深圳知识产权司法开放包容的态度与平等保护决心。

3. 审理周期短，权利救济快

对司法机关来说，案多人少的矛盾依然突出，诉讼效率是中国司法改革的重要目标。对于当事人来说，部分知识产品的高价值性、知识产权存续的期限性和技术发展的更迭性，要求受侵害的知识产权得到迅速周延的救济。

前海法院以问题为导向，在确保纠纷有效解决的前提下，努力提高纠纷解决的时效性。深入推进繁简分流改革，推行"繁案精审，简案快审"，简单二审案件由速裁团队审理、外观设计和部分实用新型专利案件由快审团队审理，努力实现知识产权的高效保护。深圳知识产权法庭实现一审案件平均结案周期 196.79 天，同比缩短 57.75 天，一审快审案件均在 4 个月内审结；二审案件平均结案周期 77.6 天，同比缩短 85.79 天，二审速裁案件平均审理周期为 46.82 天①。前海合作区法院则采用小额诉讼程序对简易案件进行审理，52.41% 的案件得到快速审理，平均审理周期为 24.7 天②。改革虽然取得阶段性成效，但从横向对比来看，上海知识产权法院已经实现案件平均审理天数 98.46 天，二审独任审理案件平均审理天数 28.63 天③，广州知识产权法院也实现了一审平均结案周期 93 天、二审平均结案周期 46 天④。深圳的审理时效性仍有进一步提升的空间。

二 深圳知识产权审判的经验总结

（一）多元协同：知识产权"大保护"格局

1. 始终坚持党的领导，牢固树立大局意识

知识产权保护工作关系国家治理体系和治理能力现代化，关系高质量发展，关系人民生活幸福，关系国家对外开放大局，关系国家安全。2020 年 10 月 14 日，在深圳经济特区建立 40 周年庆祝大会上，习近平总书记指出，新形势下，深圳特区要与时俱进全面深化改革，依法保护知识产权，激励企业家干事创业。前海片区法院深受感召，牢固树立大局意识，坚持新发展理念，始终坚持以习近平新时代中国特色社会主义思想为指导，以服务国家重大发展战略为方向，以"打造保护知识产权标杆城市"为目标，以"司法主导、严格保护、分类施策、比例协调"为路径，严格履行知识产权审判职责，扎实推进知识产权司法保护工作，致力于构建内部高效有力、外部协同顺畅的知识产权司法保护机制，为建设深圳社会主义先行示范区和粤港澳大湾区提供坚实的司法服务和司法保障。

在坚持党的领导方面，前海法院善于发挥党建的引领作用，以主题党日

---

① 参见《2020 年度深圳知识产权司法保护状况白皮书》。
② 参见《深圳前海合作区人民法院自贸区知识产权司法保护状况白皮书（2016~2020）》。
③ 参见《上海知识产权法院知识产权司法保护状况（2020）》。
④ 参见广州知识产权法院《关于上半年工作情况和下半年工作安排的报告》。

为载体，与行政机关党组织、知识产权保护中心党组织和部分企业党组织一道，开展知识产权保护服务主题党建活动，加强知识产权保护各方力量的联系，了解创新主体的痛点难点，深入探讨诉调对接、司法行政协调、知识产权纠纷多元化解服务等方面的问题，力求打通企业维权"最后一公里"。联合市场监管局、检察院、海关等机关党委，开展主题宣讲，凝聚"保护知识产权就是保护创新"的社会共识，营造良好的知识产权保护环境。

在服务湾区建设方面，深圳知识产权法庭深刻认识国际竞争新变化，主动适应开放性发展战略需要，选任港澳籍专家陪审员参与涉外、涉港澳台知识产权案件的审理，密切粤港澳大湾区重要城市之间的互联互通。平等保护国内外当事人合法权益，在意大利某集团提起的商标侵权纠纷、日本某会社提起的专利侵权纠纷等案件中，依法支持原告全部诉讼请求，增进境外当事人对中国知识产权保护的信心。

2. 加强外部交流合作，拓展多元解纷平台

深圳市知识产权保护中心坐落于前海蛇口片区，致力于为各类创新主体提供专业化、多样化、国际化的知识产权全链条服务。在知识产权保护方面，知识产权保护中心通过监测预警系统，提供基础信息检索和业务咨询服务；通过维权援助平台，提供侵权分析、维权指引服务；通过完善纠纷解决机制，提供纠纷调解、多方协调等公共服务；通过知识产权保护实验室，提供证据固定、技术比对等专业服务。

前海合作区法院和深圳知识产权法庭积极加强与知识产权保护中心的合作，在保护中心设置侵权投诉平台，统一受理并分类处理知识产权纠纷，引导不涉犯罪的侵权行为进行民事调解并申请法院确认，涉犯罪的知识产权纠纷移交相关部门侦查起诉。同时，加强同粤港澳调解联盟、知识产权仲裁中心等域内外专业机构合作，不断丰富和拓展专业化、多元化的纠纷化解平台。引导纠纷主体通过调解、仲裁等诉讼外纠纷解决机制快速化解矛盾。聘请港澳台地区及外籍调解员，通过"域外调解员＋内地调解员＋调解法官"工作模式、"线上＋线下"调解方式，实现纠纷的灵活高效化解。

3.密切司法行政衔接，深度参与社会治理

2020年深圳市人大常委会修正的《深圳经济特区知识产权保护条例》第31条提出，"加强知识产权行政执法与刑事司法衔接"。深圳市各级法院积极建立与行政机关信息共享、案件移送、协调配合、监督制约工作机制，保证涉嫌知识产权犯罪案件依法及时进入司法程序，并通过与侦查机关、检察机关的衔接，实现知识产权案件的快侦、快诉、快审，强化知识产权全链条保护。前海合作区法院与深圳知识产权法庭同时注重加强知识产权民事司法和行政执法的有效配合，与行政部门、行业协会举行座谈会、联席会，就证据认定标准、诉调对接程序、技术专家支持、行业规范治理等方面交换意见，形成长效工作机制。前海合作区法院与蛇口海关建立常态化联络沟通机制，在证据保全、财产保全、调查取证等方面展开广泛协作，共同构建快速协同的知识产权保护体系。

前海法院还注重强化诉源治理，将矛盾纠纷化解的端口前移。前海合作区法院在2020年上半年择优选录了80名律师调解员，安排值班律师调解员调解诉前案件。法院与创新主体合作共建纠纷化解机制，提高企业保护知识产权的意识和能力，委派调解员到纠纷企业上门调解，提高社会治理水平。

（二）机制创新：知识产权"快保护"路径

1.体制改革，"三审合一"

深圳是全国范围内最早在两级法院全面、统一、彻底实施"三审合一"的城市。《深圳经济特区知识产权保护条例》第33条明确要求，人民法院应当深入推进知识产权民事、刑事、行政案件"三审合一"审判机制改革。

深圳知识产权法庭是推行知识产权民事、行政和刑事审判"三审合一"改革的重镇，依法公正审理知识产权民事、刑事、行政案件。经过长期探索，总结出一套切实可行的经验，出台相关文件10份，统一不同情形下非法经营数额的认定标准，结合民事案件认定新型证据的成熟经验，根据刑事案件的举证责任和证明标准，细化电商平台销售记录、微信/QQ聊天记录、刷单等证据在刑事案件中的认定规则。法院与检察院、公安局、法学会、相关行政执法单位一道，共同推进知识产权民事、行政、刑事保护程序的衔接。

2. 繁简分流，简案快办

《深圳经济特区知识产权保护条例》第 33 条授权人民法院可以对外观设计类以及部分实用新型类案件实行集中快速审理，提高专利侵权纠纷案件审判效率。

前海合作区法院以小额程序审理事实清楚、争议不大的知识产权简易案件，通过规范当事人的管辖异议权、加快送达等措施实现程序快速推进，以要素式表格固定案件基本事实，实现庭审方式简化。目前，适用简易程序和小额程序审理的知识产权案件平均审理周期缩短至 24.7 天①。

深圳知识产权法庭以公正审判基础上的效率提升为目标，深入推进知识产权纠纷化解繁简分流体制改革，科学合理地完善分案标准，建立符合法律规定和快审案件审判规律的程序指引，以"智能识别 + 人工识别"方式提高繁简识别的准确度，并通过公布示范案例，引导当事人合理预判诉讼结果，促进纠纷妥善快速化解。对于事实清楚、权利义务明确、争议不大的简单案件，加快立案、送达等程序性事项的处理，灵活安排开庭时间地点，简化庭审流程，提高当庭宣判率。依托"简单二审案件由速裁团队模块化审理、外观设计和部分实用新型专利案件由快审团队集约化审理、重大疑难复杂案件由精审团队精细化审理"的工作机制，形成"速裁 + 快审 + 精审"三梯次审判工作模式。2020 年，速裁团队结案 1577 件，人均结案 630 件，平均审理周期缩短至 40.82 天；快审团队结案 2215，人均结案 369.17 件，平均审理周期缩短至 148.88 天，有效地破解了知识产权案件审理"周期长"、维权"见效慢"等问题，妥当审结一批外观设计和实用新型专利权的大规模批量维权案件。为总结快审工作经验，巩固快审改革成果，深圳知识产权法庭组织快审团队法官，撰写外观设计专利快审示范判决，推动快审案件示范审判的规范化、常态化，发挥示范判决的指引作用。

---

① 参见《深圳前海合作区人民法院自贸区知识产权司法保护状况白皮书（2016～2020）》。

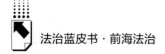

3. 先行判决 + 临时禁令

裁判文书经宣告、送达生效，尚未生效的裁判文书无法通过执行达到制止侵权行为的目的。但实践中，侵权行为一刻不停，对权利人和公共利益的伤害便一刻不止，涉案价值高、影响广的侵权行为更会挤压原告市场份额、损害专利产品消费者权益，造成难以计算的损害后果。

深圳知识产权法庭以问题为导向，积极探索提升司法救济的时效性。在大疆公司诉飞米公司等侵害外观设计专利权纠纷案中，法院创新性地采用"先行判决 + 临时禁令"方式，在查明专利侵权事实的基础上作出停止侵权的先行判决，同时在一审判决尚未生效而尚不具有强制执行力的情形下发出诉中临时禁令，及时制止对高价值专利的侵权行为，是全国首例采取"先行判决 + 诉讼禁令"的专利诉讼。在"侠客群控系统"不正当竞争纠纷案中，被诉群控系统以技术手段同时批量控制几十甚至上百台手机进行虚假刷量等不正当行为，深圳知识产权法庭在组织当事人进行听证、全面审查案件证据事实后，果断作出诉中禁令，及时制止这一新型网络黑产行为，该案裁定书荣获全国优秀裁判文书三等奖。

"先行判决 + 临时禁令"裁判方式兼顾及时保护和稳妥保护，可以发挥临时禁令得立即申请强制执行的震慑效果，最大程度实现先行判决的价值，及时、快捷、有效地制止侵权行为，有效应对互联网时代带来的挑战，充分保护专利权人的利益。

（三）严厉打击：知识产权"强保护"力度

1. 加大民事赔偿力度，落实惩罚性赔偿

知识产权的客体是一种没有形体的精神财富，基于知识产品的无形性、非排他性、可复制性等特点，知识产权极易被侵犯，加上网络传播方式高效、便捷、范围广的特点，知识产权侵权行为更加高发。《中国法院知识产权司法保护状况（2020）》显示，中国近年来知识产权侵权纠纷一直呈现上升趋势。在当下的知识产权侵权纠纷中，侵权行为人获取、利用和传播知识产品都较为便利，侵权成本低，预期获利高。但因为技术性、隐秘性事项的

存在，知识产权所有人却面临取证难、成本高和风险大的困境。侵权容易而维权难的矛盾已经成为中国知识产权事业发展的痛点。故而，在知识产权司法保护中，应着眼于增加知识产权侵权行为人的侵权成本，降低知识产权人的维权成本。《深圳建设中国特色社会主义先行示范区综合改革试点实施方案（2020～2025年)》和《深圳经济特区知识产权保护条例》明确要求，深圳要打造保护知识产权标杆城市，建立知识产权侵权惩罚性赔偿制度。

深圳知识产权法庭响应总体布局、回应社会关切，结合审判工作实践，率先制定出台了全国首个《关于知识产权民事侵权纠纷适用惩罚性赔偿的指导意见》，明确了惩罚性赔偿的具体适用情形、基数确定规则和倍数确立依据等，细化了惩罚性赔偿的具体操作规则，推进惩罚性赔偿落地，阶段性地完成了建立知识产权惩罚性赔偿制度的综合改革试点任务。该指导意见的出台，能够为司法实践适用惩罚性赔偿提供有效指引，发挥惩罚性赔偿对侵权行为的威慑力，让侵权者付出沉重的代价，有力打击和遏制恶意侵权、重复侵权行为，为建立健全符合知识产权审判规律和本质要求的诉讼制度体系提供有益试点经验。

深圳知识产权法庭、前海合作区法院已在多个案件中作出具有惩罚性质的判决，合计赔偿金额已超亿元。多个法院积极开展适用惩罚性赔偿制度专题调研，进一步对惩罚性赔偿进行系统制度分析和总结，从理论上为知识产权惩罚性赔偿的适用提供支持。

2. 加大刑事打击力度，净化市场环境

以实现知识产权的市场价值为引导，在提高知识产权侵权违法成本方面，除了加大民事损害赔偿力度，深圳知识产权法庭还在刑事诉讼程序中加大对恶性侵权行为的惩处力度，办理了一批情节严重、影响恶劣的侵权假冒犯罪案件，惩治和震慑知识产权犯罪。通过对仿冒攀附、不正当竞争等行为的打击，净化市场环境。

3. 合理分配诉讼成本，化解举证难题

合理分配诉讼成本不仅能够提高侵权人的侵权成本，起到打击侵权的作用，还能够分摊知识产权人的维权成本，激励知识产权人积极维护自身权益。

前海合作区法院积极完善律师费、公证费、鉴定费等维权合理支出的转付机制，对于原告主张的合理的维权费用，有发票或者虽无发票但根据在案证据和已经查明的事实能够推定的合理维权支出，前海合作区法院全面依法予以支持。

证据是诉讼的核心，举证成本常常构成诉讼成本的重要部分。在知识产权案件中，基于知识产品的特性，权利人往往既难以控制他人对知识产品的利用，也难以对他人的过错状况进行举证。为破解当事人在知识产权诉讼中的举证难问题，深圳知识产权法庭和前海合作区法院允许当事人及其代理律师在因客观原因不能自行收集证据时，由代理律师在举证期限届满前向法院申请签发调查令，由代理律师持调查令向接受调查的单位、组织或者个人调查收集相关证据。有关单位、组织或者个人应当予以配合，无正当理由拖延、拒绝调查的，法院可以依照有关妨害民事诉讼的规定予以处罚。同时，法院一方面加强自身建设，建立技术调查官、专家陪审员等多元的技术事实查明机制，充分发挥专业技术人员对案件查明的作用，增强技术事实查明的中立性、客观性和科学性；另一方面，加强与第三方电子数据保全服务平台合作，建立全流程电子证据数据化保全服务机制，提高电子证据的采信度。

（四）技术运用：知识产权"新保护"方案

1. 运用新技术，破解存证固证难

知识产品的无形性、技术性、复杂性使得证据固定和证据呈现比较困难，深圳知识产权法庭积极探索利用鸿蒙协同平台、区块链、3D 扫描等新技术，破解证据固定、呈现难题。

深度参与"鸿蒙协同云平台"的开发与利用。2020 年，深圳市市场监管局构建了对接权益单位、对接知识产权保护中心、对接主流网络数据传播公司、对接主流电商平台、对接计算机司法鉴定机构的网络知识产权保护高效联动平台"鸿蒙协同云平台"。平台将知识产权保护过程中可能涉及的各个具体职能或资源进行串联，形成了涵盖违法目标监测、网页固证、移动端

固证、在线证据提取、数据库前置分析、数据证据鉴定、在线侵权判定、违法行为在线拦截处置直至现场打击等一整套专业高效的网络知识产权执法保护机制。深圳知识产权法庭深度参与其中，利用平台全面、全过程的证据收集能力，实现对侵权行为的快速审判效果。

加强区块链技术运用。深圳市前海智慧版权创新发展研究院推出了省内首个基于区块链的版权公共服务平台，平台依托云计算、区块链、大数据和人工智能等技术，协同版权管理机构、国家授时中心、司法鉴定中心、公证处、律师事务所、互联网法院、数字认证中心等服务资源，为用户提供全方位的版权保护措施，实现"创作即确权、使用即授权、发现即维权"。基于区块链去中心化、不可篡改等特征，深圳知识产权法庭将进一步加强与版权区块链平台的合作，建立快速认证机制。

3D扫描技术服务专利案件审理。专利案件在知识产权案件中具有特殊性，案件事实认定通常涉及具体设计、结构构造、技术特征等的对比，而发明实物有时并不方便在法庭上呈现。深圳知识产权法庭采用3D扫描技术，对证物进行3D扫描，法官及当事人可以直接在电脑上从各个角度查看证物的细节，化解知识产权案件物证保管和展示不便问题。

2. 推动信息化，增强人民获得感

深圳知识产权法庭依托智慧法院建设，综合运用广东诉讼服务网、深圳移动微法院等平台，积极借助新型信息技术，不断提升知识产权司法保护信息化、智能化水平，为知识产权审判插上智慧翅膀。

加快"网络化诉讼服务"，不断探索新模式建设，推进诉讼服务"一网通办"。建立集网上受理中心、网上调解中心、快审中心、精审中心为一体的现代审理模式，依托电子卷宗平台、E键送达平台和移动微法院，推行无纸化立案、电子送达、网上开庭、智能语音转换、一键生成程序性文书、电子归档、上诉案件一键移送电子卷宗，进一步实现两级法院全流程网上办案和办案系统互联互通。疫情期间，积极推进远程视频开庭，保证服务疫情期间知识产权司法保护不停摆。前海合作区法院综合深度运用智慧法院建设成果，为当事人提供在线立案、在线送达、在线调解、在线庭审等全流程便利、高效、安全的电子诉讼服务，节约诉讼成本，提高审判效率。

信息化平台的建立，让"数据多跑路、让当事人少跑腿"，有效提升了知识产权案件当事人寻求救济的便利性，增强了当事人的获得感。

3. 净化互联网，营造网络好环境

充分关注互联网领域新型知识产权侵权和不正当竞争行为，发挥典型案例的示范引领作用，及时为互联网企业提供规范指引，保护互联网领域新型创新成果，营造互联网领域公平竞争环境。

深圳知识产权法庭审理了一批涉群控、虚假刷量行为等不正当竞争案件，对新型网络黑产行为进行有力规制。审理微源码公司诉腾讯公司滥用市场支配地位纠纷案，是全国首例针对用户交互式综合平台提起的垄断诉讼，该案判决书被评为全国知识产权优秀裁判文书特等奖。

三　知识产权司法保护存在的不足

在中国改革创新的前沿，前海片区法院知识产权司法保护创新性地提出了许多可行的举措，形成了一批有效的经验，司法保护能力不断增强，司法保护水平持续提高。但也应当清醒地看到，司法保护效果与人民日益增长的对知识产权司法保护的期待仍有一定差距，当下深圳的知识产权司法保护还存在一些不足，主要体现在以下方面。

一是"三审合一"改革的配套措施不够完善，制度运行不够顺畅。知识产权案件"三审合一"改革是一项系统性工程，不是仅靠建立知识产权法庭、集中统一管辖知识产权案件就能完成的任务，它还需要完善的配套措施，包括充足的司法资源，法官综合性的司法能力、相互配合的证据搜集认定标准与程序、检察机关提起公诉所涉及的问题，以及犯罪嫌疑人的羁押看守、罪犯的减刑等。反观现实，案多人少矛盾依然突出，复合性审判人员紧缺，综合型司法人员培养机制尚未形成，各个部门和各种资源的配合衔接有待协调，这些问题的存在与实现真正意义上的知识产权案件"三审合一"存在不小的张力。另外，现实中行政、刑事案件较少，在一定程度上也制约着司法人员的思维转换，不利于"三审合一"纵深推进。

二是社会化的知识产权保护力量凝聚不够。在大量知识产权案件涌入法院的背景下，各级法院基于节约司法资源、提升纠纷解决效率考虑，都建立了诉调对接平台，或者推行调解前置，这种法院调解制度尽管在解决纠纷方面起到了重要作用，但本质上仍是法院行使民事审判权的方式。一方面，仍属于运用司法资源解决纠纷，未能充分调动社会资源；另一方面，也损失了传统意义上调解的自愿性、保密性、低成本等比较优势。除了调解，和解、仲裁等都是化解知识产权纠纷、保护知识产权的有效方式，但现阶段，这些纠纷解决方式都未能得到很好利用，相关创新主体、行业协会、专业机构参与和解、调解、仲裁的热情不高，替代性纠纷解决机制的作用有限。

三是群体性纠纷解决机制亟待建立。《2020年度深圳法院知识产权司法保护状况白皮书》显示，在各类知识产权案件中，著作权纠纷占比最大。其中，涉著作权的批量维权案件呈爆发式增长，尽管深圳各级法院已经建立起"繁简分流，简案快办""智能化线上诉讼平台"等助力诉讼效率提升机制，但这些机制仍只是用于应对大量的单个案件，不能实现集约化处理纠纷的效果。而多个著作权批量维权案件中，大量的事实证据、法律适用实际上存在相通之处，若能建立集约化纠纷化解机制，不仅能够节约司法资源，更能大量减少甚至免除当事人诉累。

四是举证难、赔偿低、周期长的问题仍然在一定程度上存在。一方面，知识产权案件举证难、赔偿低、周期长是由知识产权纠纷和知识产品本身的特性所决定，知识产权侵权案件的证据具有隐蔽性、专业技术性和易灭失性，侵权所产生的损害难以精准证明，案件往往旷日持久；另一方面，围绕知识产权证据特殊性的制度尚未建设完备，虽然最高人民法院在2020年底已经通过《关于知识产权民事诉讼证据的若干规定》，但因为施行时间短，具体的适用标准还不够细化。

五是两岸协同性仍需加强。放眼未来，深圳地处全球四大湾区之一的粤港澳大湾区，作为开放前沿的前海合作区，应立足深圳，服务湾区，辐射世界。"一国两制三法域"是粤港澳大湾区法律制度的基本特征，香港长期受英美法系影响，澳门则更多受到大陆法系影响，包括深圳的大湾区其他内地城市则属于中国特色社会主义法系，各个法系存在较大差异，这种差异不仅体现在具体立法上，更体现在深层次的法律文化上。虽然前海合作区法院和深圳知识产权法庭已经开始了"港澳籍陪审员"的尝试，但这种限于具体案件的合作并不足以形成服务湾区的长效机制。

四 知识产权司法保护的未来展望

知识经济的时代特征是创新发展，创新发展的核心是知识产权。粤港澳大湾区被定位为"具有全球影响力的国际科技创新中心"，其发展离不开创新和知识产权的有力支撑。强化知识产权的司法保护是实施创新驱动发展战略、建设国际科技创新中心的题中应有之意。立足深圳知识产权纠纷的特点和司法保护理念，以实际问题为导向，前海片区法院将继续围绕服务大湾区和先行示范区的目标，构建多层次、全方位的知识产权保护体系，努力打造全国性的知识产权生态系统建设先行区。

一是继续深化知识产权审理的体制机制改革。推进知识产权"三审合一"、管理体制改革，探索跨区域知识产权案件集中审理机制，争取将全市可以由基层法院一审的知识产权纠纷案件交由前海合作区法院集中管辖，由前海检察院统一负责全市知识产权刑事案件的办理，集中专业司法人员，统一司法裁判尺度，协调案件办理程序。完善配套的设施措施，与高校合作，加强法官综合能力培养，防止单一化思维模式；进一步协同公安机关、检察机关，共同推进证据收集认定程序规范化，明确刑事案件、民事案件、行政案件的证据转化标准；与检察机关共同研讨公诉所涉及的程序与民事、行政案件的衔接问题，探索符合知识产权审判特点和规律的专业化审判制度，真正实现"三案一审"，更大程度实现"三审合一"改革的社会效用。

二是进一步培育知识产权保护的社会共识，凝聚知识产权保护的社会力量。健全多元化纠纷解决机制，减轻法院负担、扩大保证社会成员实现法律正义的途径，避免审判解决纠纷的零和结果，实现争端的快速解决。建立司法委托调解机制，为社会组织、行业协会提供一定的激励机制，将市场信任度较高的机构在法院备案，法院通过初步审查识别案件，将双方矛盾冲突并不激烈的案件委托给社会组织、行业协会进行调解，增进当事人的参与和协商意识。加强与仲裁机构的协作，引导当事人更多通过简便、低成本、保密性强的仲裁程序化解知识产权纠纷。

三是重视群体性纠纷解决机制。对同一知识产品的多个侵权行为可能同时存在，一个侵权主体也可能对多个知识产品实施侵权行为，知识产权纠纷的大规模维权现实应当引起重视。大规模维权案件通常具有诉讼价值的高度依存性，可以在解决方案上寻求同一处理。一方面，应该用好用活现有的群体性纠纷解决机制，如共同诉讼制度、代表人诉讼制度；另一方面，应积极发掘更加便捷有效的群体性纠纷解决机制，诸如示范诉讼和特别代表人诉讼，尤其是在深圳推行知识产权证券化的背景下，可以充分利用特区立法权，借鉴《证券法》中的特别代表人诉讼，在推行知识产权登记的基础上，实现多个纠纷一揽子解决。

四是进一步破解举证难问题，降低权利人维权成本。其一，整合现有的平台和资源，充分发挥"鸿蒙协同云平台"全流程取证的功能，在解决技术问题、化解制度阻力的基础上，赋予"鸿蒙云平台"生成的电子证据材料以证据效力；重视区块链技术分布式、不可篡改的特点，将区块链技术更广泛地运用到知识产权案件中；加强与行政机关、公安机关、检察机关的互联互通，实现情报共享、证据互通。其二，在知识产权证券化的背景下，与相关部门协作，推进知识产权确权、登记、使用全程留痕，及时发现及时维权，采用过错推定，降低权利人的举证成本。其三，强化法院内部事实证据的调查、核查能力，通过招录和购买社会服务的形式，建立门类齐全、专职与兼职相结合的技术调查官、专业陪审员队伍。

五是加强与港澳台地区立法、司法、执法部门和科研机构等的深层次交流。继续推进港澳籍陪审员制度，在此基础上，建立港澳籍陪审员、调解员、仲裁员专家库，形成港澳籍专家参与知识产权案件审理、调解、仲裁常态化机制。加深与港澳台地区立法司法理念交流，促进双方对彼此法律制度的深层次理解，积极主动邀请港澳台地区的专家学者、实务人员到法院系统举办讲座、进行研讨，促进双方的互通互信。在此基础上，与港澳台地区司法机构就知识产权司法保护达成长期协作意向，共同致力于粤港澳大湾区的发展建设。

B.15
深圳知识产权法庭综合改革
试点的探索与实践

深圳知识产权法庭课题组*

摘　要：　深圳知识产权法庭坚持以问题为导向，深入贯彻落实中共中央、国务院《关于支持深圳建设中国特色社会主义先行示范区的意见》及《深圳建设中国特色社会主义先行示范区综合改革试点实施方案（2020～2025年）》。以打造保护知识产权标杆城市为目标引领，紧紧围绕服务创新驱动发展战略和"双区"建设大局，持续深化知识产权审判体制机制创新，严格履行知识产权审判职责，全面开展新型知识产权法律保护改革试点工作，大力加强知识产权协同保护，深度参与全球知识产权治理，致力服务推动高质量发展，聚力建设市场化、法治化、国际化营商环境，为建设深圳社会主义先行示范区和粤港澳大湾区提供坚实的司法服务和保障。

关键词：　综合改革试点　新型知识产权法律保护　惩罚性赔偿　技术调查官

深圳综合改革试点是以习近平同志为核心的党中央作出的重大战略安排，是新时代深圳经济特区、深圳先行示范区发展的关键一步和重要抓手。

---

*　课题组成员：蒋筱熙、周晓聪。执笔人：蒋筱熙，深圳知识产权法庭副庭长；周晓聪，深圳知识产权法庭二级法官助理。

中办、国办专门印发《深圳建设中国特色社会主义先行示范区综合改革试点实施方案（2020~2025年）》和首批授权事项清单，首批授权事项清单提出，开展"新型知识产权法律保护试点"。具体的试点改革任务包括：实施新型知识产权法律保护制度，完善互联网信息等数字知识产权财产保护权益和公平竞争制度；建立健全惩罚性赔偿制度；引入证据披露和证据妨碍排除、优势证据规则；推进区块链技术在审判中的广泛应用；设立技术调查官等。深圳知识产权法庭积极推进清单任务落地，聚焦深圳法院所需、立足深圳法院所优、结合深圳法院实际，敢于担当、勇于探索，紧紧围绕服务创新驱动发展战略和"双区"建设大局，依法履行职责，扎实推进落实"新型知识产权法律保护试点"改革工作任务，坚持高标准、高质量推进完成综合改革试点的新使命、新任务。通过大力推进知识产权审判体系和审判能力现代化建设，不断强化知识产权司法保护的引领和主导作用，为建设"双区"和营造国际一流营商环境提供坚强有力的司法保障。

一 积极落实惩罚性赔偿制度，建设知识产权司法保护最严格的示范区

法治先行，立法引领，用足用好特区立法权推进知识产权惩罚性赔偿制度改革。主动承担《深圳经济特区知识产权保护条例》中知识产权惩罚性赔偿条款规定的立法工作。该特区立法增设"司法保护"专章，明确规定六种侵权情形从重确定惩罚性赔偿数额，以特区立法的形式全面建立知识产权惩罚性赔偿制度。

敢闯敢试，敢为人先，以制度创新为核心推动知识产权惩罚性赔偿制度落地。组织专门工作小组，在确保国家法律统一适用的前提下，全面梳理办案实践经验，并借鉴国际通行规则，在深入调查研究、广泛征求意见、充分论证基础上，积极探索，勇于创新。在全国范围内，最早制定出台了关于知识产权侵权惩罚性赔偿的裁判指导意见《深圳市中级人民法院关于知识产权民事侵权纠纷适用惩罚性赔偿的指导意见（试行）》，大幅度

提高侵权成本。惩处严重侵害知识产权行为，对如何认定"恶意"和"情节严重"予以明确，在具体案件中依法适用惩罚性赔偿制度，充分发挥惩罚性赔偿对侵权行为的法律威慑作用。通过加大对侵权行为的处罚力度，有效威慑和遏制了侵犯知识产权的行为，努力营造了不敢侵权、不愿侵权的法律氛围。

坚持问题导向，聚焦痛。制定重点领域裁判规则破解知识产权惩罚性赔偿制度难题。立足解决知识产权案件存在赔偿数额低等瓶颈问题，对症下药破"四难"，细化了其中的"故意"和"情节严重"的具体情形，确立了惩罚性赔偿基数的考量因素和具体计算方法、明确了惩罚性赔偿倍数的具体依据和确立原则、理清了惩罚性赔偿与刑事罚金及行政罚款的关系等，为司法实践适用惩罚性赔偿提供有效指引。

利剑出鞘，铁腕维权，提高侵权赔偿数额，发挥知识产权惩罚性赔偿制度威慑力。亮剑互联网不正当竞争，在审理的一起互联网不正当竞争案件中，认定被告专门用于针对微信软件进行刷虚假流量的行为构成了不正当竞争，判赔6562万元，释放让权利人不再"得不偿失"的鲜明司法态度，维护互联网市场竞争秩序。探索最严专利权司法保护新机制，实施全国首例专利诉讼"先行判决＋临时禁令"裁判方式，避免权利人遭受市场销售份额下降等损害。在审理的维沃公司诉优品通公司等侵害 vivo 注册商标专用权案中，按照获利金额的3倍确定赔偿数额，彰显通过商标侵权惩罚性赔偿制度加大对知名商标保护的价值导向，助力创造一流法治化营商环境。

二 创建技术调查官队伍，持续完善多元化技术事实查明机制，建设知识产权司法保护最高效的示范区

近三年来，深圳知识产权法庭每年受理的技术类案件数量维持在2000件以上。2018年，新收集成电路布图设计、专利、垄断、计算机软件等技

术类案件 2335 件，同比增长 15.7%。2019 年受理各类技术类案件 2795 件，同比增长 19.7%，办结 1931 件。2020 年新收专利等各类技术类案件 4862件，同比增长 73.95%，办结 3759 件（见图1、图2、图3）。技术类知识产权案件快速增长，反映了深圳对专利保护的巨大需求。

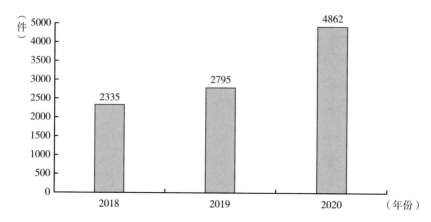

图1　深圳知识产权法庭近三年新收专利案件

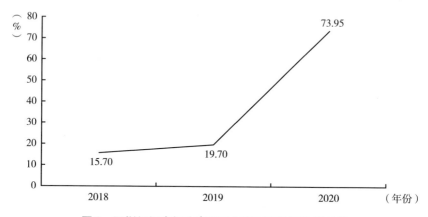

图2　深圳知识产权法庭近三年专利案件同比增长率

根据深圳"十四五"规划的部署，深圳将建设国际化关键电子元器件交易平台，打造具有全球竞争力的电子信息世界级先进制造业，聚焦集成电路、人工智能、基础软件建设。虽然目前通信、电子电路类案件占比不高，但案件复杂、专业性强，涉及产业重大利益，如通信领域的标准必要

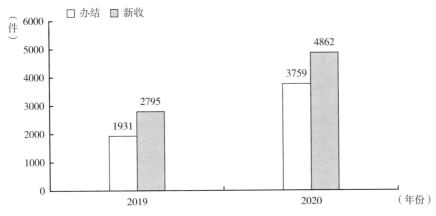

图3 深圳知识产权法庭近两年办结与新收案件数量

专利纠纷，可以预见未来会有越来越多的涉通信、电子、5G、人工智能、自动驾驶、智能制造装备等纠纷。"十四五"规划多次提到高端医疗器械、高端装备制造、生物医药，提出把推动制造业高质量发展摆在突出位置，保持制造业比重稳定，再造高品质产业园，将来机械制造业也会逐渐变得更精密、更高端，所以，涉高端前沿的制造业案件将不断增多，技术难度不断增大。在技术类知识产权案件中，法律问题与技术问题交织，技术事实认定难一直是困扰知识产权审判工作的重大难题。面对日益专业化的审判趋势，为从根本上解决知识产权案件审理过程中出现的技术性事实审查难题，深圳法院通过构建"1+2+3"多元化技术事实查明机制，有效提升技术事实认定的中立性、客观性和科学性，确保技术事实查明工作质效不断提升。以建立完善技术调查官队伍为中心，首创"技术调查官"全流程嵌入式协助技术类案件审判工作模式；以具有"技术背景的人民陪审员"和"专家咨询委员会"为创新依托；搭建国家知识产权局专利局广东审查协作中心和专家意见以及司法鉴定为一体的多元化技术事实查明"外脑"，多措并举不断提升技术类知识产权案件审理效率。

从2020年底开始，法庭招录了4名具有理工类专业背景的技术调查官，创新技术调查官"全流程嵌入式"工作模式。在所有的知识产权技术类案件中，让此类技术人员全流程嵌入式参与案件审理工作，全程为技术类案件审判提供司法辅助，极大提高了技术类知识产权案件的审判效率。截至 2021 年 6 月 31 日，法庭技术调查官总共参与案件 163 件，其中参与发明专利类案件 50 件，实用新型专利类案件 63 件，计算机类案件 45 件，侵害外观设计专利类案件 5 件（见图 4）；共出具初步比对意见书供合议庭参考 44 份，外出保全取证 14 次，与国家知识产权局广东审查协作中心咨询沟通 8 次。技术调查官参与审理的案件中，已结案 44 宗，多为长期未结案件，平均审理周期约为 451 天。技术调查官从接收案件到结案，平期周期约为 77 天，技术调查官参与审理技术类案件，极大提高了此类案件的审理效率。为进一步完善技术调查官队伍，规范技术调查官参与案件审理流程，适应新时期知识产权司法审判技术事实查明的新要求，《深圳市中级人民法院关于技术调查官参与知识产权案件诉讼活动的工作指引（试行）》《深圳知识产权法庭技术调查官工作手册》已制定出台。

根据不同专业领域划分，各专业比例大致见图 5。

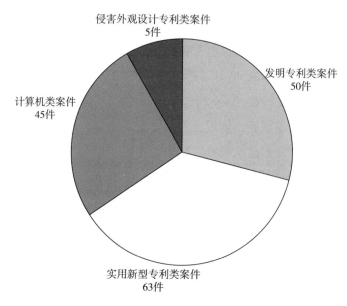

图4 技术调查官参与审理的技术类案件数量

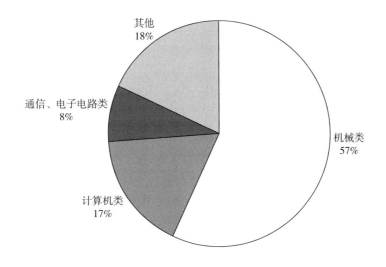

图5 各类型案件占比

三 深度融合新兴科技，建设知识产权司法保护
现代化的示范区

积极推进区块链技术在知识产权审判工作中的广泛应用，随着新时代的发展，区块链技术优势日益凸现。区块链技术在知识产权司法保护方面目前主要应用在数字版权作品登记与确权、侵权监测、侵权取证、司法鉴定、知识产权评估等各个环节。司法机关应用区块链技术可进行线上管理，确认、保存相关信息，使电子卷宗、办案流程不可更改，辅助司法人员进行证据认定，缩短审判周期，提高审判效率，增强司法公信力。北京、广州、杭州三个互联网法院相继建设了司法区块链，最高人民法院也在进行司法区块链规划，各地法院也在逐步规划建设司法区块链系统，可以预见，未来会有更多的司法区块链系统应用。深圳知识产权法庭积极探索在知识产权司法审判工作中应用区块链技术，由于司法领域的区块链应用基本是基于联盟链技术构建，具有一定的管理与控制手段，节点也多由司法鉴定机构、行业组织、公

证机构、仲裁机构等权威组成，应注重司法区块链的安全性保障，特别是在接入管理、认证机制、权限控制、验证权限、技术架构、数据保护等方面。因此，采取分步骤、有计划推进方式，先选取试点法院建设区块链电子证据校验平台并进行试点试用，试点试用过程中逐步完善区块链电子证据校验平台，最后再通过区块链电子证据校验平台正式上线并推广到全市范围。2021年4月26日知识产权保护周宣传期间，在龙华区人民法院发布上线并使用法院区块链证据核验平台，该平台是应用区块链技术在知识产权审判领域的先行先试，在司法实践中实现了首宗通过移动微法院提交区块链证据并自动核验的案件，有效解决维权成本高、周期长、取证难的问题。接下来还将制定"区块链电子证据平台接入与管理规范""区块链电子证据平台技术规范""区块链电子证据平台安全服务要求"等规范性文件，形成区块链证据平台配套规则。

积极拥抱适用新兴技术革命，推动科技创新成果与司法审判工作深度融合，不断提升知识产权司法保护现代化水平。依托"智慧法院"建设，积极借助新兴信息技术，不断提升知识产权司法保护智能化、信息化水平，推进了知识产权审判工作与现代科技手段的深度融合，为知识产权审判插上了智慧翅膀。以广东诉讼服务网、深圳移动微法院、深融多元化平台、电子卷宗随案同步生成及深度应用为主线，为当事人提供在线立案、在线送达、在线调解、在线庭审等全流程便利、高效、安全的电子诉讼服务，通过提升诉讼服务智能化水平，缩短诉讼周期，节约诉讼成本，提高审判效率。疫情防控期间，通过智慧审判有力助推知识产权审判有序开展。

探索应用3D扫描新技术。知识产权案件证物多，举证、质证、移证难，特别是在专利纠纷案件中，涉及专利产品的外观设计和结构构造，很多时候需要通过实地观察，进行具体的细节比对才能作出判断，这就对证物的存放、出示、质证和移送都提出了很高要求。而3D扫描技术就可以很好地解决这些难题，通过应用3D扫描技术，可以对证物进行固定摄像，以电子化手段详细记载证物的设计要点、结构细节、技术特征等，实现证物电子存储、在线比对、在线移送。极大方便了庭审证物的展示和侵权比对，移送上诉的案件证物只需移送一张光盘即可，推动了知识产权案件存证、固证、示证体系颠覆性变革。

四　引领国际知识产权规则，努力建设知识产权司法保护最国际化的示范区

创新领域高速发展，新技术、新问题层出不穷，全球知识产权保护面临诸多挑战。同时，国际环境中不稳定不确定因素增多，逆全球化倾向、贸易保护主义明显抬头，世界经济贸易环境发生明显变化。在创新驱动与国际博弈的双重助推下，知识产权已经成为国家间博弈的焦点，围绕知识产权的国际斗争日趋激烈，争夺知识产权全球治理规则主导权的斗争更加突出。习近平总书记在中共中央政治局集体学习时强调，要深度参与全球知识产权治理，讲好中国知识产权故事，推进中国知识产权有关法律规定域外适用。习总书记的讲话对知识产权审判提出了更高要求。深圳知识产权法庭深刻认识国际竞争新变化，适应开放型发展战略新需要，秉持平等保护和严格保护相统一的原则，积极推动知识产权全球治理体系和国际规则朝着更加公正合理的方向发展，在知识产权国际规则制定中提出中国方案、贡献中国智慧，积极扩大知识产权司法保护国际影响力。

一是加强涉外案件审判，打造知识产权保护"优选地"。2020 年，法庭共计审结涉外案件 845 件、涉港澳台知识产权案件 837 件。法庭坚持平等保护理念，立足粤港澳大湾区建设，为境内外主体提供平等知识产权保护，充分保障外方当事人的合法权益，判决了一批具有国际影响力的涉外案件，增进了境外当事人对深圳知识产权司法保护状况和争端解决能力的认可和信任。审理的美国超大规模集成电路技术公司诉美国英特尔公司等侵害发明专利权纠纷、美国 GPNE 公司诉美国苹果公司等侵害发明专利权纠纷、美国索尔维特殊聚合物公司诉吉林中研高分子材料公司侵害发明专利权纠纷等，这些案件双方当事人都不在深圳，外方依然选择在深圳发起知识产权诉讼，反映了深圳法院知识产权司法审判公正、高效的做法已得到越来越多诉讼主体

的认可和信任。引入港籍陪审员参与涉港知识产权案件审理，加强同粤港澳调解联盟、知识产权仲裁中心等域内外专业机构合作，展示开放包容态度与平等保护决心。

二是妥善处理国际平行诉讼，依法维护国家司法主权。积极研究国际平行诉讼中禁诉令的适用问题，强化标准必要专利的案件管辖，灵活运用行为保全制度破解域外法院的长臂管辖，态度鲜明地捍卫司法主权和国家利益。在 OPPO 公司诉夏普株式会社等标准必要专利许可纠纷案中，依法作出全国首宗关于中国法院具有标准必要专利全球许可费率管辖权的裁定。在该案中遵循国际礼让原则作出禁诉令，禁止被申请人在域外提起新的诉讼或禁令。审理中兴通讯与卢森堡康文森无线许可公司标准必要专利许可纠纷案，作出禁执令，并最终促成双方当事人达成一揽子和解。不断提升深圳法院解决知识产权国际纠纷的能力和国际影响力，努力打造全球知识产权保护的"新高地"。

五　进行知识产权证据制度改革，建立健全证据披露、证据妨碍排除规则，建设知识产权司法保护最具创新活力的示范区

以改革思维推动知识产权审判改革，以创新方式助推创新驱动，不断打通制约知识产权司法保护的"中梗阻"因素，探索构建知识产权司法保护"先行示范"的新机制、新样板、新格局。深圳知识产权法庭积极回应深圳建设具有全球影响力的创新创业创意之都和社会主义先行示范区的司法需求，把知识产权审判工作放到营造国际一流营商环境和促进高水平对外开放的大局中去思考、定位和谋划，不断推进机制创新。特别是近年来，随着互联网等新业态的发展，法庭积极探索完善大数据、人工智能，生物智能等新领域、新业态知识产权保护制度。探索在个案中根据现有诉讼制度和证据制度，建立具有深圳司法特色的证据妨碍排除和优势证据规则，引入证据披露规则，在司法实践中先行实践关于完善"证据妨碍排除规则"的一系列要

求及规定。在审理的腾讯公司诉微时空公司不正当竞争案中，认定被告在该案中构成证据妨碍，适用不利证据推定规则确定赔偿责任，首次在互联网知识产权案件判决中创造性地界定证据妨碍排除的适用条件，从司法实践中探索解决权利人诉讼"举证难"问题，为证据妨碍排除在互联网侵权案件的司法适用提供了"特区"范本。

开展互联网信息等新型数字知识产权权益保护调研和司法规则探索。结合最高人民法院《关于支持和保障深圳建设中国特色社会主义先行示范区的意见》精神，大力探索人工智能、互联网信息等新型数字化知识产权财产权益保护新模式。深圳法院审结腾讯公司诉盈讯公司侵害著作权及不正当竞争纠纷案，被业内称为"中国 AI 作品第一案"，是全国首例认定人工智能生成文章构成作品的生效案件，被评为"2020 年度人民法院十大案件"。该案在人工智能生成物的独创性判断步骤和如何分析人工智能生成物的创作过程等方面作出了探索和创新，认定具备独创性的人工智能生成物是作品，并通过著作权保护，符合《著作权法》激励创作的立法宗旨，将有效激励人们主动利用人工智能进行创作，也有益于人工智能产业的良性发展，对于同类案件的审理具有指导意义。案件判决后获得社会各界的广泛讨论，使得业界和大众对人工智能和人的关系以及人工智能产业的发展加深了认识，取得了良好的法律效果和社会效果。审结"通路云系统""萝卜客智能营销软件""酷蜗智能营销宝群控系统/程硕聚合群控系统""侠客群控系统""宝信挂机平台"案等不正当竞争纠纷数案，有力打击群控、虚假刷量等网络黑产行为，净化互联网空间竞争秩序。

六　大力推进繁简分流，建设知识产权司法保护最及时的示范区

深圳知识产权法庭注重通过探索改革审判模式，不断提升知识产权司法审判的效率和质效。依托信息科技，建立便捷智能的诉讼服务机制，不断完善多层次诉讼制度，探索知识产权案件全流程线上审理，全面提升知

识产权案件审判效率。其中深圳知识产权法庭构建起"速裁+快审+精审"三梯次审判工作模式，依托"简单二审案件由速裁团队模块化审理、外观设计和部分实用新型专利案件由快审团队集约化审理，重大疑难复杂案件由精审团队精细化审理"工作机制，深入推进知识产权纠纷化解繁简分流体制改革。快审团队案件调撤率达65%以上，当庭宣判率85%以上，审理周期缩至3个半月，呈现结案率高、调撤率高、当庭宣判率高的特点。探索多元化纠纷解决中心，充分运用5G技术，开展知识产权案件在线"调解+司法确认"，化解侵害知识产权纠纷，降低知识产权维权成本，提升维权效率。

对于重大疑难复杂的精审案件，精雕细琢，打磨成精品案件，同时通过积极运用先行判决和诉中禁令的方式，及时为侵权行为按下暂停键，进一步提升了知识产权司法保护效能。从2019年至今，共计发出诉中禁令13份，涉案金额将近1.5亿元。2020年在办理大疆云台相机专利纠纷案件中，创新探索了全国首例"先行判决+诉讼禁令"审理模式，取得了良好的法律效果和社会效果。

七 全力实施知识产权精品战略，擦亮知识产权司法保护"深圳品牌"

深圳知识产权法庭案件类型丰富，疑难案件新类型案件多，典型案件重大影响案件多。近年来，深圳知识产权法庭注重实施知识产权精品战略，审理了一批在国内外具有影响力的典型案例。例如，苹果公司诉唯冠公司IPAD商标权属纠纷案、华为诉IDC标准必要专利纠纷案、华为三星互诉标准必要专利纠纷案等。其中华为诉美国IDC公司标准必要专利使用费一案为全球首判"标准必要专利FRAND许可"，被英国《知识产权管理》杂志评为年度全球知识产权案例；华为诉美国IDC公司滥用市场支配地位垄断案系中国企业向外国企业提起反垄断诉讼第一案，入选改革开放四十周年全国40个重大司法案例。2018年，深圳知识产权法庭审理的1宗案件入选

"全国法院十大知识产权案件"，2 宗入选"全国 50 件典型知识产权案件"；2019 年 1 篇文书入选"全国法院百篇优秀裁判文书"，1 篇文书获第四届全国知识产权优秀裁判文书特等奖。2020 年，审理的 1 宗案件入选"全国法院十大知识产权案件"，2 宗案件入选"全国 50 件典型知识产权案件"，获奖的精品案例数量在全国名列前茅。

八　推进司法公开，不断提升全社会知识产权保护意识

扩大知识产权审判公开新途径。选取典型案件开展网络庭审直播，增加司法公开成效。邀请人大代表以及在校师生走进法庭旁听审判，以案普法，营造全社会积极参与和大力支持知识产权司法保护的氛围和环境。积极探索在新兴互联网环境下加大知识产权司法公开的新路径，试行网上立案、网上办案，做到全程留痕、实时监督。不断丰富知识产权司法宣传方式。精心筹划每年"4·26 世界知识产权日"宣传周活动，通过发布知识产权司法保护白皮书和典型案例宣传知识产权司法保护最新状况，通过召开新闻发布会、公众开放日，利用网站、微信等方式全方位、多渠道展示知识产权审判工作，树立司法公信力。畅通对外合作交流渠道，加大区际和国际交流合作，展示深圳知识产权司法保护优秀成果，增强深圳知识产权司法保护的影响力。不断提升为企业创新驱动保驾护航的服务意识。主动走访企业，倾听创业者声音，了解企业司法保护需求，组织知识产权法官走进多家高新企业，实地调研新业态、新技术、新问题，和企业交流知识产权保护面临的困难和问题，研究知识产权司法保护新课题。为企业举办知识产权保护专题讲座，提升企业知识产权风险防范意识，促进高新技术企业知识产权保护机制良性发展。

知识产权审判工作是人民司法事业的重要组成部分，担负着保护产权、维护当事人合法权益和促进自主创新的重要职责，加强知识产权司法审判工作，对于保障市场经济健康运行、实施创新驱动发展战略具有重要意义。接

下来，深圳知识产权法庭将准确把握知识产权审判工作面临的新形势新任务，采取更加扎实有效的措施，大力加强和改进知识产权审判工作，全面提升知识产权审判工作水平，进一步发挥知识产权司法保护职能，积极推动知识产权审判体系和审判能力现代化，强化知识产权司法审判队伍建设，不断提高知识产权司法保护水平。

一是坚持能动司法，紧紧围绕"双区建设"服务大局。高度重视加强知识产权司法保护工作，积极适应新形势新要求，贯彻落实宽严适度的知识产权保护政策，妥善处理执行法律与服务大局的关系、激励创新与维护公平竞争的关系、保护私权与维护公共秩序的关系。最大限度保护创新、激励创新和引领创新，探索适合地方经济社会发展的知识产权司法保护模式。根据经济社会和科技发展的新情况新趋势，调整和统一司法裁判尺度，确保知识产权审判与经济社会和科技发展的要求相适应，努力为社会主义先行示范区和粤港澳大湾区建设提供高质量的司法保障。

二是切实履行职责，努力提升知识产权审判工作水平。加强商标权司法保护，促进自主品牌形成和品牌经济发展。加强著作权司法保护，推动文化创新和培育新型文化业态。依法打击不正当竞争行为和垄断行为，维护公平竞争的市场秩序。深入推进知识产权审判工作精品战略，探索新类型案件裁判规则，促进健全知识产权法律体系。加强对基层法院知识产权审判工作的监督指导，提升全市法院知识产权审判工作整体水平。

三是加强队伍建设，不断提升知识产权审判队伍的整体素质。进一步强化法官专业知识学习、调研、培训和对外交流，扩大视野，增强应对解决新问题、复杂问题的能力水平，打造一支具有国际视野的知识产权审判法官队伍。同时注重法官的政治素养和职业道德建设，不断提高法官的司法能力和综合素质，努力造就一支专业知识强、办案水平高、审判作风好、学术研究精、专家人才多、职业素养高的知识产权法官队伍。

B.16
前海知识产权保护制度的
创新实践与探索

柳建启　苏武博*

摘　要：　前海以习近平总书记知识产权保护法治思想为指导，以中央
两办发布的《关于强化知识产权保护的意见》为行动指南，
通过知识产权司法保护、行政保护、社会保护等方面的实践
和探索，基本形成了以司法保护为主导，行政保护为支撑，
仲裁调解、行业自律和社会监督为补充的知识产权多元保护
机制，打通了知识产权保护、运用、创造、管理、服务全链
条。未来，前海自贸区将不忘初心，不辱使命，在保持现有
知识产权保护制度优势的前提下，继续大刀阔斧推进制度改
革与创新实践探索，为全国各地的知识产权保护制度充当试
验田和先锋队。

关键词：　知识产权　知识产权全链条保护　行政保护　社会保护

一　时代背景

党的十八大以来，习近平总书记就知识产权保护发表了一系列重要论
述，中国开始强调知识产权大保护，推动在全国形成知识产权大保护的大环

---

* 柳建启，广东技术师范大学副教授；苏武博，暨南大学法学院研究生。

境。2019 年 11 月 24 日，中共中央办公厅和国务院办公厅出台了知识产权保护领域的重量级指导文件——《关于强化知识产权保护的意见》（以下简称《意见》）。《意见》指出，"加强知识产权保护，是完善产权保护制度最重要的内容，也是提高中国经济竞争力的最大激励"。中国加强知识产权保护，构建知识产权保护制度的总体要求是："以习近平新时代中国特色社会主义思想为指导，全面贯彻党的十九大和十九届二中、三中、四中全会精神，紧紧围绕统筹推进'五位一体'总体布局和协调推进'四个全面'战略布局，牢固树立保护知识产权就是保护创新的理念，坚持严格保护、统筹协调、重点突破、同等保护，不断改革完善知识产权保护体系，综合运用法律、行政、经济、技术、社会治理手段强化保护，促进保护能力和水平整体提升。力争到 2022 年，侵权易发多发现象得到有效遏制，权利人维权'举证难、周期长、成本高、赔偿低'的局面明显改观。到 2025 年，知识产权保护社会满意度达到并保持较高水平，保护能力有效提升，保护体系更加完善，尊重知识价值的营商环境更加优化，知识产权制度激励创新的基本保障作用得到更加有效发挥。"

在十八大以来的知识产权大保护背景下，深圳前海作为知识产权保护工作示范区，以习近平总书记法治思想为思想指导，以《意见》为行动指南，对知识产权保护制度的构建和完善进行了一系列创新实践和探索，为全国各地知识产权保护制度的构建和完善提供了借鉴。

二 前海知识产权保护制度的基本内容

前海知识产权保护是由司法保护、行政保护和社会保护共同构成的一体化知识产权保护制度，其基本内容包括"一站式"协同保护大平台，"全链条"快速确权维权平台，"全流程"知识产权服务平台和"大宣传"推广交流平台。这些基本内容落实到司法保护、行政保护和社会保护又分别有不同的内涵。前海已初步构筑了集立法保护、司法保护、行政保护、社会保护、仲裁保护、公证保护、海外保护等一条完整的知识产权保护链条①。本文主要讨论其中最为重要的司法保护、行政保护和社会保护。

在知识产权保护总体规划上，前海知识产权保护制度的主要政策依据是《关于强化知识产权保护的意见》《前海中国特色社会主义法治建设示范区规划纲要（2017～2020）》《关于建设前海知识产权保护工作示范区的行动方案（2021～2025）》《深圳市中级人民法院关于知识产权民事侵权纠纷适用惩罚性赔偿的指导意见》等政策性文件。在此基础上，深圳市知识产权"一站式"协同保护平台在位于前海的中国（深圳）知识产权保护中心启动，包括深圳国际仲裁院、前海法院、前海检察院多家单位在内的首批8家知识产权保护机构集中进驻中心并挂牌运行。

在知识产权司法保护制度上，以深圳知识产权法庭和前海法院的创新探索为主，以前海检察院的创新探索为辅。深圳知识产权法庭主要推行外观设计专利纠纷快审机制，推进知识产权诉讼禁令和知识产权审判"三审合一"，还创新性地引进了港籍陪审员制度。前海法院根据《意见》精神，针对性推出一系列知识产权保护制度改革，如完善知识产权案件审理机制，把"类案类调"工作机制适用于知识产权领域，探索跨场所立案，把立案场所延伸到前海知识产权保护中心，与深圳知识产权保护中心合作建立多元解纷站等。前海检察院则开展了一系列知识产权保护新举措，如建立"前海知识产权检察研究院"，在辖区组织开展知识产权保护、预防金融犯罪等方面的法治宣传教育活动，对知识产权、金融刑事案件实现统一管辖、集中办理等。

在知识产权行政保护制度上，前海主要实施了五大方面举措推进知识产权保护。分别是构建多元联合的保护体系，探索实施新型法律保护试点，加大知识产权执法力度，加大企业维权援助力度和完善知识产权保护服务。同时深圳市首个国家级知识产权保护中心落户前海，中国（深圳）知识产权

① 深圳市前海管理局：《深圳市前海管理局关于2020年度依法行政及法治政府工作的报告》，http://www.sz.gov.cn/szzt2010/wgkzl/jggk/lsqkgk/content/post_ 8362994. html，最后访问日期：2021年9月5日。

保护中心 2018 年在前海挂牌运行，面向新能源和互联网产业开展快速审查、确权和维权，依托知识产权保护中心和知识产权综合服务平台，积极整合保护资源，建设快速协同保护机制，成立知识产权保护工作站联盟，对接企业保护诉求，建立全链条的保护体系。国家海外知识产权纠纷应对指导中心深圳分中心在前海设立，大大加强了对"走出去"企业知识产权海外维权的援助力度。

在知识产权社会保护制度上，设立华商合规法律服务中心，探索知识产权证券化。开展知识产权证券化法律研究工作，研究专利价值评估、融资企业增信和发放专利质押融资贷款等法律课题，研究拓宽知识产权准入机制，加大知识产权专业律师培养力度，加强知识产权证券化业务团队建设和人才储备。

三 前海知识产权保护制度的创新实践与探索

（一）知识产权司法保护制度

知识产权司法保护制度是知识产权侵权的兜底保护制度，也是最为重要的知识产权保护制度。高效的司法体系是强化知识产权保护的重要保障[①]。前海的知识产权司法保护制度主要分为法院的司法保护和检察院的司法保护，正好对应的是知识产权侵权的民事责任和刑事责任。

1. 前海法院的知识产权保护

前海在知识产权司法保护制度上作了许多创新实践和探索。其中深圳知识产权法庭的知识产权司法保护探索，主要推进了外观专利快审机制、知识产权诉讼禁令实践、知识产权审判"三审合一"以及引进港籍陪审员制度和知识产权智慧法院建设四大方面的内容。前海法院也作出了一系列创新实

---

① 许中缘：《保障权利实现，发挥激励功能，提高知识产权保护法治化水平》，中国人大网，http://www.npc.gov.cn/npc/c30834/202103/a292fbb6c7524cfb93d1dc56c4e15ac9.shtml，最后访问日期：2021 年 9 月 10 日。

践，包括完善知识产权案件审理机制，把"类案类调"工作机制适用于知识产权领域，探索跨场所立案，把立案场所延伸到前海知识产权保护中心，与深圳知识产权保护中心合作建立多元解纷站等。

（1）"快保护"：实施外观设计专利纠纷快审机制，建立快速保护知识产权工作机制

深圳知识产权法庭努力推进审判资源配置和案件繁简分流改革，率先引进了外观设计专利纠纷案件快审机制，大大提高了案件审理效率。外观设计专利快审机制主要包括以下四个方面的内容。其一，为防止诉讼拖延，规范管辖权异议，案前告知当事人不得滥用管辖权异议，明确告知将对滥用管辖权异议的当事人加大判决赔偿力度；其二，让当事人提交要素式表格，简明清晰地固定案件事实和争议部分，仅就争议部分进行集中审理；其三，尽量争取当庭宣判；其四，推行示范性判决，统一裁判标准。换言之，外观设计专利纠纷案件快审机制就是整齐划一的流水线式审判。

前海法院则致力于完善知识产权案件审理机制，建立快速保护知识产权工作机制。前海法院的工作主要集中在以下三个方面。一是健全多层次的知识产权案件诉讼制度。以多元化纠纷解决中心为依托，运用5G技术开展在线调解工作，对审判工作实行繁简分流，对事实简单、争议不大的知识产权案件采用小额诉讼程序，大大缩短了平均审期，体现了知识产权司法保护的深圳速度。二是畅通知识产权案件便利化诉讼渠道。深度运用多元化网络诉讼平台，为当事人提供在线立案、在线送达、在线调解甚至在线庭审服务，进一步缩短诉讼周期。三是建立强力的知识产权案件保全机制。及时保护和稳妥保护的同时，充分发挥行为保全措施的效能，及时审查和裁定知识产权保全措施申请，达到快速有效地制止侵权行为的效果。

（2）"严保护"：探索使用知识产权诉讼禁令，实施最严知识产权保护制度

知识产权诉讼禁令同时涉及"快保护"和"严保护"两大范畴。深圳知识产权法庭积极探索知识产权诉讼禁令的适用场景，兼顾公平稳妥，对事

实基本清楚的知识产权案件实行最严格保护。法庭通过颁布诉讼禁令方式，加大了对知识产权侵权行为依法适用行为保全的力度。2019 年共发出诉讼禁令 6 份，涉案金额累计超 1 亿元，对知识产权权利人迅速制止侵权行为、及时获得司法保护发挥了重要作用。例如，腾讯科技（深圳）有限公司诉武汉骏网互联科技股份有限公司等不正当竞争纠纷案①，就通过诉讼禁令快速制止了侵权行为，严格保护了权利人的利益。通过加大行为保全力度，提升了知识产权司法救济的时效性，打造最高效、最严格的知识产权司法保护示范区。

前海法院也在知识产权"严保护"方面实施最严知识产权保护制度。首先，前海法院加大了惩罚性赔偿力度。针对"赔偿低"的知识产权保护顽疾，前海法院制定并实施了《关于适用知识产权惩罚性赔偿的裁判指引》，进一步细化了惩罚性赔偿制度，通过具体个案依法适用惩罚性赔偿制度，大大提高了对侵权行为的威慑力。其次，前海法院全面支持维权合理费用的诉求。通过建立维权合理费用转付机制，显著提高侵权人的知识产权侵权成本。最后，前海法院充分发挥了司法裁判的示范引导作用。贯彻落实精品审判战略，发布前海法院知识产权十大典型案例，充分发挥典型判例的示范性引导作用。同时，加强裁判文书说理，形成具有典型意义的裁判精品。

（3）"大保护"：依托信息化深度融合，构建共治的知识产权保护模式

深圳知识产权法庭积极推进"智慧法院"建设，不断提高知识产权司法保护的智能化水平和信息化水平，实现知识产权审判与信息技术深度融合，实现知识产权保护的大范围覆盖。主要举措有二：其一，完善电子诉讼平台，打造全流程线上审理的"互联网＋"法院模式；其二，充分运用 3D 扫描技术，推动证据留存和证据转移变革。

前海法院则致力于强化对知识产权纠纷的诉源治理，健全知识产权纠纷

---

① （2019）粤 03 民初 1914 号之二。北大法宝，https：//www.pkulaw.com/pfnl/，最后访问日期：2021 年 9 月 4 日。

诉调对接机制，推进知识产权司法保护与行政保护无缝衔接。注重将矛盾纠纷化解端口前移，与前海辖区内腾讯音乐等公司合作共建纠纷化解机制，委派调解员参与腾讯、抖音、小米、趣唱、唱吧等公司音乐制品信息网络传播侵权纠纷的调解工作。注重与其他知识产权保护专业机构合作，建设"一站式"纠纷解决平台，同时实施"引导过滤—协调对接—专业服务"工作模式，工作成果显著。截至2020年3月，知识产权诉前调解成功案件1608件，成功率高达17.8%。加强与行政管理部门交流合作，推动行政司法无缝对接，实现协同保护和资源共享。前海法院与蛇口海关先后在6件知识产权案件调查取证、证据保全、财产保全等方面开展了有效协作，提升了知识产权保护合力。

（4）"同保护"：创新审判模式，完善专业化审理机制

"同保护"包括对境内、境外案件"同保护"和境内案件的同保护。对于粤港澳大湾区知识产权案件，深圳知识产权法庭和前海法院都创新性地引进港籍陪审员制度，选任香港业内专家作为陪审员参与庭审，进一步提高内地知识产权审判的国际和区域公信力，也实现对粤港澳大湾区知识产权的同等力度保护。

此外，深圳知识产权法庭更探索了七人合议庭模式审理知识产权案件，让法院判决更贴近公众认知，"努力让人民群众在每一个司法案件中感受到公平正义"[1]。贵州茅台公司诉贵州中黔酒业公司商标侵权案[2]就采取了七人合议庭模式，合议庭包括三名法官和四名人民陪审员，人民陪审员从不同行业的434人中随机抽选，取得了良好的社会效果。前海法院也致力于完善"法官＋专家陪审员＋技术调查官"专业化审理机制。专业化审理机制能更好地实现知识产权精确保护，形成经典案例，作为其他类案的裁判标准。同时前海法院也尝试把商事案件"类案类调"工作机制适用于国际知识产权

[1] 习近平：《在首都各界纪念现行宪法公布施行三十周年大会上的讲话》，《十八大以来重要文献选编》（上），中央文献出版社，2014，第91页。
[2] 中国裁判文书网，https://wenshu.court.gov.cn/website/wenshu/，最后访问日期：2021年9月14日。

纠纷领域，保证知识产权国际案件的"同保护"。

2. 前海检察院的知识产权保护

与深圳知识产权法庭和前海法院专注于民事审判的创新实践和探索不同，前海检察院的创新实践集中于知识产权犯罪领域，主要内容有知识产权犯罪预防、知识产权检察保护研究和知识产权犯罪案件统一管辖实践。首先，前海检察院在辖区内不断加强知识产权检察保护相关教育和宣传。2019 年，前海检察院在辖区大力组织开展知识产权保护、预防金融犯罪等方面的法治宣传教育，一年内共组织举办知识产权投融资保护、企业商业秘密司法保护、金融职务犯罪监管与预防等主题讲座 7 个场次之多。其次，成立前海知识产权检察研究院，大力开展知识产权检察保护研究。前海知识产权检察研究院进驻中国（深圳）知识产权保护中心，融入知识产权一体化保护平台，充分发挥了前海作为知识产权保护高地的地域优势，推动了知识产权鉴定技术及法庭科学研究，为检察机关知识产权案件办理提供了技术保障。最后，前海检察院积极开展知识产权犯罪案件跨行政区划案件管辖调研与实践。2019 年，前海检察院不断探索检察工作新体制、新机制，组织有关人员到区内外相关单位调研考察，以知识产权、金融刑事案件统一管辖为方向，结合深圳经济发展态势及自贸区检察工作重点，对跨行政区划管辖案件必要性及可行性进行研讨，提出知识产权、金融等刑事案件集中办理的设想。经过细致的调研与考证，前海检察院向上级提出"关于继续推进由前海检察院管辖全市一审知识产权、金融类刑事案件的请示""关于管辖前海蛇口自贸区涉自贸要素案件的请示""关于前海检察院集中办理全市一审金融犯罪案件的请示"，深圳市检察院现已原则同意前海检察院统一办理跨行政区划一审知识产权犯罪类案。

（二）知识产权行政保护制度

2021 年 4 月 23 日，深圳市举行了知识产权工作会议暨知识产权联席会议。会议发布《深圳市 2020 年知识产权白皮书》，全方位回顾了深圳在打造知识产权标杆城市过程中取得的成果。2020 年，深圳市国内专利授权

222412 件，居全国首位，同比增长 33.49%；每万人口发明专利拥有量达119.1 件，约为全国平均水平的 8 倍，有效发明专利五年以上维持率达83.77%；PCT 国际专利申请量 20209 件，连续 17 年居全国首位。商标申请584659 件，同比增长 16.72%；累计有效注册商标量达 1730268 件，同比增长 23.88%；商标申请量和注册量等指标均居全国首位。获中国专利金奖 3项、外观设计金奖 2 项，获广东省专利金奖 8 项，获批全国版权示范单位（软件正版化）2 项、全国版权示范园区（基地）1 项。深圳市不断加强知识产权行政保护力度。在 2019 年全国营商环境评价中，深圳市知识产权指标在全国 41 个城市中排名第二；2019 年深圳市知识产权行政保护绩效考核获全国副省级城市和地级市第一名。市市场监管局查处侵权案件 1483 件，罚没款 574.85 万元，移送涉嫌犯罪案件 53 件。市"扫黄打非"办立案 79件。文化广电旅游体育局破获涉嫌非法出版物刑事犯罪案件 5 件。深圳海关查扣侵权货物 8188 批次、2123.0 万件，案值 6133.3 万元。同时，深圳市专利行政裁决示范试点建设工作入选全国典型经验做法；市市场监管局、公安局、深圳海关建立合作机制，建成"五位一体"快速协同保护机制；市市场监管局构建网络知识产权保护"鸿蒙协同云平台"；南山区获批全国唯一区县级国家知识产权信用体系重点推进地区。

深圳市场监督管理局大力开展知识产权行政保护行动。"严格专利行政保护。组织开展知识产权执法保护专项行动，全年查处专利侵权纠纷案件 956 件，同比增长 5.64%；查处假冒专利违法案件 31 件，罚没款 19.37万元。深化全国专利管理部门与电商平台执法协作机制，处理电商侵权案件 803 件，出具侵权判定咨询意见 56 份，办理维权援助申请 18 份和线下举报投诉案件 31 件。严格商标专用权保护。部署开展'铁拳'系列专项行动，全年查处商标侵权假冒等违法案件 464 件，同比减少 35.38%；罚没款 546.12 万元，移送公安机关涉嫌商标侵权犯罪案件 49 件。查办的侵犯'华为'等注册商标专用权集群案，获评 2019 年度国家商标行政保护十大典型案例。严格版权执法监管。开展'剑网 2020'专项行动，严厉打击网络侵权盗版违法行为。全年查处版权等违法案件 32 件，同比增长

77.78%；罚没款 9.36 万元，移送公安机关涉嫌犯罪案件 4 件。查获'大千视界 App'侵权盗版案，涉及侵权影视作品 3268 部，累计盗版传播点击总量达 3000 余万次。检查各类文化经营场所 25020 家次，立案 79 件，结案 66 件。开展'扫黄打非·秋风 2020'集中行动，收缴各类非法出版物 17.9 万余件，破获涉嫌非法出版物刑事犯罪案件 5 件。严格反不正当竞争执法。查处不正当经营活动以及仿冒混淆、侵犯商业秘密等行为，全年处理反不正当竞争违法案件 48 件，同比减少 32.39%；罚没款 345.34 万元，同比增长 17.66%。"①

在深圳市场监督管理局的领导下，前海的知识产权行政保护制度创新实践与市局保持高度一致。同时前海也采取了一系列行政保护行动，为深圳市的知识产权保护贡献了前海力量。

除了市场监督执法外，前海知识产权行政保护还体现在：依托与中国（深圳）知识产权保护中心建立的知识产权全方位保护体系。知识产权全方位保护体系的主要内容是："一站式"协同保护平台，"全链条"快速确权维权平台，"全流程"知识产权服务平台和"大宣传"推广交流平台。首先，"一站式"协同保护平台是指汇集知识产权保护行政、司法、社会等多方资源，依托中心搭建协同保护机制，共建一站式协同保护平台入驻单位合作机制。其次，"全链条"快速确权维权平台致力解决专利保护"申请周期长""确权成本高""线上线下维权难"三大问题。在中心获得备案资格的企事业单位 1368 家，2021 年共接收预审案件 601 件，授权案件 106 件，三种专利首次响应周期平均为 5.38 天。目前，三种专利授权周期平均为 37 天，其中，发明专利授权周期从 22 个月缩短为 3.5 个月，实用新型、外观设计平均授权周期为 12 天和 6 天，其中外观设计最快 1 天授权。2019 年，中心共开展专利无效案件审理 9 宗，其中远程审理 5 宗，巡回审理 4 宗，共组织深圳市创新主体 600 多人次参与旁听。远程审理缩短

---

① 深圳市政府：《深圳市 2020 年知识产权白皮书》，深圳政府网，http://www.sz.gov.cn/cn/xxgk/zfxxgj/zwdt/content/post_ 8720737.html，最后访问日期：2021 年 9 月 14 日。

创新主体确权"路途",而巡回审理则直接降低创新主体确权"成本"。中心提供全领域专利侵权判定咨询服务,2019 年完成 765 件电商案件咨询,都在 24 小时内出具专利侵权判定咨询意见书;协助行政执法办案 14 件,10 个工作日形成专利侵权判定咨询意见,较同类判定时间缩短 2/3;进驻广交会、文博会、高交会等展会,为展会知识产权执法提供技术支撑;为执法部门开通绿色通道,出具权威的法律状态证明 335 份。积极探索涉外维权业务,为 TP-LINK 公司出具 2 份维权援助咨询意见。再次,市民和公司可以通过"全流程"知识产权服务平台完成专利、商标申请,以及专利授权合同备案、专利质押等知识产权保护"全流程"业务。最后,"大宣传"推广交流平台强调与 WIPO 组织、地方知识产权局、上级业务指导部门等 70 多家单位组织的多途径调研合作,开展户外广告、公交车和地铁灯箱广告宣传,在《中国知识产权报》等报刊上刊登公益广告,印制宣传册,编写《预审业务 100 问》和海外维权宣传册等多渠道宣传。同时,中心面向全市创新主体和代理机构开展了 21 场业务宣讲培训,参训人员超 3600 人次;举办 40 场网络公益培训,并打造"知保中心大讲堂"等知识产权宣传品牌,满足创新主体的技能提升需求。

(三)知识产权的社会保护制度

前海的知识产权社会保护主要分为行业自律和法律风险控制两大方面。一方面,与前海辖区内的腾讯音乐等公司合作共建纠纷化解机制,要求这些公司自觉自律,把知识产权纠纷化解于源头。同时各部门对辖区内的企业和社会公众进行知识产权保护教育宣传,降低侵权风险。另一方面,成立华商合规法律服务中心,控制知识产权法律风险。2019 年 11 月 3 日,华商合规法律服务中心(合规法律专业委员会)成立并举办首场"企业合规风险与合规经营"论坛。该法律服务中心也将为深圳企业知识产权保护方面的法律设计、风险防范和争议解决提供具有国际视野的专业化精细服务,探索知识产权证券化,推动建设多层次金融市场,促进发展自主知识产权。

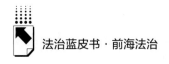

四 前海知识产权保护制度的前景展望

2010~2020年，前海知识产权领域实现了跨越式发展。"10年里，前海企业以高于全市平均水平26%的年均增速，共提交5.8万件国内专利申请。其中，发明专利申请2.8万件，年均增速较全市平均水平高38个百分点。专利授权方面，发明、实用新型和外观设计3种专利合计获得授权2.5万件，授权率高达44%，占全市专利授权总量的2.86%；年均增速46.56%，比全市平均值高26%左右。"[1] 在海外18个国家和地区拥有专利。前海依托前海法院、前海蛇口自贸片区综合执法局、华南高科技知识产权仲裁中心、知识产权司法鉴定机构、深圳市知识产权保护中心、知识产权专业律师事务所和其他知识产权高端服务机构，对深圳市特色产业以及创新能力强、知识产权纠纷普遍、知识产权保护诉求强的产业，提供外观设计和涉诉专利的快速授权确权服务。建立以司法保护为主导，行政保护为支撑，仲裁调解、行政调解、行业自律和社会监督为补充的知识产权多元保护机制，发挥知识产权司法鉴定机构在知识产权纠纷解决中的作用，推动前海成为全球知识产权争议解决优选地。

未来，前海知识产权保护制度完善方向应注重以下几个方面。

首先，要继续营造和优化法治营商环境，形成有国际影响力的创新区。拓展国际视野，坚持开放包容、平等保护原则，依法平等公正保护域内外知识产权相关当事人的合法权利，积极营造市场化、国际化、法治化营商环境，推动知识产权全球治理体系和国际规则朝着更加公正合理的方向发展。

其次，继续加强知识产权全链条保护。注重加强司法保护、行政保护和社会保护联系，推动形成区域范围内的紧密知识产权"大保护"格局。加强行政机关、司法机关和社会行业主体等的联系，形成社会整体合力。开放社会监督，依托"互联网+"战略拓宽社会监督途径。行政上注意执法的合理性和合法性，坚持执法比例原则；司法上注意不拉偏架，不对深圳本地

---

① 中国（深圳）知识产权保护中心：《前海合作区知识产权发展白皮书》，2020年9月28日。

企业进行地方保护，"南山必胜客""龙岗必胜客"这样的网络用词会影响深圳司法系统公信力，法院在宣传上要注意体现公平审判"同保护"的典型案例，如阿里巴巴文化传媒有限公司诉腾讯音乐娱乐（深圳）有限公司等侵害作品信息网络传播权纠纷案①。知识产权犯罪方面，"市公安机关获得全省专项行动考评第一；共受理知识产权案件 621 件，立案 597 件，破案 499 件，刑事拘留 1298 人，侦破案值 7000 余万元的假冒'大胜'品牌口罩案等大要案。市检察机关共受理审查逮捕知识产权犯罪案件 329 件、552 人，受理审查起诉 292 件、517 人"②。面对如此大量的知识产权犯罪案件，避免造成冤假错案，检察院要加大研究力度，给出罪与非罪、此罪与彼罪的明确标准和界限，可以聘请刑法专家进行专门立项研究，避免把民事侵权行为刑事化，造成恶劣的社会影响与严重的社会不公。

最后，继续依托中国（深圳）知识产权保护中心，各方合力做好"一站式"知识产权保护工作。充分发挥"一站式"协同保护平台作用，发挥作为业务连接点、信息连接点、需求连接点的"大保护"平台作用。落实合作备忘录，组建技术调查官队伍，形成多途径保护知识产权的合力，协同化解各类知识产权纠纷。打造特色预审服务体系，推进预审业务系统化规范化，发掘高价值专利；深入开展企业服务，持续接收符合资质的优质企业申请备案；打造"侵权判定咨询业务"品牌，开展线上线下及全国维权及举报投诉业务；推动产业知识产权导航运营，持续开展产业专利导航、预警项目，深度挖掘知识产权数据。采取"请进来、走出去"宣传策略，加强与园区、分局、各行业协会的合作，继续面向创新主体和代理机构开展业务宣讲培训和预审服务培训，加强相关处室间的宣传联动机制，推进全市知识产权宣传内容与主题的统一策划。以更优的顶层设计、更好的功能布局、更严的保护措施、更广的交流合作，着力打造知识产权保护高地，以知识产权助力深圳朝着中国特色社会主义先行示范区的方向前行。

---

① 参见北大法宝，https://www.pkulaw.com/pfnl/，最后访问日期：2021 年 9 月 14 日。

② 深圳市政府：《深圳市 2020 年知识产权白皮书》，深圳政府网，http://www.sz.gov.cn/cn/xxgk/zfxxgj/zwdt/content/post_ 8720737.html，最后访问日期：2021 年 9 月 14 日。

法治社会建设

Society with Rule of Law

B.17
前海法治文化建设的创新与实践

姚俊智[*]

摘　要：　前海推进社会主义法治文化建设，既是践行习近平法治思想
的内在要求，也是打造法治建设示范区、提升自贸区法治环
境的必然要求。前海通过构建层次完备的制度规范体系，完
善公正高效的法治实施机制，展现了法治文化建设的制度文
明和行为成效。同时，前海建设了类型齐全、特色鲜明的法
律服务高地，开展了形式多样、内容丰富的法治宣传教育，
完善了法治文化建设的物态具象和精神内容。在持续推进法
治创新的过程中，前海应当深入学习贯彻习近平法治思想，
在宏观规划与细节布置上优化区域性法治机构集群，通过多
方主体共同行动，在法治实践中持续提升法治环境，打造前
海法治文化名片。

＊　姚俊智，华南理工大学法学院博士研究生。

关键词： 法治环境　法治文化建设　法治建设示范区

中国特色社会主义法治道路的推进离不开法治文化建设的力量驱动。社会主义法治文化建设是中国特色社会主义法治体系和中国特色社会主义文化建设的重要内容，是建设社会主义法治国家的关键支撑。"法律的权威源自人民的内心拥护和真诚信仰"，作为国家法治建设的指导性纲领，《中共中央关于全面推进依法治国若干重大问题的决定》明确，"必须弘扬社会主义法治精神，建设社会主义法治文化"，引导人民群众成为社会主义法治的忠实崇尚者、自觉遵守者和坚定捍卫者，《法治中国建设规划（2020～2025年）》也将此作为统筹推进法治中国建设的重要内容。为此，中共中央办公厅、国务院办公厅于2021年4月印发《关于加强社会主义法治文化建设的意见》，从习近平法治思想、法治理论、宪法精神、公民法治素养、中华优秀传统法律文化、法治文艺、法治文化阵地、国际交流等方面对新时代法治文化建设作出了全面系统规划，并鼓励各地立足实际、大胆探索，培育法治文化建设先进典型。

作为国家改革开放的前沿阵地，前海多年来充分发挥经济特区先行先试作用，形成了一批批制度创新的前海经验。前海的稳健发展离不开强有力的法治保障，法治已经成为前海的一张特色名片，"打造中国特色社会主义法治建设示范区"更是国家赋予前海推进全面依法治国实践的重要使命。面对国内外形势的巨大变化和新时代法治中国建设的新要求，作为首个国家级法治建设示范区，前海应当不断深化法治建设，以推进社会主义法治文化建设为战略，讲好中国法治故事，提升社会主义法治文化的影响力，彰显中国特色社会主义文化自信。

一　前海法治文化建设的功能定位

（一）践行习近平法治思想的内在要求

十八大以来，以习近平同志为核心的党中央提出了一系列关于全面推进依法治国的新理念和新战略，并高屋建瓴地推进了一系列规划部署，逐步形成了内涵丰富、论述深刻、体系完备的习近平法治思想。在 2020 年 11 月 16 日至 17 日召开的中央全面依法治国工作会议上，党中央将习近平法治思想确立为全面依法治国的指导思想。习近平法治思想具有坚实的实践依据和深厚的理论基础，是新时代全面依法治国的根本遵循和行动指南。伟大思想引领伟大实践，习近平法治思想全面深刻地回答了新时代为什么实行、怎样实行全面依法治国的时代命题，为新时代坚持和发展中国特色社会主义法治道路指明了方向，也为世界法治文明提供了中国智慧和中国方案。因此，新时代推进全面依法治国，需要在习近平法治思想的伟大指引下，直面时代抛出的新问题新挑战，深化法治中国建设实践。

前海是习近平总书记亲自谋划、部署和推动的新时代国家改革开放前沿阵地，2012 年 12 月 7 日总书记在十八大后首次离京考察的第一站就是前海，总书记鼓舞前海要敢于"吃螃蟹"，可以在建设中国特色社会主义法治建设示范区方面积极探索、先行试验。前海正是在总书记的殷切嘱托下，系统规划，不断进行法治建设的实践创新，为前海发展注入了源源不断的活力。2018 年 10 月，总书记在迎来改革开放 40 周年之际再次视察前海时指出，"前海的模式是可行的，要研究出一批可复制可推广的经验，向全国推广"，而法治建设正是其中的重要经验。因此，前海法治建设承载了习近平总书记在推进全面深化改革进程中逐渐形成的依法治国愿景，是新时代习近平法治思想实践的重要平台，为法治中国建设提供鲜活经验。

前海法治建设深嵌于全面依法治国实践，践行习近平法治思想，需要深刻领悟其中的核心要义和工作要求。习近平总书记强调，全面依法治国是一项系统工程，要"坚持依法治国、依法执政、依法行政共同推进，坚持法治国家、法治政府、法治社会一体建设"①。以法治政府建设作为率先突破，法治中国建设进程步步推进，中央相继出台《法治政府建设实施纲要（2015～2020 年）》《法治社会建设实施纲要（2020～2025 年）》《法治中国

---

① 习近平：《加强党对全面依法治国的领导》，《求是》2019 年第 4 期。

建设规划（2020～2025年）》《法治政府建设实施纲要（2021～2025年）》等工作纲领，要求各地认真贯彻实施。全面依法治国的目标是构建法治秩序，因此无论是在法治国家还是在法治政府、法治社会层面，法治文化建设都是其中的关键，这也是前述规划纲要的重要关注点，因为法治秩序的建立必须以法治文化的充分发展为基础，法治秩序只有在法治文化环境滋养下才得以长远维系。习近平总书记在党的十九大报告中也指出，深化依法治国实践需要"加大全民普法力度，建设社会主义法治文化"①。因此，前海在打造新时代依法治国实践典范的进程中，需要积极推进法治文化建设，以勇于创新的"前海模式"践行习近平法治思想。

（二）打造法治建设示范区的题中应有之义

2010年8月，国务院批准的《前海深港现代服务业合作区总体发展规划》明确将"打造社会主义法治建设示范区"作为积极探索推动前海现代服务业集聚发展的重要政策措施，前海为此不断探索创新。作为自贸区首份法治建设专项方案，2017年4月《前海中国特色社会主义法治建设示范区规划纲要（2017～2020）》涵括了前海推进法治建设示范区的奋斗目标、指导思想、遵循原则及具体举措等丰富内容，提出了加快构建接轨国际的高标准商事法制体系、大力弘扬社会主义法治文化等多项任务和要求。同时，2019年2月《粤港澳大湾区发展规划纲要》明确提出，优化提升前海深港现代服务业合作区功能，并将"加强法律事务合作"确立为前海新发展的三大举措之一。为此，2019年8月《前海落实〈粤港澳大湾区发展规划纲要〉法治建设行动方案（2019～2022年）》从坚持党的领导、建设国际法律服务中心等六大方面提出了29项具体落实措施。

作为国家目前唯一批复的社会主义法治建设示范区，前海法治建设任重道远，在全面深化改革进程中不仅需要学习借鉴域外先进法治建设经验，也

---

① 习近平：《决胜全面建成小康社会　夺取新时代中国特色社会主义伟大胜利——在中国共产党第十九次全国代表大会上的报告》，《求是》2017年第21期。

肩负着向国内外提供法治建设鲜活样本的重要使命。社会主义法治文化是社会主义法治建设的基础工程和灵魂所在，深化社会主义法治建设离不开社会主义法治文化的精神引领和价值向导。同时，社会主义法治文化建设也是对外阐释"中国之治"的法治内涵和法治主张，提升社会主义法治国家国际形象的关键渠道。因此，建设社会主义法治文化，对外展示中国法治国家的良好形象，是前海实现"以构建法治文化为目标"法治愿景的必然要求①，这也是其规划纲要中确立的重要工作。

（三）提升自贸区法治环境的重要途径

自贸区承担着新时期推进全面深化改革的特殊使命，建设国际化、市场化、法治化的营商环境一直是自贸区建设的核心意旨，而建设一个法治型的现代社会治理体系也是自贸区建设的重要内容。申言之，良好的法治环境是自贸区稳健发展的基础保障。《中国（广东）自由贸易试验区条例》就专门设立"法治环境"一章，明确坚持运用法治思维、法治方式推动自贸区各领域建设的改革创新，为自贸区提供优质、高效的法律服务和法律保障。《深圳经济特区前海蛇口自由贸易试验片区条例》同样设立"法治环境"专章，立法支持前海按照先行先试、协同推进、法治引领的原则全面推进法治建设，运用法治规范政府和市场的边界，营造国际一流的法治化营商环境。同时，在前海已经构建起全国首个自贸区法治指数的基础上，该条例以立法形式明确建立自贸片区法治环境评估制度。

法治环境的营造是一个政府、企业及社会公众共同参与的过程，是运用法治思维和法治方式处理事情、化解纠纷的能力提升。前海在提升法治环境的过程中，离不开法治文化的支持和保障。在抗击新冠疫情工作中，公权力机构不当公开个人信息、诸如"出门打断腿，还嘴打掉牙"一类雷人标语宣传等违背法治精神的现象时有发生，这背后便折射出法治文化的缺失。因

---

① 前海门户网站，http：//qh.sz.gov.cn/ljqh/fzqh/xdjh/content/post_7819773.html，"法治愿景"。

此，无论是政府依法治理，还是企业守法履约、民众信法作为，长远来看都需要建立在法治文化熏陶和培育的基础之上。法治文化可以潜移默化地将法治理念、法治信仰输送给社会主体，长期"内化于心外化于行"践行法治行动，并且各主体间相互影响和相互促进，最终形成行为自觉，从而营造符合法治理想预期的社会环境。

二　前海法治文化建设的经验做法

（一）层次完备的制度规范体系

制度规范体系是法治文化的重要组成部分。法治文化不仅包括人们在社会交往过程中形成的关乎法治的价值理念和行为方式，也包括相应的物质载体和社会制度。法治文化建设在制度层面的核心内涵是构建一套逻辑清晰、内容齐全的制度规范体系。前海在打造社会主义现代化法治先行区的过程中不断优化升级顶层设计，以专项规划纲要形式明确法治创新的顶层方案，通过制度创新行动深化法治建设，形成了以"两条例三办法"为核心的"条例＋办法＋指引"梯次型制度规范体系，为促进前海深港现代服务业合作区及前海蛇口自贸区的建设发展提供了坚实的法治保障。

在法治建设顶层设计方面，除了前述《前海中国特色社会主义法治建设示范区规划纲要（2017～2020）》《前海落实〈粤港澳大湾区发展规划纲要〉法治建设行动方案（2019～2022年）》等规划纲要的出台实施外，前海还制定了《关于支持前海中国特色社会主义法治建设示范区先行先试若干举措的意见》，明确了涵盖立法、执法、司法及守法四大方面共计38条改革举措，细化落实前海打造社会主义法治建设示范区的实现路径。这些法治创新的顶层规划，是前海法治建设的智慧创造，凸显了前海建设安全稳定、公平公正秩序环境的法治追求，也是培育前海法治文化的积极体现。

在基础性立法方面，前海充分发挥经济特区立法权的优势，形成了"三条例两办法"立法引领格局。其中，作为前海的"基本法"，《深圳经济特区前海深港现代服务业合作区条例》自 2011 年颁布实施以来，有效引领了前海的开发建设。新条例于 2020 年 8 月修订通过，共 8 章 64 条，对治理结构、开发建设、产业发展、投资促进、社会治理、法治环境等方面进行了制度安排。新条例结合前海面临的新形势新发展，赋予前海以"依托香港、服务内地、面向世界"总体要求建设国际化城市新中心的新定位，并确立前海管理局在机构设置、人员聘用、内部薪酬、政府采购及企业设立等方面更大的自主权。除原有的金融、物流、信息服务、科技服务领域外，新条例还明确发展文化创意等现代服务业，以及海洋产业、数字经济、智能制造、生命健康、新材料等战略性新兴产业，以促进前海产业多元化发展。作为前海管理局履行职责的具体规定，《深圳市前海深港现代服务业合作区管理局暂行办法》于 2010 年 9 月由深圳市政府审议通过。该办法明确了前海管理局的具体职责和运作机制，以及在规划建设管理、公共服务和行政管理、产业促进、财政管理、人事薪酬等方面的管理权限和义务。类似的，《深圳前海湾保税港区管理暂行办法》明确了前海湾保税港区管理局在组织制订发展规划和规则指引、制订投资计划等方面的职责范围，以及保税港区所能享有的具体优惠政策。

前海是"自贸区 + 深港合作区 + 保税港区"三区叠加片区。为衔接《中国（广东）自由贸易试验区条例》，完善前海开发建设的法律依据，深圳市人大常委会于 2020 年 8 月通过了《深圳经济特区前海蛇口自由贸易试验片区条例》。该条例明确了自贸片区管理委员会、地方金融监管局、综合行政执法机构、廉政监督机构等机构的职责，从投资开放、贸易自由化、金融开放与创新、监管与服务、法治环境等方面立足前海实践对上位法作出了细化规定。条例还充分运用经济特区立法权，在探索取消港澳企业准入限制等方面对现行立法进行了变通处理，以法律保障推动前海高标准高质量发展。与自贸片区条例同时通过的还有《深圳国际仲裁院条例》，该条例在2012 年深圳市政府颁布的《深圳国际仲裁院管理规定（试行）》基础上修改完善出台，提高了立法层级，进一步彰显深圳仲裁不受行政机关干预案件裁决的独立性和公正性。条例以法定形式在构建法人治理长效机制、健全多元化争议解决机制等方面巩固了深圳仲裁的实践创新成果。同时，条例积极适应经济社会发展，结合仲裁院多年的线上仲裁探索实践，明确利用互联网、大数据、人工智能等信息技术，探索建设智慧仲裁。

在"两条例三办法"的基础上，前海充分发挥制度创新精神，制定了《深圳市前海深港现代服务业合作区立体复合开发用地管理若干规定（试行)》《深圳市前海深港现代服务业合作区香港工程建设领域专业人士执业备案管理办法》《深圳市前海深港现代服务业合作区香港工程建设领域专业机构执业备案管理办法》《深圳前海深港现代服务业合作区招商引资奖励暂行办法》《深圳前海深港现代服务业合作区产业投资引导基金管理办法》《深圳市前海深港现代服务业合作区高端航运服务业专项扶持资金实施细则》等多项立足前海发展的规范性文件，突出重点领域建设，落实了上位法规定。截至2020年底，前海已形成110多项先进的法治创新成果，这与前海体系齐全的制度规范建设是分不开的。总而言之，以"两条例三办法"为核心的梯次型制度规范体系，内容丰富、层次分明、逻辑贯通，为前海开发建设提供了全方位的法治保障，也构成了前海法治文化的特色内容。

（二）公正高效的法治实施机制

法治实施活动是法治文化的行为表现和现实反映，是法治价值指引和法律规范约束在行动主体构建社会秩序过程中的具体实践。法治实施活动是法治文化建设的必然关注点，法治文化往往是通过一定的主体性活动贯彻实践价值理念，而良性的法治实施活动又会促进法治文化建设水平提升。前海从"一张白纸"开发建设至今所取得的成就，离不开其公正高效的法治实施机制，无论是别具一格的司法风格，还是以法定机构为核心的区域治理实践，都构成了前海法治文化建设的生动诠释。

作为改革传统行政执法分散运作的创新实践，前海蛇口自贸片区综合行政执法局依法负责商务、知识产权、市场监督管理、交通运输、生态环境保护、水务、劳动监察、文化、城市管理、自然资源、安全生产等领域治理，集中行使行政处罚、行政强制、行政检查等职权，构建了与新时代改革开放新高地相适应的综合执法体制。前海法院于 2014 年 12 月经最高人民法院批准设立，作为综合性司法体制改革示范法院，为保障自贸区和合作区高质量发展，前海法院在司法服务机制、阳光司法机制、司法管理体制等领域先行探索，在涉外涉港澳台商事审判、知识产权司法保护等方面积累了先进经验。前海检察院于 2016 年 12 月经深圳市人大常委会批准设立，作为市检察院的派出机构行使县一级检察院职权。前海检察院是全国首家自贸区检察院，自成立以来积极探索检察工作新体制、新机制，在公益诉讼探索、审判监督新职能、跨行政区划案件管辖等领域创新实践，因应了前海改革创新的法治需求。

同时，前海构建了以法定机构为核心、多机构协同的区域治理结构。前海管理局是法定机构管理模式探索的实践先驱，"可以实行企业化管理但不得以营利为目的"，负责前海开发建设、运营管理等相关行政管理和公共服务职责。涵盖纪检、监察、检察、公安、审计等五大职责的前海廉政监督局在全国率先探索的"五位一体"廉政监督体制创新，建立起"不敢腐、不能腐、不想腐"的长效机制，推动了前海"廉洁示范区"建设。作为高起点建立的决策咨询、参谋机构，前海咨询委员会对前海先行先试、体制机制创新、深港紧密合作等重大问题，积极调查研究、提供咨询意见，不断推动前海开发建设提质提效。

法治实施的效果，是所有实施主体共同作用的结果，只有主体之间互相促进、目标一致，才能构建出稳定的法治秩序。在前海法治建设过程中，前海各机构分工明确，既有阳光公正的司法权威和行政执法，也有法定机构主导、监督，咨询机构协同的企业化高效治理，这是前海法治文化建设的具象呈现。2021 年 7 月，在中山大学自贸区综合研究院发布的"2020~2021 年度中国自由贸易试验区制度创新指数"中，前海成绩突出，在政府职能转变指数和法治化环境指数排名中位列第一①。在 2019 年普华永道对照世界

---

① 许青青、刘颖妮：《中国自贸试验区制度创新指数出炉 前海、南沙表现亮眼》，中国新闻网，http://www.chinanews.com/cj/2021/07-22/9526034.shtml，2021 年 7 月 22 日。

银行营商环境指标体系进行的评估中，前海的执行合同效率、成本及司法环境位居世界领先水平，全球排名第三①。可见，公正高效的法治实施机制已经成为前海不断前行的动力源泉。

（三）类型齐全的法律服务高地

如同文化一般，法治文化需要通过一定的载体展现出来，包括前述的制度规范、行为活动，也包括人员、机构、设施、标识等元素，从而构成一个完备的表意体系。无论是公、检、法、律等组织实体，还是建筑、广场、雕塑等物态具象，都是窥探法治文化的切入角度。前海因法治而兴，法治元素聚集效应也不断强化，由此展现出前海法治文化的无限魅力。

目前，前海形成了全国独具特色的集商事、知识产权、金融、海事等门类齐全的专业审判机构布局，促进了司法服务，保障前海深化改革。同时，通过"调解＋仲裁"等实践探索多元化纠纷解决，吸引粤港澳联营律师事务所到前海聚集，创新推出"公证专递"等方式打造与前海发展相适应的公证服务，构建齐聚仲裁、律所、公证等组织机构的多样化法律服务体系。不仅如此，前海还统筹资源打造了全国首个"一带一路"法治地图，通过宏观法治地图、微观法治地图等平台建设为受众群体提供沿线国家和地区法律查明等服务，可广泛应用于法律检索、尽职调查、法律研究等多元场景。在多方支持下，前海成立了首家"一带一路"法律服务联合会，是首家以汉语律师等法律服务者等为主要成员的国际性法律平台，促进了前海法律服务业的国际化发展。

值得关注的是，前海深港国际法务区是前海正在系统谋划建设的法治创新集聚区，无论在组织实体建设还是物态具像设计上，都是未来前海法治文化的亮丽风景。前海深港国际法务区按照"一基地两中心一高地"的功能和"一谷一带一港"的空间布局来推进实施。其中，"一基地"是习近平法治思想实践基地，"两中心"是国际商事争议解决中心和国际法律服务中

---

① 陈雪、刘华东：《法治与文明照亮城市未来》，《光明日报》2019 年 12 月 26 日，第 6 版。

心，"一高地"是知识产权保护高地。空间布局上，"一谷"即前海创新型法治机构生态谷，依托最高人民法院第一巡回法庭大楼和前海国际仲裁大厦、专业审判大厦、前海国际律师大厦及其他创新型法治机构，形成法治机构聚集的生态圈。"一带"是指前海深港国际法律服务带，依托前海国际仲裁大厦和规划的专业服务业小镇，聚集海事、金融等各产业形态法律服务机构，形成以点带线的法律服务带。"一港"则指前海国际法治文化交流港，依托规划建设的前海石公园·法治园和国际法治文化交流中心，集聚高端法治智库，开展多样化国际法治文化交流活动，形成展示多元法治文化的窗口。

在法务区机构落户情况方面，目前确定有六大类 70 家机构入驻法务区，另有 11 家正在加速落地。包括最高人民法院第一巡回法庭、深圳金融法庭、前海法院等 8 家司法机构，香港国际仲裁中心、深圳市前海国际商事调解中心等 15 家仲裁、调解机构，国际商会国际仲裁院、新加坡国际调解中心等 10 家国际组织，粤港澳合伙联营律师事务所 6 家以及深圳市前海公证处、全球华语律师联盟等 27 家法律服务机构，中国国际仲裁研究院、北京大学法治思想战略研究院、粤港澳司法研究院等 10 家研究机构，深圳市信用促进会、国家律师学院国际学院等 11 家其他组织。在门类上，覆盖了司法、仲裁、调解、律师、公证、司法鉴定、法律研究、法律培训等全领域，形成了全链条、多类别的法律服务体系。仅就物理空间而言，如此密集的法治机构建设，在国内已超群绝伦，极具视觉震撼效果。

（四）内容丰富的法治宣传教育

开展全民普法、进行法治宣传教育是全面推进依法治国的长期基础性工作，是提升法治文化建设水平的重要途径。只有法治成为社会共识和基本准则，法治秩序才能维系长远。在努力构建首个国家级法治建设示范区的过程中，崇尚法治的前海也适时开展了内容丰富的法治宣传教育活动，营造共同尊法学法守法用法的社会氛围。

2019 年 11 月 6 日，位于前海法治大厦的前海法治建设专题展馆正式启用，展馆通过文字、图片、实物及多媒体等多种方式，全方位展示了前海在依法治区、司法改革、法律服务等方面的法治建设成效，获得了良好的社会效果。同时，前海还通过创设"前海法治讲堂"总结提炼、深入传播前海法治故事，2019年举办讲堂六期，通过前沿热点的主题设计和师资库建设等创新做法吸引了港澳三地业界专家主讲，近五万人次线上线下参与，逐渐成为传播前海法治声音的重要载体。为提高公职人员尤其是领导干部法治理念和法治工作水平，抓住"关键少数"，前海将法治学习作为合作区党工委理论学习中心组集体学习的重要内容，2020年相继邀请了全国人大常委会法工委民法室、香港基本法委员会的专家学者进行专题授课。在"宪法宣传周"普法宣传系列活动中，通过宣传讲座、"前海开放日"活动、普法宣传"进社区、进企业"活动、学习宪法进机关活动等形式深入开展法治宣传教育。

三　前海法治文化建设的实践深化

（一）做习近平法治思想的坚定信仰者

前海的开发建设承载着习近平总书记的殷切嘱托，在"前海模式是可行的"背后，则是前海源源不断的法治创新实践。作为全面推进依法治国的根本遵循，习近平法治思想为中国特色社会主义法治道路指明了方向，前海要打造中国特色社会主义法治建设示范区，弘扬社会主义法治精神，构建法治文化，应当深入学习贯彻落实习近平法治思想，做习近平法治思想的坚定信仰者和忠诚实践者。

领导干部是法治中国建设的组织者和实践者，宣传践行习近平法治思想，需要抓好领导干部这个"关键少数"，把习近平法治思想纳入前海各级党组织和机关干部学习的重点内容。深入学习《习近平关于全面依法治国论述摘编》等文本述要，不断提高思想认识，强化领导干部运用法治思维和法治方式谋划落实前海开发建设的意识。同时，深刻领会习近平法治思想

的精神内核，整合资源，推进建设前海深港国际法务区习近平法治思想实践
基地。在统筹国内法治和涉外法治上积极作为，加强习近平法治思想的对外
宣传工作。对外特别是"一带一路"沿线国家和地区，继续通过法治国际
论坛等方式阐释构建人类命运共同体的法治意涵，扩大习近平法治思想的国
际影响力，坚定中国特色社会主义法治建设的道路自信和文化自信。前海法
治建设专题展馆，要及时优化升级跟进展示，通过格言、著作、影视等形式
全方位展现，推动习近平法治思想深入人心。

深化习近平法治思想实践，应当坚持以人为中心，不断满足人民日益增
长的公平正义需求。习近平法治思想坚持人民是法治中国建设最广泛的基
础，"要把体现人民利益、反映人民愿望、维护人民权益、增进人民福祉落
实到依法治国全过程，使法律及其实施充分体现人民意志"①，坚持人民立
场是前海社会主义法治文化建设的内在要求。具体而言，需要通过公众参与
增强社会认同感，在实践中增进公民的法治体验。例如《广东自由贸易试
验区深圳前海蛇口片区制度创新载体管理暂行办法》《深圳经济特区前海蛇
口自由贸易试验片区条例》立法过程中就面向社会公开征求意见，并且采
纳了不少意见，未来可以总结强化这类经验做法。规划建设的前海石公园·
法治园的具体方案设计也应当向社会征求意见，或面向社会举办创意设计征
集大赛，让公众参与到真真切切的法治文化建设实践中。

（二）优化区域性法治机构集群

从物理空间上来说，法治机构、法治设施等法治文化表现载体是公众生
活中目光所及的，也是公众在日常社会交往中能够真切感受到的。布局合理
的法治机构集群，既给公众带来耳目一新的文化美感，也赋予了法律服务高
效便捷的实践体验，在一定意义上，这就是法治昌明的基本物态。近年来，
通过各方努力，前海积极引进了最高人民法院第一巡回法庭、深圳知识产权
法庭、深圳国际仲裁院、北京大学国际法学院等机构落户，在实体法治机构

---

① 习近平：《加快建设社会主义法治国家》，《求是》2015 年第 1 期。

建设方面已经具备良好的基础。在推进法治文化建设的过程中，有必要继续强化前海法治机构集聚效应，合理布局、创新规划，打造前海中国特色社会主义法治建设示范区核心街区。

当前应当重点围绕前海深港国际法务区建设优化升级前海法治机构集群。在一些标志性项目上，如聚集国内外高端律所总部的前海国际律师大厦，集知识产权、金融等专业审判于一体的专业审判大厦，展示社会主义法律监督、廉政监督窗口的前海廉政文化交流中心等，不仅需要规划先行、缜密设计、合理布局，提高机构集群的整体协调性，也要注重内部器物等设计上的细节考究，使其符合特定机构的规范要求。例如，为着眼推进社会主义法治文化建设，立足法院工作实际，《最高人民法院关于规范法院文化标识和文化环境布设工作的通知》（法〔2018〕292号）就从标语标牌内容、国徽法徽使用、人民法庭统一标识等方面要求提高法院文化建设质量。在机构集聚的基础上，做好前海国际法治文化交流展示港建设工作，依托机构集群打造大陆法与英美法文化交流互鉴新平台。争取将更多的境内外知名法学研究机构、智库和高端论坛引入前海，推动中国法治论坛永久会址落户，创建前海国家级法治论坛名片，进行主题多元、形式多样的国际法治文化交流活动，将前海打造成为展示社会主义法治文化的窗口。

（三）在法治实践中持续提升法治环境

第一，落实谁执法谁普法、谁服务谁普法责任制。一方面，坚持科学立法、严格执法、公正司法，营造国际一流营商环境，推动前海法治建设再上新台阶。另一方面，落实《广东省法治宣传教育条例》，学习借鉴深圳市市场监督管理局普法责任清单、南山区城市管理和综合执法局普法责任清单等经验做法，落细落实机关单位的具体责任、普法范围、组织实施等内容规范，及时向社会公布普法责任清单，接受社会监督。在法治实践中，强化以案普法、以案释法，总结宣传典型案例引领法治风尚。

第二，加强企业合规文化建设。前海聚集了海量商事主体，合规建设是前海高质量发展的重要保障。深圳市《关于推进城市合规体系建设的指导

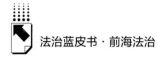

意见（征求意见稿）》明确提出，在前海开展区域合规建设先行示范，支持在前海建立企业廉洁促进与合规治理联合会，引进专业机构协助、引导企业自查自纠，强化合规管理①。企业合规文化是企业践行法治思维的具体表现，除了自身优化提高之外，也需要外部力量推动。因此，需要推进落实前海管理局与市市场监管局、市司法局"八五"普法战略合作协议，打造全国首家"合规"主题公园，通过开展企业合规建设系列普法活动以及法治创新建设课题研究等形式，推动企业文化和法治文化融合发展。

第三，引导公众广泛参与法治实践，深入开展法治文艺活动。一如通过公众参与增强立法的群众基础，人民群众是法治文化建设的深厚力量。自2021年2月实施的《深圳市公民法律素质提升项目资助计划管理规定》明确了机构和个人在法治文艺精品创作、法治文化活动等项目上的资助办法，前海可以积极鼓励社会组织、企业及个人等主体积极申报，同时在具体项目组织开展工作中给予帮助。除了鼓励公众参与广东省法治文化节系列活动、开展法治文化作品创作外，还可以主动举办前海法治文化节等活动，通过手册编印发放、项目评选、视频创作、书画征集、征文研究等途径活跃社会法治文化生活。

---

① 《深圳市司法局关于公开征求〈关于推进城市合规体系建设的指导意见（征求意见稿）〉意见的通告》，深圳市司法局官方网站，http：//sf. sz. gov. cn/xxgk/xxgkml/gsgg/content/post_9050354. html。

B.18
基于时间和区块链技术的证据溯源研究

深圳市安证鉴定所课题组*

摘　要： 时间作为电子数据具有可证明力的效力，在司法鉴定中具有不可替代的作用和地位。国家标准时间在电子数据存证中的基本功能作用体现是毋庸置疑的，时间的法定权威性、公信力和不可篡改性也影响着电子数据的法定效力。从实践来看，当前司法对存证技术本身的审查侧重于两点：一是存证平台是否权威、中立；二是在现有技术环境下，存证数据一般是否不易被篡改。在存证平台自身独立公正的情况下，司法实践中对可信"时间源"与"区块链"固定的证据采信率均极高。广东安证计算机司法鉴定所基于司法鉴定实践与创新法治、改革创新经验，从时间源、区块链技术两个维度总结了司法鉴定行业的证据有效和可溯源基础。

关键词： 时间源　区块链　证据溯源　安证云

国家治理体系现代化和治理能力现代化作为理念和制度层面的现代化，实现两者任何一个都离不开法治。推进国家治理体系和治理能力现代化，必须坚持依法治国，为党和国家事业发展提供根本性、全局性、长期性的制度

---

* 课题组组长：江鑫，证据服务中心总经理。课题组成员：谈建、李黎、李林兴。执笔人：江鑫，证据服务中心总经理；谈建，集团首席科学家；李黎，集团法律顾问；李林兴，集团法律顾问。

保障。这一制度性目标包含制度的全面性和稳定性、治理的民主性和制度建设的法治化。广东安证计算机司法鉴定所（以下简称"安证"）不忘初心、牢记使命，大胆改革创新，在法治道路上收获了丰硕的创新成果。安证基于司法鉴定实践与创新法治、改革创新经验，对司法鉴定行业证据的有效基础和时间源、区块链技术进行了分析。

一 研究背景

时间是宇宙七大基本物理量之一，是目前所有物理量中应用最广的。时间是基础，国家标准时间是网络信息安全的基础。国家标准时间的"产生、守时、发播"和推广应用，依托中国天地空立体交叉的高精度授时系统，提供权威可信的、统一协同的面向信息安全的国家标准时间服务，解决聚焦时空体系国际科技前沿问题和国家重大工程建设应用的基本需求，解决困扰中国信息化及安全领域和常规行业服务的条块分割"卡脖子"问题，实现各行业、各部门信息化系统的国家标准时间源统一及其相互协调同步，保障中国网络空间的时间标准化且安全可控。

授时及时间同步是重要的支撑技术和基础保障，时间的同步解决是将通信网上各种时频设备、服务器、计算机设备的时间信息（精确到年月日时分秒）与UTC（标准协调世界时）的时间偏差限定在足够小的范围内。随着信息技术的发展，各类信息系统和终端也越来越多，系统之间数据交互日趋频繁，这就对时间同步的依赖也越来越高。时间同步是准确可靠运行的基本保障。根据《国家信息化发展战略纲要》、电子政务内网的《网站可信标识技术指南》相关规定，中国国家标准时间是中国的主权，也是重要的国家战略资源。建立和提供国家标准时间公共服务，是维护中国运行基础、5G与新基建国家战略的基础保障，是中国网络与空间安全战略的要求。

时间的管理与服务是保障信息化建设、运行的基础。时间统一是实现信息化互联与协同的基础，时间是行为、数据追溯和分析的基础，时间是电子数据成为电子证据的必备属性，时间是网络安全相关法律重要的参考指标。

时间作为电子数据具有可证明的效力，在司法鉴定中具有不可替代的作用和地位。国家标准时间对电子数据存证的基本功能作用体现是毋庸置疑的，时间的法定权威性、公信力和不可篡改性也影响着电子数据的法定效力。

广东安证计算机司法鉴定所在深圳前海自贸区的法治土壤上，始终扎实服务深圳司法、前海创新，坚持发展与创新建设，愿景是将安证打造成为全国最大的集电子数据保全、知识产权保护、司法鉴定服务为一体的"司法鉴定"法律服务和"有效证据"服务机构。

二 法律适用研究

根据《刑事诉讼法》和《民事诉讼法》，可以用于证明案件事实的材料，都是证据。而电子数据是法定的证据类型。

对于电子数据的真实性和内容要求，相关的法律法规有明确的规定，特别是对时间的规定。根据《电子签名法》第6条规定，对数据电文是否满足法律、法规规定的文件保存要求，是能够识别数据电文的发件人、收件人以及发送、接收的时间。根据《最高人民法院关于互联网法院审理案件若干问题的规定》第11条规定，要求电子数据的生成主体和时间要明确，表现内容要清晰、客观、准确，同时如果提交的电子数据是通过电子签名、可信时间戳、哈希值校验、区块链等证据收集、固定和防篡改的技术手段或者通过电子取证存证平台认证，能够证明其真实性的，互联网法院应当确认。

对于电子数据的存证过程，司法部发布的《电子数据存证技术规范》对电子数据的时间作出要求。根据该规范的6.2.3条，存证的电子数据记录应包括可信时间标识。

根据《关于适用〈中华人民共和国刑事诉讼法〉的解释》（法释〔2012〕21号）第94条，电子数据如果制作、取得的时间有疑问的，无法提供必要证明或作出合理解释的，不得作为定案的根据。因此，时间要素是证明电子数据是否具有证据效力的重要组成之一。

证据是案件审理过程中对判决结果起到关键作用的要件。随着计算机应用、通信技术的发展，出现了以电子化技术手段形成包括文字、图形符号、数字、字母等的电子数据。如果该电子数据是在案件发生过程中，能够证明案件事实的，电子数据就具有证据的法律意义。根据《最高人民法院关于修改〈关于民事诉讼证据的若干规定〉的决定》，当事人以电子数据作为证据的，应当提供原件。因此，如何证明提交的电子数据是原件，成为电子数据是否能作为有效证据的关键要素之一。

电子数据是以数字化形式存储、处理、传输的，与传统的书证、物证等证据类型存在明显的差异。首先，电子数据具有脆弱性，由于电子数据对计算机等电子数字设备有天然的依赖性，在电子数据的形成和传输过程中容易被破坏，从而导致电子数据无法反映其真实性和完整性。其次，电子数据具有易篡改性，其本质是以二进制信号进行传输和存储，内容和形式在不同的环境和条件下可能会发生根本性变化。例如，从网站获取的网页，可以在本地计算机上进行编辑，即可形成新的电子数据。因此，电子数据的取证和保存需要全面和及时。

随着信息技术的高速发展，越来越多的违法犯罪行为发生在网络上或者借助信息设备，在司法实践中电子证据的出现频率愈发高涨。但是电子证据的有效性问题一直困扰着当事人与法院。在 2013 年的一起专利侵权案件中，被告虽提供了电子版的设计图纸、展会数码照片、客户转发的电子邮件等电子证据佐证其抗辩理由，但是法院认为电子证据容易被伪造、篡改，因此并未直接采纳被告提交的电子证据。

基于电子证据的特性，其易被伪造、篡改且不易留痕迹，法院难以直接、单独采信证明案件事实也属于情理之中。司法实践中认定证据的效力，应当综合考量其合法性、真实性与证明力，对待电子证据的真实性尤其应当谨慎。

《杭州互联网法院民事诉讼电子数据证据司法审查细则》提到，对于第三方数据服务提供商的电子数据，应当根据第三方数据服务提供商的资质资信、信用状况、经营管理状况、证据形成的过程、所采用的技术手段等因素，确定证据的效力。安证结合可信"时间源"与"区块链"固证两大核心技术，基于中国科学院国家授时中心提供的可信"时间源"与时间共识、校准服务能够证明电子文件从特定的时间点开始直至被验证时不曾被篡改；区块链技术将电子证据的内容与形成时间、顺序牢牢地绑定在一起，维护了数据整体的真实性、完整性与可追溯性。从而确保电子证据的合法性、真实性，解决传统电子证据不被法院认可的难题。

从实践来看，当前司法对存证技术本身的审查侧重于两点：一是存证平台是否权威、中立；二是在现有技术环境下，存证数据一般是否不易被篡改。在存证平台自身独立公正的情况下，司法实践中对可信"时间源"与"区块链"固定的证据采信率均极高。

2015 年在北京首例使用时间戳固定证据案件中，北京市昌平区人民法院认定，"华盖公司通过加盖可信时间戳固化网站内容的方式，证明了 Getty Images 网站上展示有涉案 4 幅图片，并与其他证据相互印证，可以确认 Getty Images 公司有权展示、销售和许可他人使用涉案图片"。同样，北京知识产权法院（2016）京 73 民终 147 号民事判决提出，在被告无相反证据的情况下，通过时间戳验证的电子数据文件能够证明电子文件从特定的时间点开始直至被验证时不曾被篡改，可以作为认定事实的初步证据。此外，在全国首例涉区块链存证诉讼案件中，杭州互联网法院认为，如果涉案第三方存证平台的运营公司股东及经营范围相对独立于原告，具有中立性，且通过了国家网络与信息安全产品质量监督检验中心完整性鉴别检测，其运营的存证网络平台则具备作为第三方电子存证平台的资质，出具的电子证据效力能被认可。安证前海深港第三方电子数据保全服务平台是前海首个专业提供第三方电子数据保全服务的平台。

三　经验做法

在安证前海深港第三方电子数据保全服务平台（安证云）应用中，除了电子文件产生的时间、文件哈希值、文件属性等内容进行电子文件证据保管，以保障电子文件存证过程的有效法律地位，"可信时间"的应用权威性及安全可信功能作用显得尤为重要。

在鉴定技术创新和鉴定可溯源研究中，解决时间源和时间同步问题，保障鉴定实施过程中时间的可溯源、可信、唯一性。通过努力，委托中国科学院国家授时中心定制并安装部署时间源服务器、时间共识服务器、时间校准等，通过时间源服务器为鉴定提供基于国家标准时间的网络授时服务，并通过有效共识、对时方式保持与中国科学院国家授时中心的标准时间源进行时间同步，从而保证了时间的标准和准确可信。

基于时间溯源的证据研究与可信时间授时溯源保障，安证还利用区块链技术研究证据防篡改能力和溯源保全应用。

安证区块链探索利用区块链数据共享模式，引入国际认可的区块链技术打造独有的双层区块技术，通过双层区块技术实现数据跨部门、跨区域共同维护和利用，可溯源全流程证据化的电子原件鉴证技术，促进业务协同办理，且在深化"最多跑一次"改革中，为深圳人民群众带来更好的服务体验。安证区块链可以实现数据跨部门、跨区域共同维护应用，促进业务协同发展，发挥区块链分布式数据存储、传输、验证的开放性、安全可信、时序不可篡改、可溯源等优势。正如习近平总书记指出的，要抓住区块链技术融合、功能拓展、产业细分的契机，发挥区块链在促进数据共享、优化业务流程、降低运营成本、提升协同效率、建设可信体系等方面的作用，积极进行技术改进优化，实现溯源与高效协同为目标的应用。

针对"信息系统孤岛壁垒""案件电子信息流无法流转"等痛点，利用区块链技术建立了基于区块链技术（利用分布式记账、不可篡改、可溯源、公开透明、时间证明和多方共识等特性）、数字签名、哈希、时间戳、密码学、身份识别、备份等数据保全和多种数据对接技术。

基于区块链的证据保全溯源技术研究，只针对特定某个群体的成员和有限的第三方证据保全技术应用。通过指定或加入多个预选的节点为记账人，区块链中每个块的生成由所有的预选节点共同决定，其他接入节点可以参与区块交易，但不过问区块记账过程，其他第三方可以通过该区块链开放的API进行限定查询。区块链对于共识或验证节点的配置和网络环境有一定要求，以便获得更好的性能。同时建立准入机制，可以使得交易性能更容易提高，避免由参差不齐的区块链参与者产生的一些问题。在基础设施基础上承载的第三方证据保全系统，通过区块链技术共同维护和保障存储的证据完整、可溯源且具有不可篡改特性。

区块链研究以新型认证架构面向多种业务的基础模型，构建无钥区块技术和智能合约共识机制，实现业务不间断过程中可证据化、可审计、可溯源和可鉴定的保全技术。

安证区块链引入可对用户原有数据的完整性、真实性、可溯源性提供基于第三方司法鉴定的证据存证、证据固证、证据出证和鉴定等一体化安全证据存储云（安证云）服务平台，建立了基于国际国内认证的信任机制，将通过对数据全生命周期的保全，多方对数据的完整性和真实性背书，实现数据的证据化、可审计、可溯源、可鉴定和防篡改，使其成为具有法律效力，能够有效证明数据所反映的事实过程的法律证据。打通数据流转的"最后一公里"，推动高效、高质量的全流程流转，可溯源可出证的先行示范应用。

通过基于区块链的大数据环境下区块管理和应用问题的研究，建议区块链服务应当有明确的服务提供者，区块链服务应当具备完备的安全管理体系，设立区块链网络管理节点、监督节点和升级机制。同时区块链管理节点承担管理责任，应当具备用户注册管理、违法有害信息防控等信息网络安全制度，可由区块链服务提供者和经实名核验的企业或机构设立。管理节点间应建立履行管理职责所需的共识机制。区块链服务监督节点负责记录监督区块链网络运行和管理情况，不参与记账活动，不对外提供区块链服务。区块链服务提供者应在提供区块链技术服务的同时，提供用户注册和日志记录留存、违法有害信息防控等网络安全防护技术措施，并保障技术措施有效运行。

区块链服务提供者和使用者不得利用区块链技术服务从事危害国家安

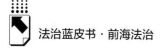

全、社会公共安全等违法犯罪活动。应当依照相关法律要求,采取必要的技术措施,保障网络安全、运行稳定,维护网络数据的完整性、保密性和可用性,有效应对网络安全事件,防止网络违法犯罪活动。

四 未来展望

安证,作为深圳司法鉴定行业的一员,在下一步自贸试验区推进改革创新浪潮中,继续坚持创新,不忘初心、牢记使命,在法治道路上继续破风远航。安证未来将运用大数据、人工智能、区块链等高新技术,结合司法创新推动城市治理能力现代化发展,为深圳发展创造良好的经营氛围和发展契机。在大湾区前海自贸区"一带一路"建设、知识产权保护等推动下,提供创新发展、服务社会治理的公平、公正司法环境服务,为深圳各行业提供司法鉴定和证据服务。

结合时间溯源的证据保全研究构建区块链安全、可溯源防护架构,并支持基础设施层安全、网络层安全、数据管理安全及智能合约安全等技术应用。构建可管、可控的证据保全溯源区块链安全管控机制。从物理、网络、主机、数据、区块链基础设施、智能合约、管理等方面研究实现可安全监管要求、可证据化、可审计、可溯源和可鉴定的保全技术。

作为证据保全技术应用的可信基础架构,形成在不可信网络中进行信息与价值传递交换的可信通道。实现区块链与不同业务系统在不同密级的跨网环境下无缝集成,跨网实现信息传递交换。建立履行管理职责所需的共识机制,保障技术措施有效运行。采取必要的技术措施,保障网络安全、运行稳定,维护网络数据的完整性、保密性和可用性,有效应对网络安全事件,防止网络违法犯罪活动,从而构建基于安全的区块链保障体系。

随着安证时间中心、安证双层区块链等一系列在前海自贸区孵化的创新科学装置和应用建设,安证在法治道路上不断前行,大胆创新,为社会主义法治发展、法治创新、法治公平作出鉴定应有的贡献,在深圳前海自贸区的法治土壤中茁壮成长。未来通过鉴定所和安证集团的努力，坚持扎实服务深圳司法、前海创新，坚持发展与创新建设，以实际行动践行敢闯敢试、埋头苦干的深圳精神，为深圳特区和前海法治建设、发展而继续努力。

B.19
前海社会信用体系建设实践

企业服务中心（营商环境促进中心）课题组*

摘　要： 作为社会信用体系建设的探索者、先行者和实践者，前海形
　　　　 成了一批具有区域特色的创新成果，在信用建设先行先试、
　　　　 改革创新方面打下了较好基础。"十四五"期间，从中央到
　　　　 省市均对信用体系建设提出了更高要求，前海亟须全面总结
　　　　 社会信用体系建设经验，探索规划未来发展方向。推动社会
　　　　 信用体系从"集中关注社会治理"到"社会治理＋促进市场
　　　　 经济发展"双向并轨，加快构建起"信用制度完善、信用监
　　　　 管到位、信用服务市场健全"的社会信用体系，形成一批可
　　　　 复制、可推广的前海经验，加快创建信用经济试验区。

关键词： 信用经济　信用标准　信用服务业

　　近年来，中国（广东）自由贸易试验区深圳前海蛇口片区充分发挥信
用建设优化营商环境和促进实体经济发展的支撑作用，按照党中央、国务院
关于社会信用体系建设的部署，全面推动社会信用体系建设，以制度为引
领、以平台为支撑、以应用为落脚点、以产业为核心、以信用为抓手，助力
建设国际一流营商环境，在社会信用体系建设等领域大胆探索，形成了独具
特色的区域创新发展模式。

---

　　* 课题组成员：邹萍、张国强、李燕、胡雅君。执笔人：李燕，企业服务中心主任；胡雅君，
　　企业服务中心高级助理。

一 以制度为引领，聚力提升社会信用法治化规范化水平

前海蛇口自贸片区秉持砥砺奋进的实干精神和笃行致远的坚韧信念，坚持信用制度引领，通过完善社会信用建设顶层设计、深入落实上级信用建设任务安排、全面细化信用建设方案，着力打造系统完善、结构合理的社会信用制度体系，为深化拓展社会信用建设保驾护航。

突出强化社会信用建设顶层设计的"舵手"定位。在贯彻实施《中国（广东）自由贸易试验区深圳前海蛇口片区社会信用体系建设实施方案》《前海蛇口自贸片区信用经济试验区规划》的基础上继续强化顶层设计的方向指导作用。推动"支持前海蛇口自贸片区创建广东省信用经济试验区"纳入《2020 年广东省社会信用体系建设工作要点》重点工作内容。经过前期制度建设和实践经验积累，2021 年 4 月，广东省经济体制改革专项小组印发《中国广东自由贸易试验区深圳前海蛇口自贸片区开展广东省信用建设服务实体发展试点方案》（以下简称《试点方案》），前海蛇口自贸片区与惠州市、广州高新区（黄埔区）、广州市越秀区共同成为首批广东省信用建设服务实体经济发展试点市区。《试点方案》从提升社会信用建设法制化和规范化水平、优化社会信用基础设施、推动一流营商环境建设、建设信用经济产业集聚发展高地、打造"信用＋"服务实体经济新模式等五个方面推动高标准自由贸易试验区建设，力求加快构建信用制度完善、信用监管到位、信用服务市场健全的社会信用体系。有关试点工作已被列入 2021 年省政府工作报告重点任务分工方案及 2021 年省、市社会信用体系建设工作要点，进一步明确了社会信用体系建设顶层设计内涵，为推动社会信用体系向纵深发展奠定基础。

深入推进信用相关立法。用法律规范引领社会信用建设有助于构建社会信用体系基本规则，充分发挥法治的引导和激励作用，完善信用法治体系，助推治理体系和治理能力现代化。前海持续推进《深圳经济特区前海蛇口

自由贸易试验片区条例》《深圳经济特区前海深港现代服务业合作区条例》等条例修订工作，不断完善相关规章和地方性法规，既推动了社会信用体系创新发展，又增强了信用建设的规范性和引领性，发挥信用建设的权威性和约束性作用。

全面细化社会信用基础制度。随着 2019 年《国务院办公厅关于加快推进社会信用体系建设　构建以信用为基础的新型监管机制的指导意见》《国务院关于加强和规范事中事后监管的指导意见》《国家发展改革委办公厅关于进一步完善"信用中国"网站及地方信用门户网站行政处罚信息信用修复机制的通知》等文件相继出台，国家层面信用建设制度框架进一步完善。在此基础上，前海蛇口自贸片区出台了《前海贯彻落实〈国务院办公厅关于加快推进社会信用体系建设　构建以信用为基础的新型监管机制的指导意见〉的行动方案（2020～2022 年)》，紧扣国家战略，立足前海现实，以加强信用监管为着力点，创新监管理念、监管制度和监管方式，建立健全贯穿市场主体全生命周期，衔接事前、事中、事后全监管环节的新型监管机制，提升监管能力和水平，全面推动前海信用建设高质量发展。2020 年 2 月，前海蛇口自贸片区出台《前海蛇口自贸片区社会信用管理服务办法》，围绕政府监管、市场服务、产业发展三个领域，从信用合规度、践约度、便利度、美誉度、诚信度、自由度等六个维度，全面提升片区社会信用体系建设水平。2020 年 4 月，前海管理局与前海法院携手，在全国首创实施《关于在执行工作中进一步保障前海蛇口自贸片区诚信建设的指引》，进一步完善自贸区社会信用体系构建，对诚信企业采取一定程度的柔性执法措施，助力自贸区经济高质量发展（见表 1）。

此外，依据《深圳市人民政府关于印发深圳市开展"证照分离"改革全覆盖试点实施方案的通知》《中国（广东）自由贸易试验区深圳前海蛇口片区社会信用管理服务办法》等相关文件规定，前海蛇口自贸片区推出《前海蛇口自贸片区告知承诺信用监管方案》，对自愿作出告知承诺的企业，以及虚假承诺或违反承诺的失信企业通过信用平台进行公开公示，根据风险状况加强事中、事后监管，依法查处虚假承诺、违规经营等行为，并记入信用记录，形成信用监管闭环。

表1　2019～2020年前海社会信用建设制度文件（部分）

序号	文件名称
1	《中国广东自由贸易试验区深圳前海蛇口自贸片区开展广东省信用建设服务实体发展试点方案》
2	《前海蛇口自贸片区社会信用管理服务办法》
3	《中国（广东）自由贸易试验区深圳前海蛇口片区2020年社会信用体系建设工作要点》
4	《前海贯彻落实〈国务院办公厅关于加快推进社会信用体系建设　构建以信用为基础的新型监管机制的指导意见〉的行动方案（2020～2022年）》
5	《前海蛇口自贸片区告知承诺信用监管方案》
6	《中国（广东）自由贸易试验区深圳前海蛇口片区社会信用体系建设联合奖惩应用方案》
7	《关于构建以信用为基础的全链条监管模式　助力构建廉洁前海的工作方案》
8	《关于在执行工作中进一步保障前海蛇口自贸片区诚信建设的指引》
9	《全国自贸片区信用合作共建倡议》

二　以平台为支撑，奋力优化社会信用基础设施

前海蛇口自贸片区秉持"着眼长远完善平台建设、创新举措实现精准治理"，依托科技赋能手段深化平台建设，推动社会信用建设智慧化进程。通过全面创新社会信用体系和基础设施建设，不断推动社会信用平台功能持续优化、服务提质升级，夯实监管创新基础。社会信用平台建设成效显著，已经逐步成长为兼具舆情监测、风险预警、协同监管和联合奖惩等多功能的综合信用信息平台，形成了覆盖事前、事中、事后监管全过程的智慧信用监管体系。

全面升级智慧公共信用平台。前海公共信用平台在2017年设施构建、2018年运营调试以及2019年12月正式上线信用平台（三期）的基础上，继续深入运用区块链、人工智能等技术不断完善平台功能，提升平台的全面性和可操作性，实现面向政府监管、企业使用、市民查询等在内的全领域场景支持，新增企业自主申报、信用异议、信用承诺、行业信用专题板块。此

外，充分发挥大数据作用，逐步升级前海公共信用网，谋划建设前海信用大数据平台，完善企业、事业单位和社会组织的信用信息主体库，建立可视化信用大数据分析和展示系统，探索开发前海信用 App，打造信用惠企惠民移动终端服务平台。通过智慧公共信用平台建设，构建信用服务网络，形成信用服务闭环，织密信用保障网络（见图 1）。

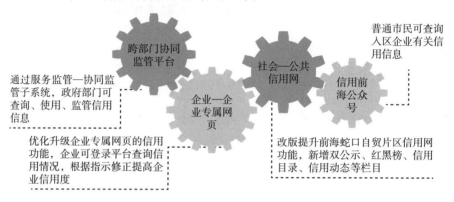

图 1 前海公共信用平台（三期）应用板块

目前，前海公共信用平台在系统归集度、整合度、美观度等方面均领先于全国同类平台。特别是在基础数据支撑方面，数据规模和数据类别已经较为全面，形成对前海公共信用平台末端应用的重要支撑。统计显示，截至2020 年底，前海公共信用平台归集了来自深圳市 70 多个政府部门以及市场机构，涉及自贸片区 151288 家企业的超过 1700 万条信用数据。据归集量、开设账户数量、账户使用频率呈现正向关联。

着力细化公共信用平台功能模块。前海公共信用平台在丰富板块内容、提升应用场景的基础上，深耕信用监管服务的重点、痛点、难点，依托"五大功能维度"，打造社会公共信用平台功能闭环。目前已经成功打造出以监管需求为导向的"信用 + X"综合信用监管平台，以"AI 智能预警 + 企业信用画像"为基础的智慧监管平台，以挖掘企业潜在风险为目标的企业关系网络平台，以"失联"企业为抓手的企业地址大数据平台（见图 2）。

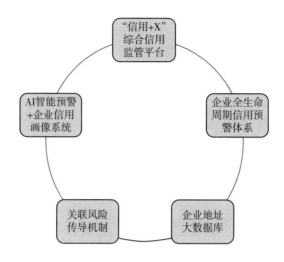

图2　前海社会信用平台五大功能闭环

不断丰富协同信用监管平台。一方面，根据职能事权的差异化，深入解决部门监管痛点，个性化定制符合不同部门需求的监管平台、监管名单，通过站内消息或手机短信方式，精准推送部门迫切需要的监管信息。另一方面，进一步优化前海蛇口公共信用平台风险预警系统，企业关联图谱从二期平台的二级关联升级为三级全国数据传导，包括前海企业与全国范围内其他企业的股权、直接投资、间接投资的关联关系，模型渗透三层。协同监管的优化升级可助力监管部门实时监测预警企业违法违规风险，及时发现企业违法违规线索，推动精准治理和靶向式监管（见图3）。

协同监管平台自2017年12月正式上线运行以来，累计向深圳市发展改革委、市场监督管理局、公安局、法院、检察院、廉政监督局、海关等15个政府部门以及前海管理局内部开通监管账号149个，监管平台访问量15余万次，公共信用网访问量90余万次。

不断扩展公共信用平台应用成果。近年来，前海依托公共信用平台，打造了一批具有鲜明特色的产品和创新应用，产生了一批在各自贸区和国内领先的创新成果。2019年7月，前海公共信用平台成为前海唯一入选商务部发布的"全国自贸试验区第三批最佳创新案例"，跨部门协同监

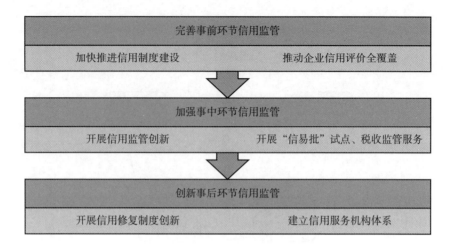

图3 前海信用监管环节创新举措

管平台获得《南方日报》"最具群众参与案例奖"。2019 年 12 月与招商
银行合作的"前海信 + "项目获得"2019 年前海优秀金融创新案例"。
2020 年,"信用惠企"产品体系获得前海蛇口自贸片区"企业最具获得
感的十大创新成果"奖（见图 4）。

图4 2017～2020 年前海社会信用平台建设成果荣誉（部分）

三 以应用为落脚点,着力构建信用
服务实体经济新模式

前海蛇口自贸片区大力推进社会信用体系建设,深入挖掘信用嵌入式监管

模式，现已逐步形成政府监管与市场应用双管齐下的社会信用创新应用格局。

在政府监管方面，采取基础信用核查、升级园区信用透视镜、完善联合奖惩、落实信用＋专项领域（产业资金、政府采购、工程建设）等多项举措。市场应用方面，在开发"信易＋"守信激励创新产品的基础上，推出"信用＋复工复产""信用＋融资""信用＋租赁""信用＋纳税""信用＋保险""信用＋司法"等多项信用建设产品，切实推动以信用为基础的政府现代化治理方式落地，着力推进信用在政府职能转变、事中事后监管、诚信社会创建等领域的创新实践（见图5）。

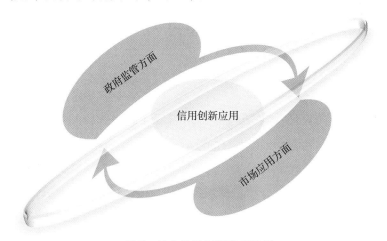

图5 社会信用创新应用格局

（一）政府监管方面

1. 基础信用核查

前海公共信用平台归集了来自深圳市70多个政府部门、行业协会、第三方征信机构，涉及自贸片区超过15万家企业的近1700万条信用数据。内容包括股东信息、成员信息、工商变更信息、税务登记信息、企业参保信息、失信风险信息等十余种企业经营的关键信息类型。

2. 升级园区信用透视镜

依托前海蛇口自贸片区企业信用大数据分析，实现信用情况概览、信用地图绘制、信用数据赋能以及信用因素分析四大功能，升级园区信用透视镜。升级之后，信用透视镜可以从静态刻画转向动态观测。通过大数据分析企业数量、经营、失信等各类情况的动态变化，为前海的政策制定提供指引（见图6）。

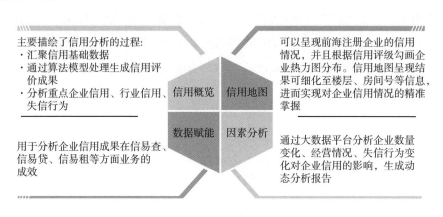

主要描绘了信用分析的过程：
·汇聚信用基础数据
·通过算法模型处理生成信用评价成果
·分析重点企业信用、行业信用、失信行为

可以呈现前海注册企业的信用情况，并且根据信用评级勾画企业热力图分布。信用地图呈现结果可细化至楼层、房间号等信息，进而实现对企业信用情况的精准掌握

信用概览　信用地图
数据赋能　因素分析

用于分析企业信用成果在信易查、信易贷、信易租等方面业务的成效

通过大数据平台分析企业数量变化、经营情况、失信行为变化对企业信用的影响，生成动态分析报告

图6　园区透视镜四大功能

3. 完善联合奖惩

通过跨部门联合奖惩，依法依规树立和宣传诚信典型，对失信行为实施行政性约束和惩戒，从而激励企业重视信用建设。根据国家、省、市已出台的63个联合奖惩备忘录和相关文件，对诚信典型主体列出涉及5个部门的3条激励措施，对严重失信主体列出涉及16个部门的20条惩戒措施。联合奖惩全流程监管机制如下。一是认定诚信典型和严重失信主体：诚信典型主要指信用评价为A类的企业，严重失信主体则依据"前海不诚信主体名单"进行认定。二是相关部门采取联合奖惩措施：相关实施部门根据前海信用平台发布的诚信典型和严重失信主体信息，及时对相关企业采取相应的激励或惩戒措施。针对诚信典型主体，在住所托管、纳税、执法等行政服务方面提供便利；针对严重失信主体，在申请财政补贴、申请专项资金扶持、获得土地供应及其他方面按规定予以限制。三是联合奖惩监管结果反馈：部门定期将奖惩措施执行情况通过前海信用平台反馈给联席会议办公室，由联席会议办公室检查审核并反馈给认定部门。

4.落实服务专项领域

落实以信用服务经济发展的各项举措，包括产业资金、政府采购与工程建设三大领域。

产业资金领域专项监管方面，前海蛇口自贸片区在申报前、资金发放过程中与失信后联合限制三个关键阶段分别采取针对性措施，致力于以信用架构全链条扶持资金监管机制，全链条扶持资金监管机制运作过程见图7。另外，特别助力港澳青年发展资金申报，对于信用评级为 A、B 类的企业，网上申报和窗口提交材料时，允许免提交部分材料。2020 年，在产业资金事前信用核查中，累计对办公用房租金减免、商业租金减免、防疫物资采购等 11 个事项共 1789 家企业进行了信用核查，共查处 17 家企业存在异常情况，为前海资金发放风险防控建立了第一道防线。

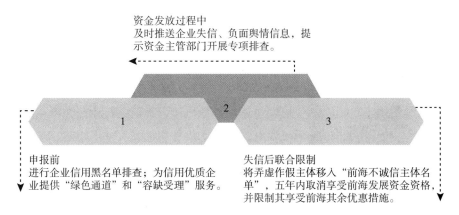

资金发放过程中
及时推送企业失信、负面舆情信息，提示资金主管部门开展专项排查。

申报前
进行企业信用黑名单排查；为信用优质企业提供"绿色通道"和"容缺受理"服务。

失信后联合限制
将弄虚作假主体移入"前海不诚信主体名单"，五年内取消其享受前海发展资金资格，并限制其享受前海其余优惠措施。

图7　全链条扶持资金监管机制

政府采购领域诚信建设方面，为提高政府采购合规性，基于提供书面材料的"承诺制"，对投标主体进行快速信用筛查。相关监管和管理部门可以一键查询投标主体信用信息，还可以追踪投标主体两层以上的关联情况，并回溯过往投标历史，筛查潜在陪标行为，增强招投标风险识别和鉴定能力。

工程建设领域专项监管方面，基于前海公共信用平台的查询、评分公示和预警功能，落实工程建设领域廉政风险防范"查""防""控"三个环节的要求，达到以信促廉效果。对前海在建各个项目进行信息收集和动态跟

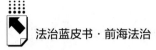

踪，及时关注项目建设整体信用情况，对可能存在潜在风险的项目安排力量开展精准排查。

（二）市场应用方面

一是信易查。依托"信用前海"移动端，为前海企业及个人提供多元化的线上服务。服务内容包括企业信用信息查询、信用服务申请等，切实打造"将城市服务装入口袋"的创新前海信用服务生态体系。

二是信易贷。与金融机构合作打造"信易贷"产品。主要通过共享企业信用数据或者联合建模的方式，为中小企业设计纯信用金融产品，从而让守信企业享受贷款利率优惠，与更便捷的贷款审批通道等。前海企业累计通过"信易贷"申请2600笔，获得授信金额13亿元。

三是信用＋复工复产。依法依规做好疫情防控期间企业良好行为的数据归集，拓宽"信用＋"系列应用场景，对信用良好企业在复工复产过程中提供更加优惠便利的服务。坚持包容审慎监管，对受疫情直接影响的企业，在信用监管中给予一定宽容期。

四是信用＋融资。加强信用信息共享和比对，提高银行业金融机构客户识别能力，促进银行业金融机构丰富信用贷款产品体系，加大小微企业信用贷款投放力度，进一步推动降低企业融资成本，提供高质量融资服务。2020年，前海管理局社会信用服务中心与中国银行前海蛇口分行合作，将基于公共信息的企业信用画像结果直接应用于金融服务领域，为前海诚信企业提供十大惠企服务（见表2）。服务旨在降低诚信企业的运营成本，切实便利诚信企业获得金融支持，助力前海社会信用体系建设。

表2　"信惠前海"十大惠企服务

惠企政策	惠企内容
政策一："信"而有"惠"	开户套餐费用减免优惠
政策二："信"而有"易"	资本项目外汇收入支付便利化
政策三："信"而有"利"	跨境人民币结算便利化操作
政策四："信"而有"财"	大额存单、理财优惠报价

惠企政策	惠企内容
政策五："信"而有"贷"	贷款优惠利率和快速审批
政策六："信"而有"金"	优先获得创投资金
政策七："信"而有"礼"	跨境资金池
政策八："信"而有"汇"	境外个人薪酬便利化购汇
政策九："信"而有"尊"	更高层级个人高端服务
政策十："信"而有"薪"	发薪个人企业七大礼遇

五是信用 + 租赁。为了让守信创业企业享受更优惠的租金折扣、更长久的租赁期限、更便捷的租赁手续办理，基于信用评价与信息共享打造"信易租"产品。主要通过租金月付，随租随还等形式，为初创企业降低启动成本。现有合作客户 544 个，订单金额超过 2500 万元，授信金额近4000 万元。通过"信易租"，前海初创企业首年用于办公设备的成本大幅下降 85%，累计可减免金额超过 2500 万元，以"信易租"方式助力企业归巢。

六是信用 + 纳税。与前海税务局合作，开展税务数据与信用数据互认互换，从而实现对企业的信用评价结果共享，具体包括"升级管理系统""欠税信息共享""优质企业'入链'"三项新举措，全面打开了监管、信用税收助力企业高质量发展的工作局面。于 2019 年和 2020 年先后发布《前海蛇口自贸片区信用税收白皮书》1.0 版和 2.0 版。信用税收 2.0 版举措具体内容见图 8。

根据前海企业信用评价与纳税信用评级制度，对评价结果均 A 的"双A"企业，提供免排队绿色通道、银企融资撮合、发票审批申请"秒批"及"按需供应发票"等税务服务。加大税收支持力度、缩短涉税审批事项办结时间、降低税务检查频率，提升信用优质企业办税便利度。自信用税收工作运行以来，累计已为"双 A"企业优先办理涉税业务 1285 笔，平均办税时间缩短 75%，风险管理成效提升 30% 以上。前海税务局共收到 2675 户次企业的发票文书申请，对"双 A"企业实现了快速审批，共节约企业等待时

升级管理系统	欠税信息共享	优质企业"入链"
■ "双A"企业名录导入前海税务局系统 ■ 实现从手动输入查询企业,到线上自动接收提醒的转变 ■ 信用税收企业名单实时调整、企业税收信息自动提醒,加快业务办理速度	■ 欠税金额巨大、严重不配合的欠税企业名单将在前海蛇口自贸片区公共信用平台公示 ■ 信用化、信息化手段有效督促了企业清缴欠税,减轻人工催缴压力	■ 将信用税收与区块链发票推广相结合 ■ 信用状况良好的企业有机会优先使用区块链电子发票,享受"交易即开票""简化审计流程"等高效便捷服务,有效激励企业诚信经营

图 8　2019 年前海信用税收三大举措

间 13375 小时。

七是信用＋司法。探索建立诚信企业清单共享机制,完善诚信企业司法激励机制,在执行过程中对信用良好企业采取更灵活、温和的执行措施。2020 年 4 月,前海蛇口自贸片区与前海法院携手,在全国首创实施《关于在执行工作中进一步保障前海蛇口自贸片区诚信建设的指引》,对诚信企业采取一定的柔性执法措施,主要包括五点(见图 9)。

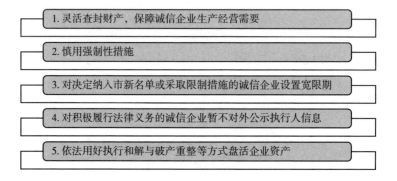

1. 灵活查封财产,保障诚信企业生产经营需要

2. 慎用强制性措施

3. 对决定纳入市新名单或采取限制措施的诚信企业设置宽限期

4. 对积极履行法律义务的诚信企业暂不对外公示执行人信息

5. 依法用好执行和解与破产重整等方式盘活企业资产

图 9　柔性执法五大措施

该机制实行以来,截至 2021 年 6 月,前海法院共办理涉诚信企业案件 422 件,涉及诚信企业 40 家,涉案标的额 10.89 亿元,已办结案件 233 件,有效提高了信用案件的执法效率和执法权威。

2020 年,前海除了积极完善制度设计、持续优化平台建设、探索拓展信用应用场景以外，还在全面构建社会信用建设评价体系、全面创新社会信用建设推广模式等方面做了创新探索，不断丰富前海社会信用建设的内涵。

四　以产业为核心，努力打造信用产业发展高地

信用服务机构是社会信用体系建设的重要力量。社会信用体系建设的大发展离不开信用服务机构和信用服务市场的大发展。培育发展信用服务机构，有利于利用信用服务机构的人员、技术、服务优势，促进政府和市场共建共创、共享共用、互利互赢，形成社会信用体系建设强大合力。前海蛇口自贸片区通过积极营造良好的信用产业发展环境，培育信用相关产业，强化区域间信用合作，培育信用人才等方式，着力打造信用经济产业集聚发展高地。

加快信用服务业集聚。重点推动市级重要信用基础设施——深圳市地方信用（征信）服务平台落户前海。深圳市地方信用（征信）服务平台将以深圳市征信服务有限公司为载体，采用"政府＋市场"模式，以科技为引领，以深度共享政务、金融数据为基础，按照市场化机制运作，通过为企业提供全面的信用信息服务，逐步实现从普惠金融、产业推动到优化营商环境、反哺社会治理的目标。主动协调深圳市信用促进会入驻前海国际法务区，为探索推动粤港澳信用标准规则共建、协同打造信用产业基地、筹建信用人才库等重点项目提供智力支持与资源共享。

引导信用服务业规范发展。为持续引导信用服务机构规范经营和创新发展，加强对新型信用机构的识别、监管，前海管理局与深圳市信用促进会联合开展"信用服务业分类标准"团体标准前沿探索，通过研究信用服务行业的起源、历史和发展现状，梳理各研究学者和国民经济行业分类对信用服务行业的分类方式，将信用服务业分为七大类、36 小类、100 细类，努力解决现代社会对信用服务业的发展需求和信用服务边界不清晰、业务描述不准确的矛盾，为规范信用服务业发展、促进信用服务业集聚奠定基础。

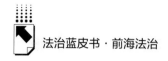

五　以信用为抓手，助力建设国际一流营商环境

信用建设是有效改善营商环境，促进市场经济发展的重要抓手，一流的营商环境带来的经济进步又是反哺社会信用体系建设的必要举措。前海蛇口自贸片区从政府和社会层面推出多项信用改革举措，着力实现以信用建设优化营商环境、促进经济社会有效发展的战略目标。

实现企业信用评价全覆盖。完善前海企业信用数据库，科学运用大数据分析手段，优化"企业信用画像"评价模型，开展面向覆盖前海所有企业的信用评价。企业画像利用财务、工商、司法、舆情等信息，运用 AI 人工智能技术，从失信违规、荣誉成果、经营信息、舆情信息、关联信息等五个维度出发全面描绘"前海企业信用画像"。企业信用画像为监管和市场发展提供了多种便利。在监管领域，利用企业信用画像，监管部门可以更有针对性地投放监管力量，同时也有利于监管部门进行大数据分析，从而优化监管手段。在市场发展领域，各类市场主体通过信用画像，能够以较小的成本做到精准识别，从而解决市场信息错位、不对称等问题。企业信用画像维度设置见图 10。

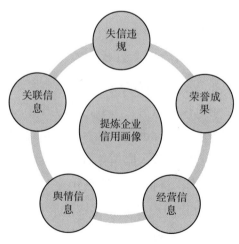

图 10　提炼企业信用画像五个维度

截至 2020 年底，信用画像技术已经完成片区 151288 家企业的分类评级，全面揭示了前海企业信用现状，为监管机构提供了工作依据。结合监管过程中随机抽取检查对象、随机选派执法检查人员、抽查情况及查处结果及时向社会公开的工作方法，相关部门可根据企业信用状况开展分类监管，从而实现对守法诚信企业"无事不扰"，对违法失信企业"利剑高悬"的高效执法机制。

构建社会信用建设评价体系。前海蛇口自贸片区全面构建社会信用建设评价体系，依托咨询公司、高校研究机构等第三方平台打造内容全面、措施丰富的社会信用评价体系。探索建立前海蛇口自贸片区信用经济专家咨询委员会，广泛吸纳来自国内外知名信用领域专家，围绕信用经济的最新趋势开展定期咨询，邀请第三方机构对自贸片区信用指数进行评估。2019 年 12 月发布全国首份针对自贸片区社会信用发展情况的《中国（广东）自由贸易试验区深圳前海蛇口片区信用白皮书》和《中国（广东）自由贸易试验区深圳前海蛇口片区信用指数》，将信用相关数据纳入前海经济发展指标体系和统计报告。在前海经济发展统计报告中，增加信用建设板块，设置部分信用类统计指标，强化信用服务企业的功能和作用，以信用数据支持前海经济决策和政策制定。加强前海廉洁指数和信用指数的指标体系和评价体系对接，发布《前海廉洁白皮书》和《前海诚信白皮书》，在科学评分框架下完善社会信用建设评价制度。

加快信用制度创新及复制推广。2020 年，由信用中心提交的打造"信用惠企惠民"信用产品体系、建立全过程风险预警平台、推动"企业信用画像"应用于信用分类监管案例，以前海信用平台为基础由局内其他处室提交的创设人才类商务备案便利措施、对企业和人才实施赴港澳商务签注政策分类管理案例，列入前海蛇口自贸片区第五批向全市复制推广的改革创新经验；由信用中心提交的"创新诚信企业托管机制""诚信企业司法激励机制"列入第六批前海蛇口自贸片区拟向全市复制推广的创新经验。2021 年 6 月 15 日，广东省自贸办在先后七批在全省范围或部分区域复制推广 146 项经验及 202 个制度创新案例的基础上，印发了第五批制度创新案例。其中，

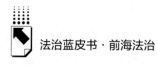

前海管理局与前海法院联合推出的"创新诚信企业司法激励机制"成功入选。

　　加大信用文化宣传力度。2020 年前海蛇口自贸片区创新推出前海信用成果宣传册和信用文化动漫宣传片，系统全面介绍前海蛇口自贸片区社会信用建设项目举措与突出成果。同时，开设线上与线下信用建设专栏、专刊，宣传普及信用政策法规、信用信息应用场景和信用典型案例等，在前海 e 站通服务中心大厅、银行网点、公共交通工具中滚动播放信用建设相关节目，推动形成全方位、多层次、广覆盖的宣传网络。

B.20
深化粤港澳合伙联营律师事务所
机制改革的实践与创新

华商林李黎（前海）联营律师事务所课题组*

摘　要： 粤港澳合伙联营律师事务所试点深化是拓展港澳发展空间、推动公共服务合作共享、引领带动粤港澳全面合作的重要内容。联营所试点实践的成功或失败直接影响港澳对内地法律服务业开放的信心、影响港澳律师参与三地法律服务深度合作的决心、影响粤港澳大湾区的法治建设。本文通过总结近年来联营律师事务所发展的实践和创新，探讨深化联营律师事务所机制改革的经验和建议，促进联营律师事务所发展，对于粤港澳大湾区法治融合具有重要意义。

关键词： 联营律师事务所　港澳律师　法治融合　涉外法律服务

2019 年 2 月 18 日中共中央、国务院印发的《粤港澳大湾区发展规划纲要》指出，"加快法律服务业发展，鼓励支持法律服务机构为'一带一路'建设和内地企业走出去提供服务，深化粤港澳合伙联营律师事务所试点，研究港澳律师在珠三角九市执业资质和业务范围问题"。2020 年 8 月 11 日《全国人民代表大会常务委员会关于授权国务院在粤港澳大湾区内地九市开展香港法律执业者和澳门执业律师取得内地执业资质和从事律师职业试点工

---

* 课题组成员：舒卫东、王寿群、倪苗。执笔人：倪苗，华商林李黎（前海）联营律师事务所实习律师。

作的决定》发布，在广东省内多市开展试点工作，符合条件的香港法律执业者和澳门执业律师通过粤港澳大湾区律师执业考试，取得内地执业资质的，可以从事一定范围内的内地法律事务。粤港澳合伙联营律师事务所试点深化是拓展港澳发展空间、推动公共服务合作共享、引领带动粤港澳全面合作的重要内容。

联营所试点实践的成功或失败直接影响港澳对内地法律服务业开放的信心、影响港澳律师参与三地法律服务深度合作的决心、影响粤港澳大湾区的法治建设。深港两地的规则对接是大湾区建设的基础，深化联营律师事务所试点，推动联营律师事务所发展，对于粤港澳大湾区法治融合具有重要意义。本文结合联营律师事务所发展的实践，探讨深化联营律师事务所机制改革的经验和建议。

一 联营所政策的演变

随着联营律师事务所的不断发展，联营所的管理制度历经多次修改。2014 年 8 月 4 日，司法部批准《广东省司法厅关于香港特别行政区和澳门特别行政区律师事务所与内地律师事务所在广东省实行合伙联营的试行办法》，明确规范了港澳律师事务所与内地律师事务所实行合伙联营的试点工作。2016 年 1 月 27 日，广东省司法厅发布了《积极发展法律服务业 推进中国（广东）自贸试验区建设的若干意见》的通知，扩大了联营律师事务所业务范围。2016 年 8 月 18 日，广东省司法厅对联营试行办法进行了修订。2017 年 9 月 29 日，广东省司法厅、广东省商务厅等四部门联合印发《关于发展涉外法律服务业的实施意见》的通知，进一步推动了粤港澳联营律师事务所发展。2019 年 8 月 1 日，广东省司法厅对联营试行办法进行再次修订——允许联营所自主聘用港澳及海外律师。

2018 年 6 月 1 日，国务院下发了《关于同意深化服务贸易创新发展试点的批复》，要求"探索密切内地（大陆）律师事务所与港澳台地区律师事务所业务合作的方式与机制。"

2019 年 2 月 18 日中共中央、国务院印发的《粤港澳大湾区发展规划纲要》指出:"深化粤港澳合伙联营律师事务所试点,研究港澳律师在珠三角九市执业资质和业务范围问题";粤港澳合伙联营律师事务所试点深化是拓展港澳发展空间,推动公共服务合作共享,引领带动粤港澳全面合作的重要内容。

2019 年深圳市政府工作报告指出:"推动出台前海新时代全面深化改革开放方案,探索更多可复制可推广的经验,打造高水平对外开放门户枢纽。扩大粤港澳联营律师事务所业务范围。"

2020 年 4 月 17 日,第十三届全国政协会议第 34 次双周协商座谈会提出,要深入学习领会习近平总书记关于涉外法治工作的重要论述,从战略高度认识加强涉外法律服务人才队伍建设的重要意义,坚持立足国情、服务大局,努力造就一支高素质涉外法律服务人才队伍,更好地维护国家主权、安全和人民群众利益。

二　联营所的历史使命和贡献

(一)联营所的定位和职责

传统的国内法律服务不出国门,业务范围主要是国内诉讼案件,新型业务拓展缓慢,对外交流较少。联营所与国内普通律所最大的差异在于:一是联营所承担着推动中国法律"走出去"的使命,让中国标准、规范、机制、产品、服务"走出去";二是联营所承担着在"一国两制"下探索港澳法律服务业融合的使命。国内律所普遍为综合型多专业大所,而香港律师事务所普遍为小微律师事务所。整合香港多家律师事务所多专业联营是中高端客户跨境业务的普遍业务需求,是联营所是否能适应市场发展变化的工作机制调整。

联营所作为法治创新的示范,与国家全球战略布局一致。推动中国法律国际化,助力国家参与全球治理结构改革,增强中国在国际规则制定中的话

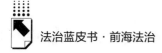
语权。国家探索联营所的目的就在于服务国家战略，这就是联营所与国内普通律所最大的差异。

律师最大的权益是发展权，前海"一带一路"法律服务联合会的创立，就是在维护中国律师的发展权，支持中国律师的国际话语权。通过中国律师法律服务国际化、全球化，广泛深度参与中国标准、文化、金融、产品、知识产权全球化建设，保障和维护中国企业的全球发展权。

（二）华商林李黎所的实践与探索

2014年11月7日，华商林李黎（前海）联营律师事务所（以下简称"华商林李黎所"）正式获准成立，作为中国第一家香港与内地合伙联营律师事务所，华商林李黎所肩负着开创和突破内地与香港两地律师业务的战略性使命。

华商林李黎所系由广东华商律师事务所和香港林李黎律师事务所共同联营设立，二者均为具有二十余年历史的知名律师事务所。华商林李黎所的成立是中国律师行业走向国际化、中国法治事业不断创新进步的重大创举，旨在实现内地和港澳法律事务跨区域和跨法域的合作。

华商林李黎所秉持"法律创造价值"的服务理念、不断创新的专业服务模式及勇于承担社会责任的精神，向社会各界展示华商林李黎所的专业风采。自成立以来，曾荣获深圳市2014年度、2016年度、2018年度和2019年度"十大法治事件"；两项举措获评"改革开放40年广东律师行业走在前列40个事件"；荣登前海风云榜"十大港企"；并四度荣登中央新闻联播等。

为践行习近平总书记赋予前海的"依托香港、服务内地、面向世界"战略定位，落实"比经济特区更特"的先行先试政策的工作思路，华商林李黎所紧紧围绕国家发展战略与改革开放大局，还牵头成立了前海香港商会、粤港澳大湾区企业家联盟、深圳市前海"一带一路"法律服务联合会、深圳创客法律中心、华商合规法律服务中心和华商医药产业研究院等平台。目前，华商林李黎所还在广州设立全国首家粤港联营律师事务所分所、深圳市坪山分所及泰华商恒（青岛）联营律师事务所，并与香港、澳门及海外多家律师事务所建立了战略合作伙伴关系。

（三）联营所的主要创新成果及可复制经验

华商林李黎所成立以来，在深圳各法制机关大力支持下，认真贯彻落实中央、省、市对粤港澳联营所的工作部署，努力建设法律服务创新联营所、大湾区一流联营所，为全国法治创新探索提供合伙型粤港澳联营律师所实践样本，为"一带一路"、粤港澳大湾区、自贸区与合作区建设提供法律服务保障，充分展示前海法治建设的成果，为区域发展营造稳定公平透明可预期的营商环境，推动形成全面开放新格局。

2019 年 12 月 10 日，广东省司法厅正式批复中国第一家联营律师事务所分所——华商林李黎（前海·广州）联营律师事务所。2019 年 12 月 18 日，广东华商律师事务所与香港萧一峰律师事务所联营设立华商萧一峰（海口）联营律师事务所。2020 年 2 月，华商林李黎（前海）联营律师事务所、香港黄得胜岑文光律师行及山东省规模第一大所——众成清泰（青岛）律师事务所共同设立的泰华商恒（青岛）联营律师事务所得到批复，成为山东省第一家合伙联营律师事务所。2020 年 5 月，华商林李黎（前海）联营律师事务所的坪山分所正式登记设立。

上述发展成果说明合伙联营律师事务所的道路是正确的，已经形成了可复制可推广的创新模式。联营所一直积极投身落实国家粤港澳大湾区建设规划关于"联动香港打造国际法律服务中心和国际商事争议解决中心"的部署，做出了以下法治创新成果及可复制经验。

1. 牵头成立前海"一带一路"法律服务联合会

经全国人大和司法部同意，由深圳市司法局、前海管理局和深圳市贸促委联合主管成立了深圳市前海"一带一路"法律服务联合会。联合会以深港合作为基础，整合全球华语律师资源，并联合仲裁、公证等法律服务机构，践行"一带一路"倡议，为中国企业和公民"走出去"提供法律支持，也为海外华语律师参与"一带一路"提供合作平台。联合会在会员合作、项目对接、法律咨询等方面提供服务，将建成全球华语律师资源库、项目资源库、企业资源库，打造真正的联通国内国际的全球性法律服务网络。

2. 推动共建"深港法律服务深度合作区"

2018 年 12 月 4 日，"深港法律服务深度合作区"共建启动签约仪式暨第一次联席会议在深圳前海企业公馆国际会议中心举行。全国人大常委会港澳基本法委员会、国务院港澳办、香港中联办、司法部港澳台法律培训交流中心、深圳市司法局、深圳市前海管理局、深圳市贸促委、深圳国际仲裁院、前海法院、深圳大学、广东省律师协会、深圳市律师协会、香港律师会、香港中国委托公证人协会、香港中小型律师行协会、香港与内地法律专业联合会、香港城市大学等领导和嘉宾出席了会议。来自港澳与内地的 40 家律师、公证、仲裁、调解、知识产权、会计服务、公司法务等法律服务行业组织机构积极响应倡议，参与共建，并作为首批签约单位参加了本次会议。

"深港法律服务深度合作区"共建，由参与各方秉持共商共建共享理念，发动汇集深港法律专业服务各方面资源，联手搭建开放包容、资源共享、优势互补、互惠共赢的合作平台，创新合作机制模式，打造法律服务高地，务实推进协作型、互补型、配套化、一站式的业务合作和服务联动，共建两地法律服务专业交流互鉴、人才培养和能力建设机制，联手拓展"一带一路"华语律师合作网络，共同提升处理跨境、跨业、跨法域法律事务和国际法律事务的能力，促使深港法律服务业为助推粤港澳大湾区建设、"一带一路"建设和"一国两制"的成功实践，贡献更大的智慧和力量。

3. 推动在香港成立全球华语律师联盟

企业可以通过全球华语律师联盟寻找和聘请投资目的国以华语为工作语言的律师。在目的国执业的华语律师既可以与中国企业良好沟通，又可以与外国交易方顺利对接，能够极大地促进交易的成功，满足"走出去"企业等市场主体的需求，有效加强与沿线国家的商业贸易沟通、基础设施连通以及资金资本融通。

4. 推动成立深圳市前海国际商事调解中心

2020 年 8 月 15 日，由华商林李黎所推动成立的深圳市前海国际商事调解中心（以下简称"调解中心"）第一届理事会会议成功举行。调解中心重点解决粤港澳大湾区和"一带一路"建设在各领域的跨境及国际商事争议，重点探索促进商事调解与商事仲裁、商事诉讼、公证对接协作机制，提升商事调解可执行效力的渠道和做法，推动调解中心与内地、港澳台及国际商事调解机构发展交流合作关系，促进调解中心与企业及行会商会建立调解服务对接合作机制，打造多元化的国际争议解决机制。

5. 设立深圳创客法律中心

深圳创客法律中心是由深圳市司法局主管的公共法律服务平台，在前海合作区管理局、深圳国际仲裁院（深圳仲裁委员会）的大力支持下成立，由华商林李黎（前海）联营律师事务所组织运营，致力于为粤港澳青年创客提供专业的公益法律服务。中心率先在前海进行试点，通过线下服务中心和线上互联网服务平台模式为创客服务，是国内首家针对创客群体提供全生命周期、一站式法律服务的平台。为粤港澳的创客提供跨境法律服务支持，服务范围涉及内地、香港以及日本等地区。

6. 推动成立前海香港商会和粤港澳大湾区企业家联盟

2015 年通过搭建政商沟通对接、科技创新驱动、企业交流合作、银企互助共赢、青年创业扶持、公益慈善助贫等多种平台，履行社会责任，打造成粤港澳大湾区工商界精英组成的高层次社团，助力粤港澳大湾区建设。

7. 成立华商合规法律服务中心

华商合规法律服务中心成立于 2019 年 11 月 3 日，是深圳首家律师事务所成立的合规专业服务机构，也是深圳"先行示范区"法治板块先行先试、打造合规高地和建设合规示范区的创新举措，目前已于青岛设立合规研究院。

8. 成立华商数字经济研究院

2020 年 7 月 24 日，华商所与华商林李黎所共同举行《深圳经济特区数据条例（征求意见稿）》研讨会，邀请业界专家深度解读《深圳经济特区数据条例（征求意见稿）》（以下简称"深圳数据条例"），建言献策。当天，华商数字经济法律研究院正式成立，这是深圳首家由律所发起的研究机构，也是华商继区块链法律研究院成立以后，在大数据法律研究方面的又一突破。

9. 成立华商生物医药产业研究院

2020年12月，华商坪山生物医药产业法律研究院正式获批成立。这是全国第一家以产业研究为主的法律研究机构。华商林李黎所紧紧抓住建设粤港澳大湾区和深圳先行示范区"双区驱动"重大历史机遇，立足坪山，把握生物医药产业法律前沿发展动向，打造开放共享的产业法律服务平台，协助政府培育原始创新能力显著的优质企业，服务深圳建成粤港澳大湾区生物医药产业核心引擎、全国生物经济先导示范城市、全球知名的生物科技创新中心与生物医药产业集聚地。

10. 成立华商法治营商环境研究院

2020年3月29日，华商所举行华商法治营商环境研究院暨华商法治营商环境广州研究院揭牌仪式，这是全国首家由律所发起成立的法治营商环境研究院，将开展包括地方营商环境指标测评及设计、政府立法服务、企业合规性检查等业务，助推政府、企业、市场"三位一体"的法治营商环境建设。这是继华商区块链法律研究院、华商合规法律服务中心之后，华商律所在法治探索上的又一创新突破。

三 联营所面临的问题

联营所的发展也面临一些问题与困难。近年来，随着中国企业、资本与投行的"走出去"，英美律所凭借其熟悉母国法律法规、丰富的全球并购经验、庞大的全球网络与广泛的行业资历，在中国企业的海外资本市场融资、银行贷款、兼并收购等大型跨境交易中，远超中资律所占据主导地位。由于英美律所具有国际传统法律服务优势地位，联营所在和国外律所竞争过程中往往受到打压。

同时，联营所还普遍存在获得感和认同感不强的问题，联营所与传统律所存在一定区别，导致联营所普遍不具有政府及国企法律服务类预选供应商库的入库资格。联营所在发展过程中面临资质、政策等问题。

四 深化联营所试点改革的建议

笔者根据多年来联营所发展的实践经验，从立法、政策、律所管理组织层面，提出以下建议。

（一）立法层面

1. 在最新修订的《律师法》中增加联营所作为律师事务所的一种形态

目前《律师法》只规定了合伙律师事务所、个人律师事务所和国家出资设立的律师事务所。联营所与上述律所的成立条件、适用规则等均有所不同，是全新的律所组织形式，联营所缺乏法律层面的依据。因此，建议将联营所写入最新修订的《律师法》，从法律层面确认联营所的地位，为深化联营所发展提供立法层面的支持。

2. 在最新修订的《律师法》中增加关于取得内地职业资格的港澳律师的有关规定

目前《律师法》没有关于港澳律师的有关规定，但根据最新出台的《全国人民代表大会常务委员会关于授权国务院在粤港澳大湾区内地九市开展香港法律执业者和澳门执业律师取得内地执业资质和从事律师职业试点工作的决定》，在广东省内多市开展试点工作，符合条件的香港法律执业者和澳门执业律师通过粤港澳大湾区律师执业考试，取得内地执业资质的，可以从事一定范围内的内地法律事务。国家鼓励港澳律师到内地执业，因此建议在《律师法》中对港澳律师在内地执业作出相关规定。

3. 运用特区立法权，在最新修订的《深圳经济特区律师条例》中增加联营所的相关规定

《香港法律执业者和澳门执业律师在粤港澳大湾区内地九市取得内地执

业资质和从事律师职业试点办法》规定："取得律师执业证书（粤港澳大湾区）的人员，可以在粤港澳大湾区内地九市内，办理适用内地法律的部分民商事法律事务（含诉讼业务和非诉讼业务）。"为支持港澳律师在深圳执业，建议在最新修订的《深圳经济特区律师条例》中增加支持联营所发展和港澳律师在深圳执业的相关规定。

（二）政策层面

1. 放宽联营所聘请外籍律师的限制

根据《司法部关于开展国内律师事务所聘请外籍律师担任外国法律顾问试点工作的通知》《广东省司法厅关于省内律师事务所聘请外籍律师担任外国法律顾问试点工作的实施意见》的规定，允许聘请外国律师的律师事务所具有成立年限、规模、营业收入等方面的限制，且聘用的外籍律师有一定的数量限制。而根据现行有效的联营所试行办法，联营所只能聘用在港澳注册的外国律师，且必须以港澳一方的律师事务所名义聘用。

联营所作为中国律师发展涉外法律服务业的重要阵地，承担了先行先试的职能，因此建议放宽对联营所成立年限、规模、营业收入等方面的限制，并放开联营所聘请外籍律师人数的限制，允许联营所以自己的名义聘用外籍律师，允许联营所与外国律师事务所联营，为联营所发展涉外法律服务业提供更好的条件。

2. 在前海做试点，允许联营所内具备中国委托公证人资格的香港律师为内地客户在内地办理委托公证业务

《中国委托公证人（香港）管理办法》规定，具备中国委托公证人（香港）资格的香港律师所出具的委托公证文书，须经中国法律服务（香港）有限公司审核并进行加章转递。受疫情影响，内地与香港商事行为及民事行为皆无法正常往来两地，大量公证及证明业务无法办理，呈现风险的高度不确定性、不可预测性及明显的时间滞后性。为吸引更多香港律师来内地执业，建议允许联营律师事务所内具备中国委托公证人资格的香港律师为内地客户在内地办理委托公证业务，便利内地当事人，提高涉港法律服务效率，

完善委托公证人制度。

3. 允许联营所中内地律师受理、承办内地法律适用的刑事诉讼法律事务

根据现行有效的《合伙联营试行办法》的规定，联营所不得受理、承办涉及内地法律适用的刑事诉讼法律事务。一方面，刑事诉讼法律服务是律师服务的重要组成部分。如果限定联营所从事刑事诉讼，会对联营所造成极大的业务障碍。即便联营所以提供民商事领域法律服务为主，提供服务过程中也会有刑事诉讼法律服务的需求。目前，联营所在提供法律服务过程中不得不将民商事、行政和刑事业务分拆，无法为客户提供完善的一整套的法律服务。联营所的律师因此损失了大量的业务机会，也导致许多优秀律师不愿意到联营所执业，给联营所聘用执业律师增加难度。

另一方面，根据《香港法律执业者和澳门执业律师在粤港澳大湾区内地九市取得内地执业资质和从事律师职业试点办法》，未来内地律师事务所也可以有香港律师在内地执业，而这类律师事务所还可以正常承办刑事诉讼业务。对于联营律师事务所不得承办刑事诉讼业务的限制已经没有意义，只会制约联营所的正常发展。联营律师事务所内的刑事诉讼业务可以由内地律师提供，因此，联营所提供刑事法律服务并不涉及国家安全问题。

4. 建议支持中国律师统筹协调国外律师的法律服务新模式

近年来，随着中国企业、资本与投行的"走出去"，中国律师事务所扮演的主要角色仍是中国企业的国内法律顾问，在中国企业的海外资本市场融资、银行贷款、兼并收购等大型跨境交易中，联营律所可以发挥自身优势，联动香港律师资源，探索中国律师行业走向国际化的新模式。如以优质企业作为示范单位，在外国律师提供具体法律服务的前端，由联营所统揽协调国外法律顾问的法律服务。以此形成中国律师国际化带动中国企业国际化，中国企业国际化反向带动中国律师国际化的良性合作。

5. 放宽联营所的入库条件，允许联营所入选政府及国企法律服务供应商库

联营所注册成立时间短，执业律师人数与传统律所存在一定差距，营业收入及纳税额等财务指标均不能与成立多年的律所相比，上述先天短板导致

联营所普遍不能达到政府及国企法律服务类预选供应商库的入库资格。联营所一方的内地律所原本符合入库资格（甚至已经成为政府或国企的法律顾问），在与香港律所合伙联营后失去入库资格（甚至不能继续担任政府或国企的法律顾问）。建议发挥联营所成立条件较高、人员国际化程度较高的优点，放宽联营所在国企法律服务类预选供应商库的成立时间、人数、纳税额等条件。

（三）律所管理、组织形式层面

1. 允许多家内地律师事务所与多家港澳律师事务所共同实行联营

全国现有 12 家港澳律师事务所与内地律师事务所建立了合伙型联营律师事务所，同时全国多个省市已经开始推动港澳联营，充分说明该模式有示范效应。为满足更多国内律所与港澳律所的联营需求，建议允许多家内地律所与多家香港或者澳门律师事务所组建联营律师事务所，以使联营所有更多的业务来源渠道，充分发挥港澳律师的涉外业务优势，真正做大做强联营所，使联营所的涉外业务能与国际律所媲美。

2. 建议优化联营所命名形式

根据《联营试行办法》第 7 条，香港、澳门律师事务所与内地律师事务所实行合伙联营，其联营律师事务所的名称由"联营字号 + 设立所在地名称 + 联营律师事务所"三部分内容依次组成。目前，各家联营所名称皆由联营各方律所字号叠加而成，且需体现设立所在地名称。但随着联营所的发展与升级，港澳联营方的不断加入及分所的设立，如联营所名称仍需体现联营各方字号及设立所在地名称，则名称过于冗长，为客户付款带来诸多不便。建议优化联营所命名形式，简化联营所名称构成。

3. 明确划分香港、澳门律师事务所及其律师的执业风险，减少其执业顾虑

《广东省司法厅关于香港特别行政区和澳门特别行政区律师事务所与内地律师事务所在广东省实行合伙联营的试行办法》第 28 条规定："联营所及其派驻律师因执业违法或过错给当事人造成损失的，应当按照特殊普通合

伙的法定责任机制以及合伙联营协议约定的方式对其债务承担责任。"建议增加条款："香港、澳门律师事务所及其派驻律师非因执业违法或过错给当事人造成损失的，以其在联营所中的财产份额为限承担责任。"

4. 支持联营所港方合伙人的营业利润依法在香港地区申报纳税或允许联营所以核定征收的方式进行纳税

根据深圳前海地税《关于内地与港澳律师事务所设立的前海联营律师事务所申报纳税问题的答复》，港澳律师事务所应将前海联营所核算后所占份额的利润作为生产经营所得，在中国境内构成常设机构的情况下，应按25%的税率缴纳企业所得税。根据各联营所港方合伙人的反馈，对比与香港律师事务所在港缴纳15%的利得税，此项税赋对其负担较重。并且在执业保险、执业范围、执业证件、优惠政策尚未配套的情况下，影响了港方的积极性。

根据《内地和香港特别行政区关于对所得避免双重征税和防止偷漏税的安排》（以下简称《税收协定》），"常设机构"是指企业进行全部或部分营业的固定营业场所，其中固定营业场所不仅指一方企业在另一方从事经营活动经登记注册设立的办事处、分支机构等固定场所，也包括由于为另一方企业提供长期服务而使用的办公室或其他类似的办公设施等。香港律师事务所作为联营所的合伙人派驻香港律师参与实际经营，在内地拥有从事经营活动的固定场所，联营所即可认定为《税收协定》中所谓的"常设机构"。因此，香港律师事务所取得的联营所的应纳税所得应当根据《税收协定》第7条"营业利润"之规定：一方企业的利润应仅在该一方征税，但该企业通过设在另一方的常设机构在该另一方进行营业的除外。如果该企业通过设在该另一方的常设机构在该另一方进行营业，其利润可以在该另一方征税，但应仅以属于该常设机构的利润为限，即"利润可在任意一方征税"。

5. 建议出台《关于支持联营所港澳律师在粤港澳大湾区执业的若干规定》

港澳律师具有一定的服务优势，为鼓励港澳律师在粤港澳大湾区范围内执业，建议出台"关于支持联营所港澳律师在粤港澳大湾区执业的若干规定"。联营所相较其他内地律所，已经与港澳律师开展合作，可以吸引更多

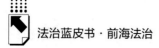

港澳律师来内地执业，因此给予来内地执业的港澳律师通勤保障、人才安居等方面的便利，如允许以联营所的名义申请两地车牌等措施，鼓励港澳律师来内地执业。

结　语

粤港两地法律服务上的深度融合是香港与内地融合的重要举措，法律业的融合代表的是制度的融合、产业的融合、金融的融合、社会治理的融合。只有大力推进深港融合，才能服务国家战略。举全产业行业之力推进完善，行业主管部门加强顶层设计，充分优化两地律所合作，推动建立更紧密的联营关系。

Abstract

With the mission of building itself into a law-based demonstration area of socialism with Chinese characteristics, Qianhai has become one of the fastest-developing places with the highest economic quality and best economic performance in China, and one of the free trade zones with the greatest achievements in rule of law in China.

Report of Rule of Law in Qianhai (2021) provides a comprehensive, multi-dimensional and multi-level summary of the experience and achievements of the rule of law in Qianhai. This book analyzes and demonstrates the law-based government, judicial development, intellectual property protection, and construction of a law-based society in Qianhai, and looks into the future development of rule of law in Qianhai.

The blue book also contains a general report and an assessment report on rule of law in Qianhai. The general report comprehensively summarizes the experience and achievements of law-based governance in Qianhai in the previous year from a qualitative perspective. And the assessment report proposes the issues to be resolved in the development of rule of law in Qianhai when the objective data and materials have been taken into consideration.

Keywords: Free Trade Zone; Development of Rule of Law; Qianhai

Contents

I General Report

Abstract: With the mission of building itself into a law-based demonstration area of socialism with Chinese characteristics, Qianhai has become one of the fastest-developing places with the highest quality and best economic performances in China, and one of the free trade zones with the largest number of institutional innovations and the best performance in experience replication and promotion in China. Qianhai attaches great importance to the leading and guaranteeing role of the rule of law, and especially its extensive application in the party building, the efficiency of public services, the authority of law enforcement and supervision, the diversified resolutions of disputes, the systematic protection of intellectual property, and the internationalization of legal services. Now the development of rule of law has made great achievements. In the future, with more support from higher authorities and the central government, Qianhai will continue to explore innovations on the rule of law, enhance its application, and bring the construction of a law-based demonstration zone to a new level.

Ⅱ Assessment Report

Abstract: Center for National Index of Rule of Law of CASS and Rule of Law Index Innovation Project Team of Institute of Law of CASS have conducted the 4th review of the development of the rule of law in 2020 in Shenzhen Qianhai Demonstration Area of Rule of Law from the perspectives of law-making, law-based government, judicial development, law-based society, and enhancement of supervision. The assessment result shows that Qianhai Demonstration Area of Rule of Law is steadily advancing the development of rule of law, and leads the country in legal system, government transparency, judicial development, etc. ; there is still room to improve on its accuracy of the list of powers and responsibilities, the openness of procuratorial work, the development of law-based society, etc. In the future, Qianhai Demonstration Zone of Rule of Law shall continue to deepen reform and innovation, make up for its shortcomings, and strive to be the pacesetter and pioneer of rule of law in China.

Keywords: Assessment of Rule of Law; Demonstration Area of Rule of Law; Law-Based Business Environment

III   Law-Based Government

B.3   Institutional Innovation and Exploration on Shenzhen — Hong
Kong Cooperation in the Field of Engineering
Construction in Qianhai

Research Group of Housing ConstructionDivision,

Authority of Qianhai Shenzhen – Hong Kong Modern Service

Industry Cooperation Zone / 054

Abstract: In accordance with the principle of "relying on Hong Kong, serving the mainland, and facing the world", Qianhai has been conducting institutional innovation and exploration on Shenzhen — Hong Kong cooperation in the field of engineering construction for years. Project construction models of Hong Kong are adopted to enhance in-depth Shenzhen — Hong Kong cooperation. In 2020, *Measures for the Administration of Registration and Recording of Professional Institutions in the Field of Hong Kong Engineering Construction in Qianhai Shenzhen – Hong Kong Modern Service Industry Cooperation Zone* and *Measures for the Administration of Registration and Recording of Professionals in the Field of Hong Kong Engineering Construction in Qianhai Shenzhen – Hong Kong Modern Service Industry Cooperation Zone* were officially released. As the first documents for the qualifications in the field of Hong Kong engineering construction in Chinese mainland and the first documents for Shenzhen – Hong Kong cooperation in modern service industry in Shenzhen, these regulations effectively break the barriers of certification and qualification for professional institutions and professionals in the field of Hong Kong engineering construction, providing Hong Kong-based enterprises and individuals with a new opportunity to participate in the development and construction of the Guangdong – Hong Kong – Macao Greater Bay Area. Qianhai will further strengthen institutional integration and innovation, promote new mechanism of Shenzhen – Hong Kong cooperation in the field of engineering construction, and make solid progress in the great cause of Shenzhen – Hong Kong cooperation.

Keywords: Shenzhen – Hong Kong Cooperation; Engineering Construction Field; Professional Institutions; Professionals

B.4   Research on Legal Issues Related to the Notification and Commitment System in the Reform of "Separation of Operating Permits and Business Licenses" in Qianhai

Research Group of Enterprise Service Center / 066

Abstract: The notification and commitment system emergedas a measure to separate operating permits and business licenses. As an important measure to meet reform goals such as optimizing business environment and transforming government functions, this system helps to improve administrative efficiency, transform government functions, and build a responsible government. While deepening reform, Qianhai has systematically reviewed and made comparative analysis of the performance and problems of the administrative approval notification and commitment system, revealed the reasons, and proposed viable suggestions on accelerating the legislation work of the notification and commitment system, clarifying the systematical procedures, improving the coordinated supervision mechanism, enhancing the supporting regulatory measures, making clear the distribution of legal responsibilities, and speeding up the construction of credit management mechanisms.

Keywords: Notification and Commitment System; Implementation Plan; Supervision; Credit

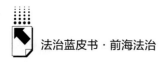
B.5　Explorations and Outlooks of Law-Based Taxation in Qianhai

Yang Yuxuan , Hu Ming / 077

Abstract: Law-based taxation, as an important way to facilitate the comprehensive deepening of reform and opening up in Qianhai and the development of an economy that opens to the outside world, is of profound practical significance in Qianhai's construction of the new opening-up pattern. In the new development stage, Qianhai has put forward new requirements for law-based taxation, the essence of which is to continuously optimize tax system to create a market-oriented, legal-based, and internationalized first-class business environment. Since the reform and opening up, Qianhai has achieved fruitful results in the formulation and implementation of preferential tax policies, optimization of tax collection systems and mechanisms, and strengthening of tax supervision, and has played an exemplary role in law-based taxation. Facing changes in the development at home and abroad, Qianhai, however, still has certain bottlenecks in law-based taxation. To further capitalize on the "pilot" role of Qianhai, it is necessary to explore its possible system design to make a "Qianhai model" on law-based taxation.

Keywords: Law-Based Taxation; Deepening Reform; Taxation Optimization

B.6　Practices of Cross-Region and Cross-Scope-of-Law Convergence of Rules in Qianhai

He Dongmin , Xiu Yang / 092

Abstract: The Guangdong −Hong Kong −Macao regional cooperation is a successful model of China's regional cooperation, as well as a successful model of cross-region and cross-scope-of-law cooperation under the framework of "One Country, Two Systems" and the basic law. With characteristics of "one country, two systems and three scopes of law", three currencies, and three independent customs territories, the Guangdong −Hong Kong −Macao Greater Bay Area has to learn from the successful experience of the bay areas in other countries, and take into consideration its actual conditions while the convergence of rules is analyzed. To explore cross-region and cross-scope-of-law convergence of rules in Qianhai, deepening reform and opening up, the construction of the Guangdong – Hong Kong – Macao Greater Bay Area, the national dual-cycle strategy of international and domestic markets, and Qianhai's positioning and reality should all be taken into consideration. To be specific, efforts should be made to draw on successful experience, strengthen industrial exchanges, lower the threshold, deepen the development of pilot projects, optimize the allocation of resources, and directly link up with international rules.

Keywords: Convergence of Rules; Guangdong – Hong Kong – Macao Greater Bay Area; One Country, Two Systems

B.7　Deepening the Liberalization of Service Trade between
　　　Qianhai and Hong Kong and Macao: Achievements,
　　　Problems and Suggestions
　　　　　　　　Research Group of the Free Trade Zone Affairs Office / 107

Abstract: In order to implement the requirements of the CPC Central Committee for Comprehensively Deepening Reforms to "make greater efforts to promote reform and innovation of trade and investment facilitation, and achieve high-quality development of free trade pilot zone", Qianhai has further promoted the implementation of the service trade agreement between the mainland and Hong Kong and Macao in an effort to build the systems and mechanisms that can facilitate the development of modern service industry. Pioneering explorations have been made in promoting further opening up to Hong Kong and Macao in multiple fields, promoting professional qualifications recognized by both sides to facilitate the provision of services by Hong Kong and Macao people in the mainland, promoting cross-border payment and optimizing the investment and development environment

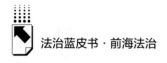

of Hong Kong and Macao enterprises. At the same time, there are still some shortcomings in the scope of application, opening—up mode, implementation path, and scope of authorization. Targeted improvements and breakthroughs should be made to further enhance the liberalization level of service trade with Hong Kong and Macao.

Keywords: Guangdong – Hong Kong – Macao; Service Trade Agreement; Service Trade Liberalization

B.8 Experience on Law-Based Finance of Dubai International Financial Center and its Inspirations to Qianhai

Research Group of Qianhai Local Financial Supervision Bureau / 117

Abstract: By building an international legal environment, implementing the transformation of civil and commercial legal systems and the transplantation of common law rules, Dubai International Financial Center stands out as a later-comer in the competition of international financial centers. Through the analysis and research on the successful experience of law-based finance of Dubai International Financial Center, this paper puts forward suggestions on the rule of law construction in Qianhai Shenzhen – Hong Kong International Financial City, which will be built into a new pacesetter of Shenzhen – Hong Kong cooperation through high-level planning and high-standard construction, as well as exploration on the docking of international financial rules and systems

Keywords: Dubai International Financial Center; International Legal Environment; Qianhai Shenzhen – Hong Kong International Financial City

Ⅳ   Judicial Construction

B. 9   The Innovative Cross-Border Commercial Dispute
Resolution System of Qianhai Court

Research Group of the People's Court of

Shenzhen Qianhai Cooperation Zone / 130

Abstract: Since its establishment, Qianhai Court has always adhered to Xi Jinping Thought on Socialism with Chinese Characteristics in the New Area, and conscientiously studied and implemented Xi Jinping's thoughts on the rule of law, in order to build itself into an exemplary court with judicial credibility, competitiveness on the rule of law, reform and innovation capacities, and outstanding international influence, and help build a world-class market-oriented and legal-based international business environment. Qianhai Court has improved the platform and mechanism for international diversified dispute resolution, deepened the new model of internationalized, professional and refined litigation source governance, promoted the establishment of a rule convergence system in line with the development of an open economy, and continued to innovate the mechanisms of interregional civil and commercial judicial assistance and cooperation between the mainland and Hong Kong and Macao. Besides, it has continuously accelerated the cross-border dispute resolution by relying on the construction of a smart court, so as to provide a strong judicial guarantee for the comprehensive deepening of the reform and opening up of the Qianhai Cooperation Zone in the new era.

Keywords: Business Environment; Cross-Border Disputes; Rule Convergence; Judicial Exchanges

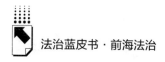
B.10 Investigation Report on Shenzhen Hong Kong-Related
Criminal Cases from 2018 to 2020

Zhao Dandan, *Tan Qiaoling* / 141

Abstract: Since ancient times, Shenzhen and Hong Kong have been
geographically adjacent and culturally close. With the implementation of the
opening-up policies and the economic development, the Guangdong − Hong
Kong − Macao Greater Bay Area gets more integrated, and the connection between
the two sides is strengthened. This paper uses big data to compare and analyze the
crime trends and characteristics of Hong Kong-related criminal cases in Shenzhen
from 2018 to 2020. From a long-term perspective, it provides supporting measures
for crime prevention from the legal level in order to explore and optimize Hong
Kong-related cases and support the construction of the rule of law in the
Guangdong − Hong Kong − Macao Greater Bay Area.

Keywords: Shenzhen − Hong Kong; Criminal Cases; Supervision

B.11 Exploration and Challenge on Procuratorial

Supervision in the Construction of New Specialized Courts

Song Jijiang, *Wang Yongcheng and Li Dangjie* / 160

Abstract: The Organization Law of Courts clarifies the concept of
"specialized court", which is confined to military courts, maritime courts,
intellectual property courts, and financial courts. However, with judicial organs
getting more and more professional and specialized, there have been increasing
cases of centralized jurisdiction over certain types of cases within a certain area. As
these courts are professional, trans-regional, and exploratory, the authors define
them as new specialized courts. How to adapt to its development and carry out
effective supervision is not only a realistic challenge to procuratorial organs, but also
a starting point for innovative supervision concepts and practices. Starting from the

special supervision of the grassroots procuratorial organs for a certain type of trials, the authors provide some insights into the procuratorial supervision of the new specialized courts.

Keywords: Specialized Courts; Procuratorial Supervision; Procuratorial Organs

B.12　Promoting New Development of Financial Trial and
　　　　Building a New Highland of Financial Justice
Research Group of Shenzhen Financial Court / 180

Abstract: As a professional financial judicial organ, Shenzhen Financial Court has made great effortsto deal with financial cases and forge high-quality products, and has reaped remarkable achievements. In order to maintain financial order, Shenzhen Financial Court has explored the ways to serve and support the reform of GEM, pilot the registration systems, optimize the business environment, and prevent and resolve financial risks. It has innovated the trial mechanism, and explored in the fields of securities and futures, small and medium investor protection, etc. , building a trial mechanism that conforms to the laws of financial justice. Starting from talent training and research, it has made great progress in institutional construction, and made great achievements in building itself into a first-class financial judicial organ.

Keywords: Shenzhen Financial Court; Financial Trial; Mechanism Innovation

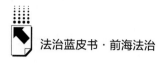

V Intellectual Property Protection

B.13 Intellectual Property Innovation Practice and Exploration of China (Shenzhen) Intellectual Property Protection Center

Research Group of China (Shenzhen) Intellectual

Abstract: Established on April 27, 2020 in Qianhai, the National Overseas Intellectual Property Dispute Response and Guidance Center Shenzhen Branch ("Shenzhen Branch") under China (Shenzhen) Intellectual Property Protection Center ("Shenzhen Protection Center") is one of the ten branches of Shenzhen Protection Center and the first state-level comprehensive service platform of overseas rights protection for public welfare in Shenzhen. Since its establishment, the Shenzhen branch has built a "five-in-one" overseas rights protection work system featuring overseas layout early warning, case monitoring and response, dispute response guidance, awareness and ability enhancement, source integration and sharing. Giving priority to "ex-ante" layout early warning, "interim" targeted guidance, and "ex-post" summary and improvement, it has optimized the "full-process" overseas intellectual property services, giving the "going global" enterprises a helping hand.

Keywords: Overseas Rights Protection; Layout Early Warning; Monitoring Response

B.14 Experience of Judicial Protection of Intellectual Property Rights in Qianhai *Huang Zhongshun, Liu Honglin* / 204

Abstract: As the "special zone within the special zone", Qianhai Cooperation Zone has a large number of intellectual property cases. In addition, the cases are growing rapidly, and a lot of difficult cases and foreign-related cases also emerge. The Shenzhen Intellectual Property Court and the Qianhai Cooperation Zone Court have the arduous task of judicial protection of intellectual property rights in Qianhai. Under the leadership of the Party, they are committed to building a diversified, coordinated, powerful and effective judicial protection system for intellectual property rights while serving the major development strategies of the country. They have actively explored the three-in-one trial system to streamline the judicial procedures, and adopted the innovative "advanced judgment + temporary injunction" method to increase the protection efficiency. They have adopted punitive damages, strengthened criminal punishments, preferentially allocated litigation rights and obligations, and increased the cost of infringers, in order to enhance the protection of rights. They have used various information technologies to reduce litigation costs for litigants, facilitate litigation rights protection of litigants, and regulate cyberspace governance, in order to protect rights in a new way. In the future, the courts in Shenzhen will continue to deepen the reform of intellectual property trial system and mechanism, build a diversified and group dispute resolution mechanism, and overcome the difficulty in presenting evidence, in order to strengthen the connection across Taiwan Strait, and form a more inclusive, faster and stronger intellectual property judicial protection ecology with new technologies.

Keywords: Judicial Protection of Intellectual Property; Three-in-One Trial System; Streamline Judicial Procedures; Temporary Injunction; Punitive Damages

B.15 Exploration and Practice of Comprehensive Reform of Shenzhen Intellectual Property Court

Research Group of Shenzhen Intellectual Property Court / 221

Abstract: Abstract: Guided by a problem-oriented principle, Shenzhen Intellectual Property Court thoroughly implements the *Opinions on Supporting*

Shenzhen in the Construction of a Pilot Demonstration Zone of Socialism with Chinese Characteristics and the *Implementation Plan of Shenzhen's Comprehensive Reform in Building a Pilot Demonstration Zone of Socialism with Chinese Characteristics* (2020 – 2025) issued by the Central Committee of the Communist Party of China and the State Council. With the goal of building Shenzhen into a pacesetter in the protection of intellectual property rights, it focuses on the service innovation-driven development strategy and keeps the big picture of "two zones" in mind, and continues to boost the innovation of intellectual property judicial systems and mechanisms. In addition, it strictly performs intellectual property judicial duties, comprehensively carries out the reform pilot work of new intellectual property legal protection, vigorously strengthens the coordinated protection of intellectual property rights, participates in global intellectual property governance, promotes high-quality development with service, and builds a market-oriented, legal-based and international business environment, in order to provide a solid judicial support for the construction of Shenzhen pilot zone of socialism and the Guangdong – Hong Kong – Macao Greater Bay Area.

Keywords: Comprehensive Reform Pilot; New Intellectual Property Legal Protection; Punitive Damages; Technical Investigator

B.16 Innovative Practices and Explorations on Intellectual

Property Protection System in Qianhai

Liu Jianqi, Su Wubo / 235

Abstract: Taking General Secretary XiJinping's thoughts on the rule of law for intellectual property protection as a guidance and the *Opinions on Strengthening Intellectual Property Protection* issued by the General Office of the CPC Central Committee and the General Office of the State Council, Qianhai Free Trade Zone has explored the judicial protection, administrative protection, and social protection of intellectual property, and formed a diversified intellectual property protection mechanism that is dominated by judicial protection, supported by administrative protection, and supplemented by arbitration and mediation, industry self-discipline, and social supervision, and that creates the whole chain of intellectual property protection, application, creation, management and service. In the future, Qianhai Free Trade Zone will remain committed to its original aspirations and missions, and take drastic measures to promote system reforms and innovative practice explorations in the field of intellectual property protection while maintaining the advantages of the existing intellectual property protection system to give play to its pilot role for intellectual property protection systems all over China.

Keywords: Intellectual Property; Entire Chain of Intellectual Property Protection; Administrative Protection; Social Protection

Ⅵ Society with Rule of Law

Abstract: The advancement of the socialist law-based culture in Qianhai is not only an inherent requirement for promoting Xi Jinping's thoughts on the rule of law, but also an inevitable requirement for building the law-based environment in the demonstration zone and improving the law-based environment in the free trade zone. Qianhai has demonstrated the institutional civilization and behavioral effects of the law-based culture by building a complete system of institutional norms and creating a fair and efficient implementation mechanism of the rule of law. At the same time, Qianhai has built itself into a unique highland of complete legal service, and carried out education of various forms and rich contents on the rule of law, improving the physical and spiritual contents of the law-based culture. In the process of continuing to promote innovation on the rule of law, Qianhai should thoroughly study and implement Xi Jinping's thoughts on the rule of law, optimize regional rule of law clusters in terms of macro planning and detailed layout, and

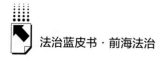

further improve the law-based environment in the practice of rule of law through joint actions of multiple parties to build Qianhai into a demonstrate zone in construction of law-based culture.

Keywords: Law-Based Environment; Law-Based Culture Construction; Demonstration Area of Legal Construction

B.18 Research on Traceability of Evidence Based on Time and Blockchain Technology

Research Group of ShenzhenAnzheng Forensic Institute / 263

Abstract: As electronic data, time has a provable effect, and plays an irreplaceable role in judicial appraisal. There is no doubt that the national standard time plays a basic role in the preservation of digital evidence. The legal authority, credibility and non-tamperability of time also affect the legal validity of digital data. In practice, the current judicial review of the evidence preservation technology itself focuses on two points: one is whether the evidence preservation platform is authoritative and impartial; and the other one is whether the evidence data is inclined to be tampered in current technological environment. When the evidence preservation platform is independent and impartial, the evidence-taking rate of credible "time source" and "blockchain" fixed date is extremely high in judicial practice. Anzhen Computer Forensics Institute of Guangdong researches on the validity and traceability of evidence in the forensic industry from the perspectives of time source and blockchain technology while the judicial forensic practice, innovation on the rule of law, and reform and innovation experience are reviewed.

Keywords: Time Source; Blockchain; Evidence Traceability; Anzheng Cloud

B. 19   Practices in Building the Social Credit System in Qianhai

Research Group of Enterprise Service Center

(*Business Environment Promotion Center*) / 272

Abstract: As China's first pilot area to explore the construction of social credit system, Qianhai has accomplished a number of innovation results with regional characteristics in recent years, laying a solid foundation in credit construction, reform and innovation. During the "14th Five −Year Plan" period, Chinese governments at all level have put forward higher requirements for the credit system construction and goals that are more suitable for modern development. For Qianhai, it's an urgent task to review its experience in the construction of social credit system, and make a plan based on the new historical starting point. It has to promote the transformation of credit system from the "single focus on social governance" to the equal emphasis on "conducting social governance + promoting market economy development". Besides, the construction of social credit system with "complete credit system, sufficient credit supervision and sound service market" should also be accelerated to form some Qianhai examples that can be replicated and promoted, and to quicken its efforts to build a pilot zone of pilot economy.

Keywords: Credit Economy; Credit Standard; Credit Service Industry

B. 20   Practices and Innovations on Promoting the Mechanism

Reform of Guangdong −Hong Kong −Macao Partnership

Law Firms

Research Group of China Commercial Lam Lee Lai Lawyers / 289

Abstract: The Guangdong −Hong Kong −Macao partnership law firm pilot program plays an important role in expanding the development space of Hong Kong and Macao, promoting the cooperation and sharing of public services, and leading the comprehensive cooperation among Guangdong, Hong Kong and Macao. The success or failure of the pilot program affects Hong Kong and Macao's confidence in the opening up of the legal service industry in Chinese mainland, the determination of lawyers in Hong Kong and Macao to participate in the in-depth cooperation of legal services in three places, and the construction of the rule of law in the Guangdong – Hong Kong – Macao Greater Bay Area. This paper summarizes the practices and innovations of partnership law firms in recent years, and discusses the experience in and suggestions for deepening the mechanism reform of partnership law firms, in an aim to promote the development of partnership law firms, which is of great significance to the integration of legal rules in the Guangdong – Hong Kong – Macao Greater Bay Area.

Keywords: Partnership Law Firm; Lawyers in Hong Kong and Macao; Integration of Legal Rules; Foreign-Related Legal Services

社会科学文献出版社

皮 书

智库报告的主要形式
同一主题智库报告的聚合

❖ 皮书定义 ❖

皮书是对中国与世界发展状况和热点问题进行年度监测，以专业的角度、专家的视野和实证研究方法，针对某一领域或区域现状与发展态势展开分析和预测，具备前沿性、原创性、实证性、连续性、时效性等特点的公开出版物，由一系列权威研究报告组成。

❖ 皮书作者 ❖

皮书系列报告作者以国内外一流研究机构、知名高校等重点智库的研究人员为主，多为相关领域一流专家学者，他们的观点代表了当下学界对中国与世界的现实和未来最高水平的解读与分析。截至2021年，皮书研创机构有近千家，报告作者累计超过7万人。

❖ 皮书荣誉 ❖

皮书系列已成为社会科学文献出版社的著名图书品牌和中国社会科学院的知名学术品牌。2016年皮书系列正式列入"十三五"国家重点出版规划项目；2013~2021年，重点皮书列入中国社会科学院承担的国家哲学社会科学创新工程项目。

中国皮书网

（网址：www.pishu.cn）

发布皮书研创资讯，传播皮书精彩内容
引领皮书出版潮流，打造皮书服务平台

栏目设置

◆ **关于皮书**

何谓皮书、皮书分类、皮书大事记、
皮书荣誉、皮书出版第一人、皮书编辑部

◆ **最新资讯**

通知公告、新闻动态、媒体聚焦、
网站专题、视频直播、下载专区

◆ **皮书研创**

皮书规范、皮书选题、皮书出版、
皮书研究、研创团队

◆ **皮书评奖评价**

指标体系、皮书评价、皮书评奖

◆ **皮书研究院理事会**

理事会章程、理事单位、个人理事、高级
研究员、理事会秘书处、入会指南

◆ **互动专区**

皮书说、社科数托邦、皮书微博、留言板

所获荣誉

◆ 2008 年、2011 年、2014 年，中国皮书
网均在全国新闻出版业网站荣誉评选中
获得"最具商业价值网站"称号；
◆ 2012 年，获得"出版业网站百强"称号。

网库合一

2014 年，中国皮书网与皮书数据库端口
合一，实现资源共享。

中国皮书网

权威报告·一手数据·特色资源

皮书数据库
ANNUAL REPORT(YEARBOOK)
DATABASE

分析解读当下中国发展变迁的高端智库平台

所获荣誉

- 2019年，入围国家新闻出版署数字出版精品遴选推荐计划项目
- 2016年，入选"'十三五'国家重点电子出版物出版规划骨干工程"
- 2015年，荣获"搜索中国正能量 点赞2015""创新中国科技创新奖"
- 2013年，荣获"中国出版政府奖·网络出版物奖"提名奖
- 连续多年荣获中国数字出版博览会"数字出版·优秀品牌"奖

成为会员

　　通过网址www.pishu.com.cn访问皮书数据库网站或下载皮书数据库APP，进行手机号码验证或邮箱验证即可成为皮书数据库会员。

会员福利

- 已注册用户购书后可免费获赠100元皮书数据库充值卡。刮开充值卡涂层获取充值密码，登录并进入"会员中心"—"在线充值"—"充值卡充值"，充值成功即可购买和查看数据库内容。
- 会员福利最终解释权归社会科学文献出版社所有。

数据库服务热线：400-008-6695
数据库服务QQ：2475522410
数据库服务邮箱：database@ssap.cn
图书销售热线：010-59367070/7028
图书服务QQ：1265056568
图书服务邮箱：duzhe@ssap.cn

社会科学文献出版社 皮书系列
SOCIAL SCIENCES ACADEMIC PRESS (CHINA)

卡号：974279643548
密码：

基本子库
SUB DATABASE

中国社会发展数据库（下设 12 个子库）

整合国内外中国社会发展研究成果，汇聚独家统计数据、深度分析报告，涉及社会、人口、政治、教育、法律等 12 个领域，为了解中国社会发展动态、跟踪社会核心热点、分析社会发展趋势提供一站式资源搜索和数据服务。

中国经济发展数据库（下设 12 个子库）

围绕国内外中国经济发展主题研究报告、学术资讯、基础数据等资料构建，内容涵盖宏观经济、农业经济、工业经济、产业经济等 12 个重点经济领域，为实时掌控经济运行态势、把握经济发展规律、洞察经济形势、进行经济决策提供参考和依据。

中国行业发展数据库（下设 17 个子库）

以中国国民经济行业分类为依据，覆盖金融业、旅游、医疗卫生、交通运输、能源矿产等 100 多个行业，跟踪分析国民经济相关行业市场运行状况和政策导向，汇集行业发展前沿资讯，为投资、从业及各种经济决策提供理论基础和实践指导。

中国区域发展数据库（下设 6 个子库）

对中国特定区域内的经济、社会、文化等领域现状与发展情况进行深度分析和预测，研究层级至县及县以下行政区，涉及省份、区域经济体、城市、农村等不同维度，为地方经济社会宏观态势研究、发展经验研究、案例分析提供数据服务。

中国文化传媒数据库（下设 18 个子库）

汇聚文化传媒领域专家观点、热点资讯，梳理国内外中国文化发展相关学术研究成果、一手统计数据，涵盖文化产业、新闻传播、电影娱乐、文学艺术、群众文化等 18 个重点研究领域。为文化传媒研究提供相关数据、研究报告和综合分析服务。

世界经济与国际关系数据库（下设 6 个子库）

立足"皮书系列"世界经济、国际关系相关学术资源，整合世界经济、国际政治、世界文化与科技、全球性问题、国际组织与国际法、区域研究 6 大领域研究成果，为世界经济与国际关系研究提供全方位数据分析，为决策和形势研判提供参考。

法律声明

"皮书系列"（含蓝皮书、绿皮书、黄皮书）之品牌由社会科学文献出版社最早使用并持续至今，现已被中国图书市场所熟知。"皮书系列"的相关商标已在中华人民共和国国家工商行政管理总局商标局注册，如 LOGO（ ）、皮书、Pishu、经济蓝皮书、社会蓝皮书等。"皮书系列"图书的注册商标专用权及封面设计、版式设计的著作权均为社会科学文献出版社所有。未经社会科学文献出版社书面授权许可，任何使用与"皮书系列"图书注册商标、封面设计、版式设计相同或者近似的文字、图形或其组合的行为均系侵权行为。

经作者授权，本书的专有出版权及信息网络传播权等为社会科学文献出版社享有。未经社会科学文献出版社书面授权许可，任何就本书内容的复制、发行或以数字形式进行网络传播的行为均系侵权行为。

社会科学文献出版社将通过法律途径追究上述侵权行为的法律责任，维护自身合法权益。

欢迎社会各界人士对侵犯社会科学文献出版社上述权利的侵权行为进行举报。电话：010-59367121，电子邮箱：fawubu@ssap.cn。

社会科学文献出版社